광흥사 초간본 월인석보 권21

**편저자 천명희**

경북 영양에서 태어나 안동대학교 국어국문학과 및 경북대학교 대학원 국어국문학과를 졸업하였으며 현재 안동대학교에서 학생들을 가르치고 있다. 한글 문헌학과 방언학을 전공하였으며, 지역 언어와 고문헌에 대한 연구를 이어가고 있다.
「광흥사 복장유물의 현황과 월인석보의 성격」(2014), 「고성이씨 소장 해도교거사의 국어학적 가치」(공저, 2016), 「적천사 묘법련화경 목판의 국어학적 특성」(2018), 「일제 강점기 윤형기의 朝鮮文字解說 연구」(2019), 「월인천강지곡 텍스트의 복원」(2019) 등 다수 논문과 『증보 정음발달사』(공저, 2016), 『한어방언지리학』(공저, 2017), 『방언학 연습과 실제』(공저, 2018), 『여암 신경준의 저정서 연구』(공저, 2018) 등의 저서가 있다.

**광흥사 초간본 월인석보 권21**

© 천명희, 2019

**1판 1쇄 인쇄**__2019년 05월 10일
**1판 1쇄 발행**__2019년 05월 20일

**편저자**__천명희
**펴낸이**__양정섭

**펴낸곳**__도서출판 경진
　　　**등록**__제2010-000004호
　　　**이메일**__mykyungjin@daum.net
　　　**주소**__서울특별시 금천구 시흥대로 57길(시흥동) 영광빌딩 203호
　　　**전화**__070-7550-7776　**팩스**__02-806-7282

**값** 29,000원
ISBN 978-89-5996-249-5 93710

광흥사 초간본

# 월인석보

## 권21

천명희 편저

# 안동(安東) 광흥사(廣興寺) 월인석보(月印釋譜) 권21

## 1. 『월인석보(月印釋譜)』의 간행

　『월인석보』는 이미 널리 알려졌듯이 세종이 수양대군에게 명하여 『훈민정음』 책을 간행한 후 8개월 만인 1447년 7월(세종 29)에 완성한 『석보상절(釋譜詳節)』과 이를 보고 세종이 지은 『월인천강지곡(月印千江之曲)』의 내용을 편집하여 1459년(세조 5)에 목판본으로 간행한 책이다. 서명은 두 책의 이름 첫 두 자를 딴 것으로 엄격히 본다면 권두제(卷頭題)가 '月印千江之曲釋譜詳節'이므로 서명을 이처럼 불러야 하지만 통상 판심제(版心題)를 인용하여 '월인석보'로 통칭된다. 『월인석보』는 『석보상절』과 함께 훈민정음 창제 이후의 산문 자료일 뿐만 아니라 당시의 언어와 서지학 연구에 귀중한 자료이다. 특히 권1에 '석보상절서(釋譜詳節序)'와 '훈민정음언해(訓民正音諺解)'가 실려 있어서 그 가치가 더욱 크다.

　『월인석보』의 저본이 되는 『석보상절』과 『월인천강지곡』의 편찬은 1447년에 이루어졌다. 책의 편찬과정은 『월인석보』 권1에 수록된 「석보상절서(釋譜詳節序)」와 「어제월인석보서(御製月印釋譜序)」에 드러난다. 1446년(세종 28) 병인(丙寅) 3월에 승하한 소헌왕후(昭憲王后)의 추천(追薦)을 위하여 세종이 수양대군(首陽大君)에게 석가의 일대기를 편찬하라는 명령을 내렸으며, 수양대군은 책의 편찬을 위해 승우(僧祐)의 『석가보(釋迦譜)』와 도선(道宣)의 『석씨보(釋氏譜)』를 얻어 보았으나 내용이 같지 않으므로 두 책을 합쳐서 한문본 『석보상절』을 편찬하고 그것을 다시 모든 사람이 알기 쉽게 훈민정음으로 번역하였다. 편찬된 『석보상절』을 본 세종은 석가의 공덕을 찬양하는 『월인천강지곡』을 지었다.

현재 1447년 원간(原刊)의 『월인천강지곡』과 『석보상절』은 모두 영본으로만 전해지는데 『월인천강지곡』은 권상(卷上)만이 온전한 모습으로 전하고, 권중(卷中)과 권하(卷下)의 일부가 『월인석보』에 끼어 전하는데 현재 전체 3권 3책으로 구성되었던 것으로 추측된다. 『석보상절』은 권6·권9·권13·권19·권20·권21·권23·권24의 8권 8책이 전하며, 16세기 복각본인 권3·권11의 2권 2책도 전하고 있다.[1) 책의 마구리에 '共二十四'가 명기되고 권24의 내용이 석가의 일대기가 마무리되는 내용이므로 전체 24권 24책으로 이루어졌을 것으로 보인다.

『월인석보』의 경우에도 문헌은 모두 영본으로 전해지고 있다. 현전하는 『월인석보』의 초간본은 권1·권2·권7·권8·권9·권10·권11·권12·권13·권14·권15·권17·권18·권19·권20·권23·권25의 17권이고, 중간본은 권1·권2·권4·권7·권8·권17·권21·권22·권23의 9권이다. 즉 초간본과 중간본을 모두 대상으로 하여도 권3·권5·권6·권16·권24의 5권이 결권(缺卷)이다. 초간본과 중간본이 모두 전하는 경우는 권1·2·7·8·17·23의 6권이다.[2) 『월인석보』의 전권은 『석보상절』의 구성으로 미루어서 24권으로 추정되었지만, 1995년에 전남 장흥의 보림사(寶林寺)에서 권25가 발견되면서 대략의 규모가 정리되었다. 권25에는 『석보상절』 24권의 내용이 들어 있으며, 내용 구성상 마지막 부분에 속하므로 이에 따라 『월인석보』의 총 권수를 현재까지 25권으로 보고 있다.[3)

---

1) 안병희, 「月印釋譜의 編刊과 異本」, 『진단학보』 75, 진단학회, 1993, 184쪽.
2) 김기종, 「釋譜詳節 卷11과 月印釋譜 卷21의 구성방식 비교연구」, 『한국문학연구』, 2003, 동국대학교 한국문학연구소, 2003, 220쪽.

『월인석보』의 현재 전하는 간본의 종류와 소장처는 다음과 같다.

| 권차 | 장수 낙장 | 釋譜詳節 | 月印千江之曲 | 소장처 | |
|---|---|---|---|---|---|
| | | | | 초간본 | 중간본 |
| 권1 | 52 | | 1~11 | 서강대 도서관 (보물 745-1) | 풍기 희방사판-서울대 규장각, 국립중앙 도서관, 동국대 도서관 등 |
| 권2 | 79 | 권3 | 12~29 | | |
| 권4 | 66 | 권6 | 67~93 | | 간기미상판-대구 김병구 |
| 권7 | 80 | | 177~181 182~199 200~211 | 동국대 도서관 (보물 745-2) | 풍기 비로사판-경북 의성 개인(권7) |
| 권8 | 104 | | 212~219 220~250 | | 풍기 비로사판-서울대 일사문고(권8) 간기미상판-고려대 육당문고 |
| 권9 | 66 | 권9 | 251~260 | 김민영(양주동 구장본, 보물 745-3) | |
| 권10 | 122 | | 261~271 | | |
| 권11 | 130 | | 272~275 | 호암미술관 (보물 935) | |
| 권12 | 51 | 권13 | 276~278 | | |
| 권13 | 74 | | 279~282 | 연세대 도서관 (보물 745-4) | |
| 권14 | 81 | | 283~293 | | |
| 권15 | 87 | | 296~302 | 성암고서박물관, 순창 구암사(보물 745-10) | |
| 권17 | 93 | 권19 | 310~317 | 범우사 (보림사 구장본) 평창 월정사 성보박물관(수타사 구장본, 보물 745-5) | |
| 권18 | 87 | | 318~324 | 평창 월정사 성보박물관(수타사 구장본, 보물 745-5) | |
| 권19 | 125 | 권21 | 325~340 | 가야대 박물관 | |
| 권20 | 117 | | 341~411 | 임홍재(보물 745-11) | |
| 권21 | 222 | 권11 | 412~429 | | 안동 광흥사판-국립중앙도서관, 서울대 규장각, 영남대 도서관, 경희대 도서관 등 순창 무량굴판-호암미술관(심재완 구장본, 보물 745-6), 연세대 도서관, 서울대 규장각, 동국대 도서관 등 은진 쌍계사판-서울대 규장각 등 후쇄본 다수 |

---

3) 강순애(1998, 2001, 2005) 참조.

| 권차 | 장수 낙장 | 釋譜 詳節 | 月印千 江之曲 | 소장처 | |
|------|---------|---------|---------|--------|--------|
| | | | | 초간본 | 중간본 |
| 권22 | 109 | | 445~494 | | 간기미상판 – 삼성출판박물관 (보물 745-7) |
| 권23 | 106 | 권23 권24 | 497~524 | 삼성출판박물관 (보물 745-8) | 순창 무량굴판 – 연세대 도서관, 영광 불갑사 |
| 권25 | 144 | 권24 | 577~583 | 장흥 보림사 (보물 745-9) | |

## 2. 『월인석보』의 특징

『월인석보』는 세종과 세조의 2대에 걸쳐 임금이 짓고 편찬한 것으로, 현존본에 나타난 판각기법이나 인출 솜씨 등에서 상당한 수준을 보여 준다. 그리고 세종의 훈민정음 반포 당시에 편찬, 간행되었던 『월인천강지곡』과 『석보상절』을 세조 때 다시 편집하였기 때문에, 초기의 한글 변천을 살피는 데 있어서 중요한 가치를 지닌다. 또한 조선 초기에 유통된 중요경전이 취합된 것이므로 당시 불교 경전의 수용태도도 살필 수 있는 자료이다.

『월인석보』의 편성은 『월인천강지곡』을 본문으로 하고 『석보상절』을 주석으로 하여 구성되었다. 또한 『용비어천가』와는 달리 이야기의 단락에 따라서 『월인천강지곡』이 적게는 1수, 많게는 50수가 함께 실리고 그에 해당하는 『석보상절』이 실려 있다. 『월인석보』의 본문과 주석은 글자의 크기에서도 차이가 난다. 『월인천강지곡』은 큰 글씨로 1행에 14자인 데 대하여 『석보상절』은 작은 글씨로 1자씩 낮추어서 1행 15자이다.[4] 한글 자형은 한글 창제 직후의 모습에서 바뀌어 획이 부드러운 직선으로 바뀌고, 방점과 아래아가 점획으로 바뀌어 나타난다.[5]

---

4) 안병희(1993) 등.

5) 이는 1455년(단종 3)의 『홍무정운역훈』에 사용된 목활자에서부터 비롯되는 한글 자형의 변화이다(이

『월인석보』는 『월인천강지곡』과 『석보상절』의 단순한 합편이 아니며 권의 배열과 글의 내용에 있어서 변개가 있다. 예로 『석보상절』 권11과 권19의 내용이 각각 『월인석보』 권21과 권17에 나타나고, 같은 권13이 『석보상절』은 『묘법연화경』 권1, 『월인석보』는 권2와 권3의 내용을 담고 있다. 또한 문장과 표기법에서 「월인천강지곡」의 부분에서는 한자가 먼저 놓이고 동국정운식 한자음에 충실한 독음이 표기되는 것으로 바뀌었다. 구성에 있어서는 협주(夾註)가 추가되고, 어구가 수정되는 등 부분적 변개와 곡차(曲次)의 변동이 있다. 또한 문법과 어휘 선택 등에서도 차이점을 보이는데 이는 이들 문헌 편찬자들 간의 언어 사실 차이와 불경의 성격에 더 가깝게 하려는 편찬자의 의도가 반영된 것으로 보인다.

문장과 표기법에서 〈월인천강지곡〉의 부분에서는 한자가 먼저 놓이고(공功득德 → 功공德득) 『동국정운』식 한자음에 충실한 독음이 표기(셰世존尊 → 世솅尊존)되는 것으로 바뀌었다. 구성에 있어서는 협주가 추가되고, 어구가 수정되는 등 부분적 변개와 곡차의 변동이 있다. 〈석보상절〉의 부분에서는 대폭적인 수정이 이루어졌는데 특히 고유어 표기가 『월인석보』에서는 한자말로 여러 부분이 교체되었다. 또한 문법과 어휘 선택 등에서도 차이점을 보이는데 이는 이들 문헌 편찬자들 간의 언어 사실 차이와 불경의 성격에 더 가깝게 하려는 편찬자의 의도가 반영된 것으로 보인다. 『월인석보』의 후대 복각본들은 그 대부분이 초간본을 복각한 것들이므로 언어사실에 있어서 초간본의 그것과 큰 차이가 없으나 오각과 탈각이 빈번하다.

호권, 2001).

## 3. 『월인석보』 권21

2013년 11월 21일 경상북도 안동시 서후면의 광흥사(廣興寺) 지장전(地藏殿)의 인왕상(仁王像)과 시왕상(十王像) 복장에서 발견된 『월인석보』 권21의 2종 중 하나인 초간본은 아직까지 보고되지 않은 희귀본으로 그 가치가 매우 높다.

그 동안 보고된 『월인석보』 권21은 1542년의 광흥사 중간본과 1562년 순창 무량굴본, 1569년의 은진 쌍계사본 등의 3종의 이본이 있으며, 18세기에 『지장경언해(地藏經諺解)』의 서명을 가진 문헌 역시 21권의 내용을 담고 있어 4종이 확인된다. 이 가운데 무량굴본은 그동안 초간본에 가장 가까운 판본으로 평가되었으며, 광흥사 중간본과 쌍계사본은 방점 및 한자음 표기에서 편찬자의 의도가 반영되어 인위적 변개가 있는 판본으로 알려졌다. 여기에 발견된 초간본이 더해지면 『월인석보』 권21은 모두 5종의 이본이 된다. 『월인석보』 권21은 여타의 권들에 비해 이본이 여러 종이며 근대국어 자료인 『지장경언해』로까지 이어져 있어 표기 차이를 살펴보기에 매우 좋은 자료라 할 수 있다.6)

『월인석보』 권21의 내용과 관련해서는 『월인천강지곡』 제412~429장과, 이에 해당하는 『석보상절』 권11 앞부분의 내용이 일부 실려 있다고 알려져 있다. 그러나 현존하는 『석보상절』이 영본이어서 정확한 확인은 불가한 상태이다. 저본은 『지장보살본원경(地藏菩薩本願經)』이 가장 많은 부분을 차지하고 이외에 『석가보(釋迦譜)』, 『증일아함경(增一阿含經)』, 『불승도리천위모설법경(佛昇忉利天爲母說法經)』, 『대승대집지장십륜경(大乘大集地藏十輪經)』, 『대방편불보은경(大方便佛報恩經)』, 『관불삼매해경(觀佛三昧海經)』 등의 부분이 번역되어 있다. 내용은 크게 '석가의 도리천(忉利天) 설법', '우전왕(優塡王)과 파사닉왕(波

---

6) 권21이 여러 번의 번각을 할 수 있었던 것은 앞서 언급한 것처럼 지장신앙의 확산에 따른 것으로 볼 수 있다.

斯匿王)의 불상(佛像) 조성', '인욕태자효행록(忍辱太子孝養行)'의 세 부분으로 나뉜다. 이를 다시 상세히 정리하면 다음과 같다.[7]

- 月印① 其412~417
- 釋詳① 忉利天 說法: 釋迦譜, 優塡王造釋迦栴檀像記 第23〈增一阿含經〉, 釋迦譜 釋迦母摩訶摩耶夫人記 第16〈佛昇忉利天爲母說法經〉
- 釋詳② 地藏經 說法: 地藏菩薩本願經(唐 實叉難陀 譯), 大乘大集地藏十ㅓ輪經(唐 玄奘 譯) 卷1 序品 第1
- 月印② 其418~424
- 釋詳③ 優塡王과 波斯匿王의 佛像 造成: 釋迦譜, 優塡王造釋迦栴檀像記 第23〈增一阿含經〉, 大方便佛報恩經(失譯人名) 卷3 論議品 第5, 釋迦譜, 優塡王造釋迦栴檀像記 第23 〈增一阿含經〉, 釋迦譜, 波斯匿王造釋迦金像記 第24〈增一阿含經〉
- 釋詳④ 六師外道의 釋尊 誹謗: 大方便佛報恩經 卷3 論議品 第5
- 釋詳⑤ 釋尊의 閻浮提 歸還: 釋迦譜, 釋迦母摩訶摩耶夫人記 第16〈佛昇忉利天爲母說法經〉, 大方便佛報恩經 卷3 論議品 第5
- 釋詳⑥ 金像 佛事 付囑: 釋迦譜, 優塡王造釋迦栴檀像記 第23〈觀佛三昧海經〉
- 釋詳⑦ 釋尊의 蓮花色比丘尼 訓戒: 알 수 없음
- 釋詳⑧ 七寶塔이 솟아남: 大方便佛報恩經 卷3 論議品 第5
- 月印③ 其425~429
- 釋詳⑨ 忍辱太子 孝養行: 大方便佛報恩經 卷3 論議品 第5

각 이본의 특성을 간략히 정리하면 먼저 광흥사 중간본은 1542년(중종 37)에 중간된 판본으로 현재 가장 널리 알려진 판본이다. 국립중앙도서관, 서울대 규장각, 영남대 도서관, 경희대 도서관, 창원 봉림사(鳳林寺, 경상남도유

---

7) 김기종, 앞의 논문, 227쪽.

형문화재 제432-7호) 등에 소장되어 있다. 판심제는 '月印釋, 月印釋譜'이며 권말에 '嘉靖二十一年壬寅三月日慶尙道安東下柯山廣興寺開板'의 간기가 있다. 광곽은 사주단변, 판심의 상하비선은 대흑구, 어미는 상하내향흑어미(上下內向黑魚尾), 행관은 유계(有界) 반엽(半葉) 7행 15자('월인천강지곡' 부분은 14자), 주쌍행(註雙行)이다. 일반적으로 간행자가 의도적으로 변개를 가한 판본으로 평가받아 왔는데 부분적으로 동국정운식 한자음 종성 'ㄹㆆ'의 'ㄹ'로의 변개, 종성 'ㅇ'의 삭제 등이 지적되었다.

무량굴본은 1562년(명종 17) 전라도 순창 무량굴에서 복각한 1권 2책의 중간본이다. 뒷부분이 조금 줄여져 있는 것을 제외하면 그동안 원본에 가장 가까운 형태를 보이는 복각본으로 알려졌다. 내용은 『월인천강지곡』의 제413장에서 제445장까지 해당한다. 권수(卷首)에 '도솔래의상(兜率來儀相)'과 '쌍림열반상(雙林涅槃相)'의 변상도가 있다. 전체 223장 중에서 172장과 211장은 낙질(落帙)이 되었다. 광곽은 사주단변, 상하비선은 대흑구(大黑口), 어미는 상하내향흑어미, 행관은 유계 반엽 7행 15자('월인천강지곡' 부분은 14자), 주쌍행의 형식을 보인다. '嘉靖四十一年壬戌八月十八日全羅道淳昌地無量崛開版'의 간기가 있다. 163a에는 '伏爲亡父朴斤有靈駕'의 시주질이 나타난다. 특히 기존의 연구에서 무량굴본에는 '長쟝者쟝(18전면1행), 命·명終듕(219전면4행)' 등의 ㄷ-구개음화와 관련된 특징을 보여주는 예들이 있음이 보고되었다.

쌍계사판은 권말의 시주질(施主帙)과 간기 '隆慶三年己巳二月日忠淸道寒山地竹山里白介萬家枳刻以傳恩津地佛明山雙溪寺留置'에 의하면 1569년(선조 2) 한산(韓山, 충남 서천)의 백개만(白介萬)이 세조 때의 초간본을 복각하여 조성한 후 은진(恩津, 충남 논산)의 쌍계사에 유치한 것이다. 광곽은 사주단변, 상하비선은 대흑구, 어미는 상하내향흑어미(上下內向黑魚尾), 행

갑사 월인석보 권21 목판

관은 유계 반엽 7행 15자('월인천강지곡' 부분은 14자), 주쌍행이다. 현재 유일하게 간행 당시의 목판 46판이 충청남도 공주시 갑사(甲寺)로 옮겨져 보존되고 있다.[8]

쌍계사판은 표기에 있어서 광흥사판보다 더 많은 부분에서 변개가 나타난다. 한자음 종성의 'ㄹㆆ→ㄹ'의 변화와 종성 ㅇ의 삭제가 일괄적으로 시도되었고, 방점도 대부분 사라졌다. 부분적으로 '解해脫탈(30전면10행〈갱퇋〉'처럼 동국정운식 한자음이 현실한자음[9]으로 대체된 부분도 나타난다. 15세기 말엽에 현실한자음이 표기된 문헌이 등장하는데 이 문헌의 경우 복각본임에도 불구하고 부분적 변개가 시도되었다는 특성이 있다.

『지장경언해』는 서명이 『월인석보』는 아니지만 권21의 내용을 담은 이본이다. 1762년(영조 38) 문천(文川) 두류산(頭流山) 견성암(見性庵)에서 간행하고, 1765년 경성외무학사약사전(京城外無學寺藥師殿)에서 이어 간행하였는데, 권두명이 '지장보살본원경언히권샹, 월린천강지곡졔이십일, 셕보샹졔이십일'로 되고, 본문은 한글만으로 『월인석보』를 옮겨 실었다.[10] 광곽은 사주단변, 상하비선은 백구, 어미는 내향이엽화문상어미로 18세기 이후 정형화된 판본의 형식을 보인다. 반엽 10행 16자이며 『월인천강지곡』 부분과 『석보상절』 부분의 문자 크기 차이나 행별 경계가 없으며, 협주 부분도 생략되어 있다. 문자와 맞춤법이 18세기 당시의 것으로 바뀌어 18세기 이본 연구의 중요한 자료가 된다.

---

8) 목판은 2판을 제외하고는 1판 4면의 형식이며 전체 57판 233장 중에 11판 42장은 분실되었다(박상국, 1977). 이 중 보물 582호로 지정된 것이 31판이고 비지정이 15판이다(문화재청 참조). 판목의 규격은 가로90×세로21cm이다.

9) 동국정운 이후 현실 한자음이 문헌에서 처음으로 나타난 것은 『육조법보단경 언해(六祖法寶壇經経諺解)』와 『진언권공삼단식문 언해(眞言勤供三壇施食文諺解)』(1496년)이며 『훈몽자회(訓蒙字會)』(1527년)도 현실 한자음에 의해 한자음이 표기되어 있다. 이후 현실 한자음에 의한 한자음 표시가 일반화되었다.

10) 안병희, 앞의 논문, 193쪽.

지장경언해 1후면          지장경언해 1전면

## (1) 광흥사 중간본 『월인석보』 권21

광흥사중간본 『월인석보』 권21은 복장에서 묶음의 형태로 발견되었다. 간기는 확인할 수 없으며, 규격은 295×210mm, 광곽 218×176mm이다. 이 외 서지 특성은 앞서 언급한 내용과 동일하다. 2책 중 하권에 해당하는 1책으로 전체 101-222장 중 111장과 126장이 결락된 121장이 뒤표지와 함께 발견되었다. 결락이 2장임에도 121장인 것은 제책의 과정에서 111장 자리에 동일한 117장이 더 들어가 있기 때문이다. 가장 앞의 장인 101에는 묵서로 표제가 적혀있는데 '디장경하권니라'로 나타나 이미 이 시기에 『월인석보』 권21이 『지장경』의 내용을 담고 있기에 서명을 혼용하여 사용하는 경우가 있었음을 알 수 있다.

발견된 중간본의 경우 기존에 알려진 이본과는 제책의 형태에서 차이를 보이고 있다. 국립중앙도서관 소장본은 114부터 권하가 시작되며, 동국대 소장본의 경우 115장부터 시작된다. 후대의 제본 시 편의상 임의로 편철한 것으로 보인다. 상하권 모두에 동일한 간행기록이 붙어 있으며 하권에는 상권의 말미에 붙어 있는 것과 동일한 간행 관련 기록이 2장 포함되어 있다. 이번 발견된 것은 101부터 시작되고 있다. 이는 인출과정 후 제책이 모두 동일하게 이루어지는 것이 아님을 알 수 있는 정보이다11).

또한 자료에는 다음 사진에서 나타난 바와 같이 책을 간행한 목판이 1장 4판의 형식이었음을 알 수 있는 광곽 부분도 드러난다. 현재 월인석보의 목판으로 유일하게 남아 있는 갑사 소장의 쌍계사판이 1장 4판의 형식임을 미루어 월인석보를 간행한 목판은 적어도 이러한 형태였음을 추측할 수 있다.

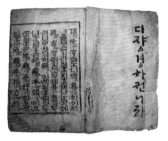
광흥사 중간본 21-101a

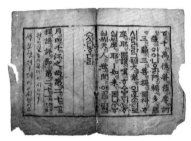
광흥사 중간본 21-222

광곽

광흥사 중간본에 나타나는 표기 특징으로는 한자의 주음이 사라진 경우가 빈번히 발견된다는 점이다. 341군데에서 이러한 부분에 발견되는데 '天텬 (172b-1)', '世·솅(205b-5)', '子:중(171a-7)', '大·땡(205b-6)', '音흠(169b-1)', '生싱 (142a-7)' 등을 비롯하여 매우 많은 사례가 확인된다. 그런데 '弟(163a-4)', '藏 161a-3)' 등 일부에서는 묵서로 '데'와 '장'의 한자음을 후대에 적어 넣은 흔적도 확인된다. '弟'는 권 8의 다른 부분에서는 '떼'로 나타나는데 초간본에서는

---

11) 실제로 목판 제작에서 제책은 인출본을 수령한 주체가 직접 표지와 책의 크기를 정하는 것이 통상적이었다. 즉 목판을 제작할 때는 우선 책의 수요를 파악하고 이를 바탕으로 인출본의 규모를 정하게 된다. 수요자는 인출본과 목판제작비를 위해 일정한 대가의 시주를 하며 완성된 인출본을 가문이나 서원 등에 내려오는 전통 형식으로 재단하며 능화판 또한 소장자의 특성을 보이는 것으로 별도로 제작하여 사용하였다. 간기의 경우에 있어서도 시주자에 따라 동일한 판본을 별도로 표시하여 사용하기도 하였다. 예로 1910년에 경남 고성에서 간행된 『사암실기(思庵實記)』의 경우 간기 부분의 내용을 수정, 매목하여 고성, 청도 등에서 간행한 것으로 나누어 인출하였다. 문헌의 간기만을 보면 각각의 지역에서 별도로 목판간행이 있었다고 생각할 수 있다. 이러한 점은 목판을 살펴봐야 알 수 있는 정보이다.

14

':뗑'로 표기된 형태이다. 한자음이 현실음표기로 변화하는 모습을 살필 수 있다. '藏'은 초간본에서는 '·짱'으로 나타나며 권 8의 다른 부분에서는 '짱'으로 표기되었다. 역시 현실음 표기로의 변화를 보이고 있다.

특히 중간본에는 70a에서 73a까지 정치음이 표현되어 있는 부분이 나타나는데 모두 다라니를 표현한 부분으로 특이하다고 할 수 있다. 이는 후술할 초간본에서도 동일하다. 讖葡·츰 뿌一, 讖葡·츰 뿌二, 讖讖葡·츰·츰 뿌三, 阿迦舍讖葡하갸·서츰 뿌四,   縛羯口洛讖葡·뽭·겅·랑·츰 뿌五   菴跋讖葡:함·뻿·랑·츰 뿌六……彌第미:리·띠五十九, 彌綻미:리·때徒界反六十, 叛荼陁·뻔짜떠六十一, 喝訶葛反羅·헝러六十二, 許矢反梨:히리六十三, 澘盧:후루六十四, 澘魯盧:후:루루六十五.

## (2) 광흥사 초간본 『월인석보』 권21

발견된 자료는 5개의 목상에서 각각 발견되었다. 간기는 없으며 전체 222장 가운데 1장~6장, 214장~219장이 낙질되었다. 이렇게 책의 앞뒤에 해당하는 부분이 사라진 것은 복장의 특성상 표지에 해당하는 부분은 지질이 딱딱하여 버려지거나 혹은 큰 불상에 들어가기 때문으로 보인다. 실제 이번에 복장에서 나온 서적의 대부분이 표지는 없이 발견되었고 따라서 시주질이나 간기가 드러나지 않는다. 지장전의 불상 중 이번에 유물이 발견된 시왕상을 제외하고 본존(本尊)이 되는 지장보살상(地藏菩薩像)을 비롯한 몇몇은 이미 과거에 도난이 되었는데, 표지부분이 가장 큰 불상인 지장보살상에 집중되어 있었을 가능성도 있다.

남아 있는 장의 경우 상태가 매우 양호하며 지질(紙質)12)과 형태 등에서 기보고 된 여타의 초간본 형식과 일치한다. 규격은 320×219이며, 광곽의 크

---

12) 불교중앙박물관에서 측정한 자료에 따르면 각 장의 두께는 0.8mm~1.3mm 정도이다.

기는 반곽 222×177이다. 사주쌍변(四周雙邊)이며 어미도 상하내향흑어미이지만 중간본들과는 차이를 보이고 있다. 상하비선도 대흑구이지만 중봉(中峰)의 크기가 더 두껍다. 행관은 유계 반엽 7행 15자('월인천강지곡' 부분은 14자), 주쌍행으로 중간본들과 동일하다. 특히 그 동안 초간본에 가장 충실한 표기법을 반영하고 있다고 평가되던 무량굴본에서 낙질된 172장과 211장의 내용이 확인되어 가치를 지닌다.

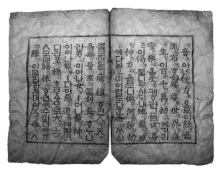
초간본 추정 21-172

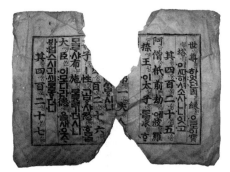
초간본 추정 21-211

한편 문헌의 86b광곽 아래 부분에는 인장이 있는데 '重(?)'로 추정된다. 목판 제작과정에서 판각을 한 것인지 아니면 제책 이후에 인장을 찍은 것인지는 현재로서는 단정하기 어렵다.

일반적으로 『월인석보』의 중간본들은 방점과 한자음의 표기에서 상당한 혼기를 보여 국어학 자료로 활용할 때에 주의를 요하며, 영인본의 경우에도 조악하게 제작된 경우가 많아 혼란을 겪고 있다고 알려져 있다.13) 그러나 이번에

13) 목판본의 경우 간기가 판본의 시기를 가늠하는 데에 가장 중요한 요소이지만 한편 혼판본(混板本)의 존재도 언급되어야 할 것이다. 혼판이란 목판이 제작되어 서책을 인출한 후 일정한 시기가 지나 다시 간행할 때, 기존 목판에 훼손이 생겨 누락된 권장차에 해당하는 목판을 다시 제작하여 이전의

발견된 문헌의 경우 중간본들과 비교했을 때 훈민정음의 창제시기에 가장 근접한 표기 특징을 보이고 있다. 방점은 매우 충실하게 표기되어 있으며 장별로 표기를 비교하여 보았을 때 동일한 글자들 간의 오류가 전혀 나타나지 않는다. 한자음의 표기도 동국정운식 한자음 표기가 매우 엄격하게 지켜져 있으며 방점의 경우와 마찬가지로 동일한 글자들에서 표기 차이가 전혀 나타나지 않아 이후 중간본들에 비해서 매우 정밀함을 보이고 있다.

광흥사 중간본 124a

광흥사 초간본 124a

무량굴본 124a

쌍계사판 124a

목판과 함께 사용하는 것이다. 이 때 새로 제작되는 목판에는 초간본이 판하본으로 사용되기도 하지만, 이미 언어상이 변화된 당시의 표기의식이 반영되는 경우도 있다. 목판의 제작에서 혼판이 사용되는 경우는 매우 빈번하며 따라서 표기의 혼란은 어쩌면 당연한 것일 수도 있다. 목판본을 국어학 자료로써 활용하는 경우 반드시 고려되어야 할 요소로 생각한다.

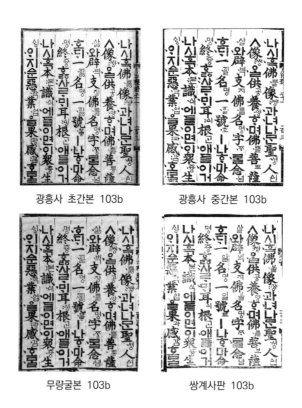

광흥사 초간본 103b　　　　　광흥사 중간본 103b

무량굴본 103b　　　　　쌍계사판 103b

　　한편 초간본은 판각에 있어 한글 자모의 경우 획의 상단을 우하(右下) 방향
으로 비스듬히 깎아내고 아랫부분은 둥글게 처리하는 조선 전기의 한글판각
기법을 사용하고 있다. 이는 이후의 판본들과는 비교할 수 없을 정도의 매우
높은 수준의 판각솜씨로 정밀하게 제작된 것으로 평가할 수 있다. 또한 판각
에서는 타각(打刻) 기법이 아닌 인각(引刻) 기법이 사용된 것으로 보인다. 이는
글자의 원형에 해당하는 부분이 어떤 방식으로 처리되었는지를 살펴보면 알
수 있는 부분으로 가령 'ㅇ'자의 경우 내부를 보면 모두 매끈하게 처리되지
못하고 요철이 있다. 이는 인각의 전형적인 특성으로 볼 수 있다. 판각 기법의
변화사에서 고려시대부터 조선 전기까지는 주로 인각이 성행하였고 이후에
타각으로 변화되는데, 아마도 한글 판각에서 원형의 처리를 위해 변화된 것이
아닐까 추측해본다.

초간본 월인석보 21에서는 특이한 표기들이 보인다.14) '險:험道:똘ᅟᅵ·들 (120b)'과 '業·업報·봉 ᄀᆞᆯ·씨(121b)' 부분에는 초성이 없이 중성에 바로 종성이 결합된 형태가 나타난다. 또 149b에는 '香향ㄱ퓌·우·고'의 예에서는 사잇소리의 형태가 나타난다. 즉『훈민정음언해본』에서 나타나는 아음(牙音) 'ㆁ'에 사잇소리인 'ㄱ'이 등장하고 있다. 이외에는 사잇소리로서는 '後:휗ㅅ닐·웨 (194a)', '·이後:휗ㅅ百·빅千쳔萬·먼億·흑劫·겁中듕·에(57b)', '大·땡土:똥ㅅ모·매(171b)', '父·뽕母:뭏ㅅ恩ᄒᆞᆫ愛·힝(172b)' 등이 확인되는데 모두 'ㅅ'으로 통일되어 있다. 다른 장에서는 보이지 않는 특이한 예로 편찬자들이 초기 한글의 문법의 영향을 받고 있었음을 알 수 있다.

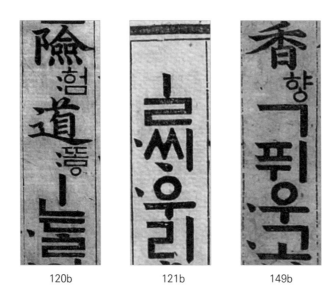

120b          121b          149b

---

14) 무량굴본의 경우에 나타나는 표기상의 특성으로는 한자의 주음이 아예 나타나지 않는 경우가 있다는 점이다. 佛〈佛·뿛(37b-7), 株〈株·뜡(39b-1), 土〈土·통(124a-4), 天〈天텬(172b-1)의 4군데가 확인된다. 글자의 판각에서 자형이 무너진 예들도 발견되는데 刻ㅋ〈刻·콕(17a-4), 竹듁〈竹·듁(16a-2), 中듕〈中듕 (180a-7), 廢·뼁〈廢·뼁(174b-1), 九·굴〈九·굴(25b-6), 眷·권〈眷·권(124a-7), 子·ᄌᆞ〈子·ᄌᆞᆼ(124b-5), ㅅ〈 앳(29a-1) 등의 예는 오각으로 판단된다.

초간본 월인석보 권21은 중간본에서 교체된 어형의 원형을 보여주고 있다. 예로 '地·띵獄·옥·올브·터(26a-3)'의 경우 광흥사 중간본에서는 발견된 초간본과 동일한 표기를 보이고 있으나, 무량굴본에서는 '地·띵獄·옥·을여러'로 교체되어 있다. 무량굴본이 초간본에 충실한 복각본이라는 기존의 평가로 본다면 원본을 '여러' 형태로 추정하여야 했다. 또 '天텬(172b-1)'의 경우에는 광흥사 중간본과 무량굴본 모두에 주음이 표기되어 있지 않다. 초간본의 발견은 중간본과 무량굴본에 의존하던 원본 추정의 혼란을 끝내게 되었다는 의의가 있다.


## 4. 『월인석보』 권21의 국어학적 특성

권21의 초간본과 광흥사 중간본 및 무량굴본을 대상으로 하여 국어학적 특성으로 언급될 수 있는 부분 즉 방점과 한자음 등에서 표기 차이가 나는 부분을 목록화하고 이를 계량화하여 분석하고자 한다.


### (1) 방점 표기

방점(傍點)은 훈민정음 문자체계가 지닌 특징 가운데 대표적인 것으로 성조(聲調)를 표기하기 위해 고안된 것이다. 방점은 사성점(四聲點), 좌가점(左加點)이라고도 한다. 중국의 사성을 모방하여 표기 체제를 정립하기 위해 만든 것으로 각 음절의 왼쪽에 한 점 혹은 두 점을 찍거나 점을 찍지 않음으로써 소리의 높이를 나타냈다.

방점과 관련한 언급은 『훈민정음』 예의(例義)의 마지막에 '左加一點則去聲 二則上聲 無則平聲 入聲加點同而促急'이 나타나며, 합자해(合字解)에서는 '文之入聲與去聲相以 諺之入聲無定'이라 하여 우리말이 중국과 달리 입성 음절이 일정한 것이 없으니, 평성이거나 상성, 혹은 거성 중의 하나로 된다고 밝히고 있다.

방점은 성조를 나타낸 것이므로 방점 표기에 대한 논의는 성조와 관련하여 언급될 수 있는데 일반적으로 훈민정음이 창제되던 시기까지는 우리 언어가 성조를 지닌 것으로 보는 견해가 다수이다. 대표적으로 이기문(2004)에서는 15세기 문헌의 방점 표기는 매우 정연하였으며, 16세기 전반의 『훈몽자회(訓蒙字會)』까지도 성조 표기는 정확히 나타나지만 16세기 말엽으로 오면 표기가 문란해져 교정청의 『소학언해(小學諺解)』와 『사서언해(四書諺解)』 등에 와서는 거의 규칙을 찾아 볼 수 없을 정도여서 완전히 성조 체계가 소멸되었다고 추정하고 있다. 이후 지역별로 성조의 소멸은 차이를 보여 현재는 경상도 방언과 함경도 방언에서 사용되고 있다.[15]

권21의 경우에는 초간본과 16세기 전반의 광흥사 중간본 및 무량굴본과의 비교를 진행하고자 한다. 권 21의 경우에 쌍계사판에서는 방점표기가 거의 사라진 형태가 나타나기 때문이다. 각각의 비교는 발굴된 문헌으로만 한정하였다. 따라서 전체 장차에서 일부는 제외된다. 그러나 권21의 광흥사 중간본의 경우에는 이미 영인본이 다수가 있으므로 권상에 해당하는 부분은 국립중앙도서관 소장본을 통해 확인하였다. 무량굴본의 경우는 심재완·이현규(1991)에 수록된 영인본을 비교대상으로 삼았다. 초간본과 광흥사 중간본의 비교에서 고유어의 방점 차이를 보이는 예는 방대한 분량에 비하여 상대적으로 극히 드물게 나타난다.

---

15) 이문규(2006: 109~110)에서는 중세 국어와 현대 국어의 방언 성조, 그리고 방언 성조들 상호 간의 대응 관계를 언급하고 있다. 함경방언은 고저 관계는 중세 국어와 대체로 일치하나 상승조(상성)와 고조(거성)의 구별이 없다는 점에 차이가 있고, 경상방언은 고저 관계가 중세 국어의 그것과 역전(逆轉)되어 있다는 점은 공통적이나 중세 국어의 상성에 대응하는 성조소에 있어서 남과 북이 차이를 보인다. 다음절어 중심인 우리말 성조 체계의 본질은 위와 같은 성조소 차원보다는 어절단위에 얹히는 높낮이 가락인, 성조형의 차원에서 제대로 드러날 수 있다.

(1) a. 사ᄋ리·오〈사ᄋ리·오(106a-7)

　　五:옹體:톙投뚱地·뗭ᅙ·샤〈五:옹體:톙投뚱地·뗭ᅙ·샤(7b-2)

　　모·딘:일〈:모·딘:일(59b-7)

　 b. 六륙欲·욕天텬中듕·에·나·리·니〈六륙欲·욕天텬中듕·에나·리·니(132a-7)


(1a)는 '사ᄋᆞᆯ(三日)'로 초간본과 중간본의 체언의 방점 표기 비교에서 방점 변화를 보이는 유일한 형태이다. (1b)는 용언 어간의 예로 거성>평성, 상성>평성의 변화를 보이고 있다.


(2) a. 銅똥鐵·뎛等:등 像:썅·울〈銅똥鐵·뎛等:등 像:썅·울(86a-3)

　　·이룰부르·고〈:이·룰부르·고(130a-7)

　　衆·즁生싱·울〈衆·즁生싱·울(68b-4)

　　:모·딘 :사름과〈:모·딘 :사름·과(89a-3)

　 b. 자곡:마·다깁ᄂ·니·ᄒ다·가〈자곡:마·다깁ᄂ·니·ᄒ다·가(102b-2)

　　:이·룰 너·비닐·옳뎬 〈:이·룰 너·비닐·옳·뎬(81b-3)

　　너·추:러굿·디아·니·홀·믈〈너·추·러굿·디아·니·홀·믈(64a-7)

　　바·리샤 〈바·리·샤 (8a-2)

　　·이經경쏘·리數·숭·에ᄆᆞ·ᄎᆞ·면〈·이經경쏘·리數·숭·에ᄆᆞ·ᄎᆞ·면(95b-7)

　　懺·참悔·횡코·져〈懺·참悔·횡·코·져(96a-6)

　 c. :몯·다니ᄅᆞ·리·라〈:몯:다니ᄅᆞ·리·라(56b-7)

　　이經경·을 〈·이經경·을 (83a-2)


위의 예들은 조사와 어미의 경우이다. (2a)는 목적격 조사 '-울', '-를'과 공동격조사 '-과'의 예인데 모두 거성>평성의 모습을 보여 주고 있다. (2b)는 어미의 예로서 '-ᄂᆞ니', '-ㄹᇙ뎬', '-러', '-샤', '-ᄋᆞ면', '-고져'에서 '너·추:러 굿·디아·니·홀·믈〈너·추·러굿·디아·니·홀·믈(64a-7)'의 예를 제외하면 모두 거성〉평성의 변화를 보이고 있다. (2c)와 (2d)는 부사와 관형사의 예로 상성〉거성, 거성〉평성의 변화가 일어났다.

광흥사 중간본은 예상과 달리 방점 변화의 예가 많지 않은데 이를 통해 이 판본이 제작되던 1542년 무렵의 시기까지는 아직 방점에 대한 인식이 분명하였음을 추정할 수 있다. 물론 이것이 성조의 존재를 의미하는 것이라 단언할 수는 없다. 그러나 일반적인 국어사의 논의에서 방점이 성조를 나타낸 것이라는 점에 기반 했을 때는 적어도 이 시기가 성조가 거의 소멸되어 가는 시기라 추정할 수는 있을 것이다.

무량굴본의 경우에는 고유어에서 2,030곳의 방점 차이를 보이는데 그 동안 초간본에 충실하다는 평가를 받은 판본이지만 실상은 그렇지 못함을 알 수 있다. 변화의 양상은 상성〉거성이 45곳이며, 거성〉평성 1,791곳, 상성〉평성 193곳으로 나타난다. 거성〉상성으로의 변화도 '如ᅌᅧᆼ來ᇙ:러시·니〈如ᅌᅧᆼ來ᇙ·러시·니(131b-4)'의 한 예가 보이는데 어미의 첫음이 상성으로 나타나지는 않으므로 오각으로 처리하여도 될 것으로 보인다.

권21에서 한자음의 경우 광흥사 중간본에서 방점의 변화는 한자어의 경우 불과 7곳만이 확인된다. 이는 고유어의 경우와 마찬가지의 결과인데 이로써 이 판본이 인위적 변개를 가한 것이라는 기존의 평가는 재고되어야 할 것으로 생각한다. 방점의 처리에 있어서 중간본의 편찬자들은 정확성을 기하고자 하였던 것으로 평가할 수 있다.

(3) 子·ᄌᆞᆼ〈子:ᄌᆞᆼ(13b-3), 自ᄍᆞᆼ〈自·ᄍᆞᆼ(19a-7), 感감〈感:감(46a-7),
　　生·ᄉᆡᆼ〈生ᄉᆡᆼ(128a-6), 百빅〈百·빅(94a-3), 劫겁〈劫·겁(133b-1),
　　兩·량〈兩:량(60a-4)


방점의 비교에서 주목할 점으로 그동안 무량굴본이 초간본에 충실한 판본이라는 평가가 잘못된 것이라는 점이다. 초간본과의 비교를 통해 보았을 때

예상과 달리 한자음의 방점 표기에서 무려 850개의 차이를 보이고 있다.

(4) a. 거성>평성

各·각, 覺·각, 角·각, 刻·큭, 甲·갑, 強·깡, 盖·갱, 鋸·겅, 劫·겁, 見·견, 結·겷,

敬·경, 界·갱, 曲·콕, 骨·곦, 過·광, 救·궁, 究·궁, 具·꿍, 國·귁, 眷·권, 勸·퀀,

貴·귕, 極·끅, 其·낑, 氣·킁, 內·닝, 念·념, 匿·닉, 噉·땀, 荅·답, 對·됭, 大·땡,

宅·띡, 德·득, 度·똥, 毒·똑, 得·득, 量·량, 力·륵, 隸·리, 嚟·리, 弄·롱, 鏤·릉,

利·링, 萬·먼, 妄·망, 寐·밍, 魅·밍, 命·명, 木·목, 目·목, 妙·묳, 物·뭀, 味·밍,

未·밍, 蜜·밇, 放·방, 百·빅, 梵·뺌, 法·법, 別·볋, 病·뼹, 報·봏, 福·복, 蝮·폭,

不·붏, 奮·분, 佛·뿖, 鼻·삥, 譬·픵, 使·승, 四·승, 寺·씅, 舍·샹, 薩·삻, 相·샹,

上·썅, 色·싁, 誓·쎙, 釋·셕, 說·쉃, 舌·쎯, 攝·셥, 姓·셩, 性·셩, 聖·셩, 盛·셩,

世·셍, 塑·송, 俗·쏙, 屬·쑉, 率·솛, 數·숭, 樹·쓩, 息·식, 飾·식, 食·씩, 信·신,

迅·신, 實·씷, 十·십, 惡·학, 樂·락, 礙·앵, 愛·힁, 夜·양, 養·양, 億·흑, 業·업,

涅·넗, 熱·셣, 獄·옥, 願·원, 月·윓, 衛·윙, 位·윙, 爲·윙, 肉·슉, 議·읭, 益·혁,

日·싪, 逸·잃, 一·힗, 入·십, 字·쭝, 字·쫑, 自·쫑, 狀·쌍, 藏·짱, 掌·쟝, 在·찡,

狄·떡, 箭·젼, 切·쳉, 定·뗭, 正·졍, 淨·쪙, 弟·뗑, 際·젱, 足·죡, 坐·쫭, 座·쫭,

晝·듕, 住·뜡, 竹·듁, 衆·즁, 證·징, 智·딩, 地·띵, 至·징, 讚·잔, 屬·찬, 處·청,

鐵·텷, 七·칢, 漆·칧, 濁·똭, 嘆·탄, 歎·탄, 脫·퇋, 八·밣, 徧·변, 便·뼌, 蒲·샹,

怖·퐁, 辟·벽, 漢·한, 合·햽, 行·힝, 現·혠, 血·흻, 夾·겹, 慧·휑, 護·뽱, 畫·휑,

化·황, 鑊·획, 瞔·훌

b. 상성>평성

可·캉, 感·감, 苦·콩, 恐·콩, 果·광, 廣·광, 九·궁, 口·쿵, 鬼·귕, 女·녕, 啗·땀,

稻·똫, 道·똫, 等·등, 卵·뢴, 兩·량, 禮·롕, 某·뭏, 弭·미, 反·히, 倍·삥, 寶·봏,

普·퐁, 本·본, 否·붏, 部·뿡, 婢·삥, 士·승, 産·산, 想·샹, 象·썅, 像·썅, 善·썬,

少·슐, 所·송, 鑠·솅, 首·슣, 受·쓩, 眼·안, 若·샹, 語·엉, 厭·염, 魘·염, 餤·염,

五·옹, 葦·윙, 喩·융, 飮·흠, 自·쫑, 子·쭝, 者·쟝, 長·땽, 典·뎐, 頂·뎡, 井·졍,

弟:똉, 種:죵, 罪:찡, 柱:뚱, 重:뜡, 譏:후, 彩:칭, 請:청, 體:톙, 草:촐, 楚:총,

土:통, 抱:뽈, 海:힝, 鮮:갱, 險:험, 好:홀, 澔:후, 火:황, 吼:홀, 後:쁠, 喜:횡,

c. 거성〉상성

苦·콩〈苦:콩(130a-6), 果·광〈果:광(31a-5), 火·황〈火:황(69b-4), 鬼·귕〈鬼:귕(24a-5), 受·쓩〈受:쓩(66a-5), 鮮·갱〈鮮:갱(35a-1), 種·죵〈種:죵(61a-1), 子·ᄌᆞ〈子:중(124b-5), 子·ᄉ〈子:중(23b-1), 女·녕〈女:녕(23b-1, 46a-3, 165b-7), 罪·찡〈罪:찡(28b-1, 38a-4, 45a-6, 46a-7)

d. 거성〉상성

母·무〈母:뭉(124b-5), 母·뭉〈母:뭉(38b-3), 久·굴〈久:굴(35a-5), 九·굴〈九:굴(25b-6), 部·뿡〈部:뿡(202b-3), 父·뿡〈父:뿡(66a-3), 掌·쟝〈掌:쟝(62b-2,47b-1), 井·정〈井:정(33a-5), 在·찡〈在:찡(186a-7), 業·엄〈業:업(199a-6)


먼저 거성〉평성의 예는 위에서 모두 179개 한자에서 나타난다. 상성〉평성은 77개 한자의 242곳에서 확인된다. (4c)에서 볼 수 있듯이 특이하게 '苦'와 '果', '火', '鬼', '受', '鮮', '種', '子'의 경우 상성〉평성의 변화를 보이는데 '苦·콩〈苦:콩(130a-6)', '果·광〈果:광(31a-5)', '火·황〈火:황(69b-4)', '鬼·귕〈鬼:귕(24a-5)', '受·쓩〈受:쓩(66a-5)', '鮮·갱〈鮮:갱(35a-1)', '種·죵〈種:죵(61a-1)', '子·ᄌᆞ〈子:중(124b-5), 子·ᄉ〈子:중(23b-1)'에서는 상성〉거성이 나타난다. '女'와 '罪'의 경우에도 상성〉평성이 일반적이나 상성〉거성의 예가 3곳과 4곳에서 확인된다. 이외에 (4d)에서는 '母·무〈母:뭉(124b-5), 母·뭉〈母:뭉(38b-3), 久·굴〈久:굴(35a-5), 九·굴〈九:굴(25b-6), 部·뿡〈部:뿡(202b-3), 父·뿡〈父:뿡(66a-3), 掌·쟝〈掌:쟝(62b-2, 47b-1), 井·정〈井:정(33a-5), 在·찡〈在:찡(186a-7), 業·엄〈業:업(199a-6)' 등에서 상성〉거성의 경우만이 확인된다. 한편 '國'의 경우는 모두 거성〉평성의 변화를 보이는데 '國:귁〈國·귁(194b-6)'는 거성〉상성으로 변화한 특이한 예이다. '兩'의 경우에는 상성〉거성과 상성〉평성이 함께 확인된다.

무량굴본에서 방점의 변개가 급격하게 이루어진 이유는 아마도 간행 시 제작자들은 원본의 내용 중에 글자 부분은 중요시하여 판각작업을 하였으나 방점이 이미 본래의 기능을 상실한 언어 현실에서 정밀한 표현의 필요성의 느끼지 못하였기 때문으로 추정된다.

## (2) 한자음 표기

광흥사 복장에서 발견된 『월인석보』에서 판본 간의 비교에서 가장 큰 차이를 보이는 표기 특징은 동국정운식 한자음 표기가 현실한자음 표기로 점진적으로 변화되는 모습이 드러난다는 점이다.

권21의 경우는 초간본과 광흥사 중간본, 초간본과 무량굴본을 살펴보았다. 이는 일반적으로 무량굴본이 초간본에 충실한 것으로 알려져 있으며, 광흥사 중간본은 중간본 가운데서 시기적으로 가장 앞선 것이기 때문이다. 문헌을 살펴볼 때 가장 현저히 드러나는 표기상의 변화는 (5a)에서처럼 종성에 사용된 'ㅇ'이 대폭 삭제된 점을 들 수 있다. 총 1,715군데에서 한자음 종성 'ㅇ'이 사라지고 있는데 그렇다고 해서 모든 한자음에서 일괄적으로 진행된 것은 아니다. 즉 이를 통해서 이 문헌이 동국정운과 현실한자음의 사이에 놓인 과도기적 한자음 표기 체계를 보이고 있음을 알 수 있다. 그리고 (5b) 종성 'ㅱ'의 경우에는 'ㅇ'이 탈락한 경우와 'ㅱ' 모두가 삭제된 경우가 나타난다.

(5) a. 補:보(146b-1)〈補:봉, 利·리(150b-6)〈利·링, 臥·와(143a-3)〈臥·왕,
　　　未·미(145a-7)〈未·밍, 世·셰(144a-7)〈世·셍, 利·리(144b-4)〈利·링,
　　　地·띠(77b-7)〈地·띵, 布·보(146a-5)〈布·봉, 諸져(146b-5)〈諸졍,
　　　化·화(147a-1)〈化·황, 諸져(146b-7)〈諸졍 등.
　b. 道:뚬(57a-4)〈道:똫, 妙·묨(61a-5)〈妙·묳, 受:쑴(61a-5)〈受:쑿,

流륨(62a-1)〈流륭, 久:굼(62b-7)〈久:굴, 救·굼(63b-4)〈救·굴,

教·굠(64b-4)〈教·굘 등. 報·보(161b-1)〈報·봏, 受:슈(86b-5)〈受:쓩,

報·보(161a-6)〈報·봏, 消쇼(161b-7)〈消쓯, 寶:보(161a-2)〈寶:봏,

受:슈(161b-6)〈受:쓩 등.


　　이는 한자음 종성표기의 변화에서 중요한 의미를 지닌다. 동국정운식 한
자음 표기에서 종성이 없는 'ㅱ'는 운미음 'w'을 표기한 것이다. 훈민정음
창제 이후 한자음의 표기는『동국정운』이 제정되기 이전과 그 이후 기간 동안
차이를 보인다. 특히 '-p, -t, -k' 입성운미의 표기가『훈민정음』해례본에서
는 '-t' 운미인 '彆'을 '볃'으로 표기하였고 '-w' 운미 글자인 '虯'도 '뀨'로 '-j'
운미인 '快'도 '쾌'로 표기하여 'ㅇ'을 표기하지 않았다. 그러나『훈민정음』
언해본에서는 해례본과 달리 지섭(止攝), 우섭(遇攝), 과섭(果攝), 가섭(假攝)과
해섭(蟹攝)의 '-j' 운미에 'ㅇ'을 표기하고 효섭(效攝), 유섭(流攝)의 'ㅱ'표기로
진섭(臻攝)과 산섭(山攝)의 '-t' 운미인 경우 '-ㄹㆆ'을 표기하여 입성운미를 3성
체계에 따라 표기하였다. 이러한 표기법은『동국정운』식 표기라고 할 수 있
다.『월인천강지곡』에서는 'ㅇ' 표기는 반영하지 않고 'ㅱ'과 'ㆆ' 표기만 반영
하였으며『육조법보단경언해』에서는 'ㅇ'과 'ㅱ' 표기를 폐기하였을 뿐만 아
니라 이영보래 표기인 '-ㄹㆆ'도 '-ㄹ'로 현실 동음으로 정착되었다. 중국 한
자음 표기에만 확인되는 탕섭(宕攝)의 입성 가운데 약운(藥韻) 표기와 지섭(止
攝)의 속음(俗音) 가운데 치음(齒音) 성모를 가진 글자의 운미 표기에 대해 살펴
보면『홍무정운역훈』의 경우 '-∅'운미 표기에 'ㅇ'을 반영하지 않았지만 지
섭(止攝)의 속음의 경우 치두음과 정치음의 종성자리에 'ㅿ'을 표기하였고 '-j'
운미인 경우 'ㅇ'을 반영하지 않았다. 다만 'ㅱ'은 반영하였다. 탕섭(宕攝)의
약운(藥韻)의 경우 'ㅸ'으로 표기하였다.『석보상절』다라니에 나타는 한자음
표기는 '-j' 운미인 경우 'ㅇ'을 그리고 '-w' 운미에 'ㅱ'를 표기하였고 진섭(臻
攝)과 산섭(山攝)의 입성 '-t'는 'ㄷ'으로 표기하였다.『월인석보』다라니경에서

는 '-j' 운미인 경우 'ㅇ'을 표기하지 않았고 '-w' 운미에는 'ㅸ'를 표기하였다. 그리고 진섭(臻攝)과 산섭(山攝)의 입성 '-t'는 'ㄹㆆ'으로 표기하였다. 『번역박통사』에서는 정음과 속음에 한자음 표기의 차이를 보여주는데 '-j' 운미인 경우 'ㅇ'을 표기하지 않았고 '-w' 운미에서 정음에는 'ㅸ'를 표기하였으나 속음에서는 표기하지 않았다. 진섭(臻攝)과 산섭(山攝)의 입성 '-t'는 정음에서는 'ㆆ'을 표기하였으나 속음에는 표기를 하지 않았다. 훈민정음 창제 이후 초성, 중성, 종성을 갖추어야 한다는 음절 표기 의식에 대한 변개가 있었음을 확인할 수 있다.

광홍사 중간본에 와서 'ㅸ'은 두가지의 형태로 표기가 변화된다. 먼저 'ㅸ'이 완전히 삭제된 경우는 186군데에서 발견된다. 이를 글자로 살피면 43자로 초간본의 형태는 (6a)와 같다. ㅸ이 ㅁ으로 교체된 예는 139군데에서 발견되는데, 묶으면 (6b)에서 보듯 38자이다.

(6) a. 膠굫, 流륳, 授쓯, 教·굫, 救·굴, 口:쿻, 求꿇, 尿·뇰, 盜·똫, 稻:똫, 道:똫,
　　　 忉돌, 頭뚷, 牢뢓, 流륳, 留륳, 耗훟, 某:뭏, 母:뭏, 妙·묳, 廟·묳, 報·봏, 寶:봏,
　　　 浮뿛, 小:숗, 消슗, 燒숗, 獸·슣, 授쓯, 首:슣, 受:쓯, 牛읗, 憂읗, 有:읗,
　　　 油읗, 由읗, 酒:즇, 草·춛, 畜·흏, 號·횷, 毫횷, 吼:훟, 後:훃 등.

　　 b. 受:쓯, 教·굫, 救·굴, 久:굴, 九:굴, 狗:굴, 口:쿻, 求꿇, 惱:놓, 尿·뇰, 倒·돌,
　　　 道·똫, 刀돌, 忉돌, 勞·롷, 牢뢓, 流륳, 耗·훟, 母:뭏, 妙·묳, 報·봏, 寶:봏,
　　　 浮뿛, 小:숗, 燒숗, 獸·슣, 授쓯, 手:슣, 牛읗, 有:읗, 由읗, 呪·즇, 畜·흏,
　　　 就·쯓, 抱:뽛, 號·횷, 後:훃 등.

이 두 가지를 살펴볼 때 동일한 글자가 경우에 따라서 변화의 모습을 달리하는 것으로 보아 광홍사 중간본이 제작되던 시기가 한자음의 표기 변화의 과정에 있었음을 알 수 있다.

다음으로 종성 'ㄹㆆ'에서 'ㆆ'이 탈락한 형태도 빈번하다. 이들은 『동국정

운』식 한자음 표기로 'ㄹ' 아래에 'ㆆ'을 표기한 것은 이영보래(以影補來) 규정에 따른 이상적 표기 방식이다. 'ㅭ'의 변화 예는 305군데서 확인된다. 그런데 이들의 종성 글자의 모습이 어떤 경우에는 'ㆆ'만 삭제하고 'ㄹ'을 작게 처리하고 있으며, 반대로 'ㄹ'을 종성의 자리크기에 적절하게 표기하기도 하였다. 이는 아마도 목판의 제작과정에서 판하본을 초간본을 사용한 후 수정과정에서 'ㆆ'만을 삭제하였던 경우와 기존의 초간본을 무시하고 판하본을 당시의 현실에 맞도록 다시 제작한 경우가 있었음을 짐작할 수 있는 근거라 생각한다. 佛·뿛(57a-5)〈佛·뿛, 發·벐(57a-6)〈發·벓, 脫·퇋(51b-2)〈脫·퇋 등.

　　종성표기에서 그 외의 경우로 '肉·슈(168b-4)〈肉·슉'은 종성에서의 'ㄱ'이 탈락한 예이며, 人싀〈人신(88a-6)은 'ㄴ'이 탈락한 예이다.

　　다음으로 초성의 변화를 살펴보면 우선 'ㆆ'의 탈락이 활발히 이루어졌다. 23군데서 확인되며 10개의 한자에서 나타난다. 초성 ㆁ〉ㅇ의 변화는 ㄴ과 같이 한 곳에서 발견된다.

　　(7) a. 阿항, 惡·학, 安한, 億·흑, 擁:홍, 威힁, 飮:흠, 音흠, 衣힁, 益·혁 등

　　　　b. 議·의〈議·읭(83b-3)


　　초성에 사용된 각자병서는 동국정운식 한자음의 변화로 점차 표기에서 평음으로 교체되어 가는데 아직까지 그 예가 많지 않다. 이는 한자음의 변개에서 종성의 변화가 초성의 변화보다 앞서 진행되었음을 시사한다.

　　각자병서의 변화로는 (8a)에서 보듯이 'ㆅ〉ㅎ'은 34곳에서 확인되며, 'ㄲ'의 변화는 (8b)의 예와 같이 2곳에서 확인된다. 이외에도 'ㄸ〉ㄷ'(9곳), 'ㅃ〉ㅂ'(4곳)과 'ㅆ〉ㅅ'(1곳), 'ㅉ〉ㅈ'(2곳)으로 교체되었다.

　　(8) a. 合·합(101b-6)〈合·합, 害·해(105a-6)〈害·행, 現·현(104b-2)〈現·현,

　　　　　形형(96b-1)〈形형, 禍:화(113a-2)〈禍:빵, 畫·홰(93b-4)〈畫·뺑,

後:후(107b-1)〈後:薴 등

b. 祁기(113b-4)〈祁낑, 祁기(113a-6)〈祁낑

c. 弟:뎨(163a-4)〈弟:똉, 大·대(113b-4)〈大·땡, 地·디(129b-1)〈地·띵

d. 菩보(159a-2)〈菩뽕, 鼻·비(90a-3)〈鼻·삥

e. 神신(150b-1)〈神씬

f. 藏·장(161a-3)〈藏·짱, 在·지(88b-4)〈在·찡


모음의 교체로는 ㅏ〉ㅣ, ㅑ〉ㅏ, ㅓ〉ㅏ, ㅓ〉ㅕ, ㅕ〉ㅓ, ㅖ〉ㅕ, ㅗ〉ㅡ, ㅜ〉ㅡ, ㅟ〉ㅢ, ㅠ〉ㅜ 등이 나타나는데 대부분 오각을 고려해야 할 부분이다.


(9) a. 등樂·릭〈樂·락(153b-1), 餓·이〈餓·앙(90a-5), 娑사〈娑샹(172a-2),
發·밠〈發·벓(175a-2), 千쳔〈千천(114a-2), 千쳔〈千천(94a-6),
閻엄〈閻염(97a-1), 米:며〈米:몡(151b-7), 切드〈切돓(155b-1),
無므〈無뭉(145b-6), 國·긕〈國·귁(140a-2), 受:쑤〈受:쓥(101b-5) 등.


다음으로 초간본과 무량굴본의 한자음을 비교해보면 우선 한자음 종성 'ㅇ'의 삭제 예는 다수가 발견된다. 109군데서 발견되며 총 69자에 해당된다.


(10) a. 可:캉, 加강, 歌강, 伽꺙, 盖·갱, 偈·꼥, 界·갱, 階갱, 瞿꿍, 鬼:귕, 那낭, 乃:냉,
女:녕, 大·땡, 羅랑, 来링, 禮:롕, 利·링, 瑪:망, 昧·밍, 魅·밍, 無뭉, 味·밍,
未·밍, 彌밍, 菩뽕, 趺붕, 非빙, 四·승, 事·쏭, 솔·샹, 死:승, 師승, 斯승, 辭쏭,
沙상, 娑샹, 世·솅, 數·숭, 須슝, 時씽, 耶양, 如셩, 王왕, 瑀링, 爲·윙, 疑읭,
衣힁, 二·싱, 子:중, 在찡, 切·쳉, 提똉, 諸겅, 坐·쫭, 智·딩, 地·띵, 知딩, 土:퉁,
波방, 婆빵, 唄·뺑, 布·봉, 河헝, 海:힁, 香향, 虛헝, 護·뽕, 喜:힁 등


종성 'ㅱ'의 변개는 역시 두 가지로 나타난다. 다음에서 보듯이 삭제되는

경우는 16군데이며 모두 -w의 중성을 지닌 12글자에 해당한다. 'ㅱ'이 'ㅁ'으로 교체된 경우는 아래의 세 곳에서만 발견된다. 이는 광흥사 중간본과는 전혀 다른 결과로 앞서 언급한 바와 같이 방점과는 달리 한자음의 표기는 원간에 충실하고자 한 의도가 반영되었다고 볼 수 있다. 'ㄹㆆ'의 변화도 11군데의 등에 9자에서만 나타나고 있다.

(11) a. 瑙:놀, 道:똘, 忉돌, 流륳, 妙·묳, 毋:뭏, 寶:봏, 浮뿧, 受:쓩,

　　　優훃, 就·쯩, 睺·홓 등

　 b. 報·봄〈報·봉(65a-7), 報·봄〈報·봉(67b-3), 道:똠〈道:똘(172b-4)

　 c. '結·겷, 闥·탏, 別·볋, 不·붏, 薩·삻, 說·쉃, 月·웛, 一·힗, 七·칧'


　이외에 종성의 변화로는 'ㄱ'이 탈락한 형태가 몇 확인된다. '德·드〈德·득(140a-4), 服·쁘〈服·쁙(160a-1), 百·비〈百·빅(211b-7), 六·류〈六·륙(195a-4), 服·쁘〈服·쁙(168a-2), 得·드〈得·득(124a-6), 得·드〈得·득(150b-6), 石·쎠〈石·쎡(149b-2)' 등의 예는 오각으로 판단할 수도 있겠으나 동일한 글자에 2번이나 오각이 났다는 점은 주목해야할 부분이라 생각되며 한자음 말음의 변개 과정에서 고찰해 봐야 할 예들로 판단된다. 한자음 종성 ㅁ>ㅇ의 변화도 '閻여〈閻염(38a-3)'의 한 예가 나타난다.

　어형이 교체된 예로는 '여〈브(26a3)'이 있으며, '業·엄〈業:업(199a-6)'은 'ㅂ'이 'ㅁ'으로 변화하였다.

　초성 각자병서의 변개는 무량굴본에서도 확인된다. 각각 'ㄲ>ㄱ, ㄸ>ㄷ, ㅃ>ㅂ, ㅆ>ㅅ, ㅉ>ㅈ, ㆅ>ㅎ'인데 앞서 초간본과 광흥사 중간본의 비교에서는 나타나지 않은 'ㆅ>ㅎ'의 예가 실현되어 차이를 보인다.

(12) a. 伽가〈伽꺙(203a-5), 乾건〈乾껀(203a-4), 求궁〈求꿓(150a-5),

　　　瞿구〈瞿꿍(210a-3), 祇깅〈祇낑(135a-2), 偈·계〈偈·꼥(202b-5),

偈·계〈偈·꼉(202a-6) 등

b. 大대〈大·땡(202b-3), 曇담〈曇땀(210a-3), 動:동〈動:똥(202b-7), 大·대〈大·땡(210a-3), 地·딩〈地·띵(124a-4), 塡뎐〈塡면(203b-1), 宅·듹〈宅·띡(124a-4), 大·대〈大·땡(203b-2), 塡뎐〈塡면(203b-4), 道:도〈道·똘(136b-5), 大·대〈大·땡(210b-2), 提데〈提똉(203b-1)

c. 佛·붏〈佛·뿛(203b-7), 槃반〈槃빤(202a-5), 梵·범〈梵·뼘(202b-1), 唄·배〈唄·뺑(202b-4), 浮부〈浮뿡(203b-1), 婆바〈婆빵(203a-4), 唄·배〈唄·뺑(202b-4), 菩보〈菩뽕(210b-4), 現·현〈現·현(136a-5)

d. 辭ᄉ〈辭ᄊ(202a-7), 時시〈時씽(136b-4), 事·ᄉ〈事·ᄽ(124a-3), 時시〈時씽(136b-4), 属·속〈属·쏙(136b-7), 属·속〈属·쏙(124a-7), 神신〈神씬(203a-4), 像샹〈像:썅(203b-6), 象샹〈象:썅(203b-6)

e. 座좌〈座·쫭(210a-7), 坐좌〈坐·쫭(210b-1), 座좌〈座·쫭(210b-5), 自ᄌ〈自·쭝(22b-3)

f. 合·합〈合·합(210b-7), 睺후〈睺·馨(203a-5), 行힝〈行·헹(18a-3), 횡〈會뼁(133b-1) 등


또한 초성변화에서는 광흥사 중간본에서 'ㆆ'과 'ㆁ'이 'ㅇ'으로 변한 예들이 일부 발견되는 것과 달리 'ㆆ〉ㅇ, ㅈ〉ㅊ, ㅋ〉ㄱ, ㄱ〉ㅋ, ㅈ〉ㅅ, ㅌ〉ㄷ' 등의 여러 유형들이 드러난다.


(13) a. 惡·악〈惡·학(136b-5), 衣의〈衣힁(210a-7), 優우〈優홍(203b-1), 一잃〈一·힗(136a-6), 惡·악〈惡·학(124b-7), 益·역〈益·혁(124a-4), 安안〈安한(124b-5), 安안〈安한(124a-6), 擁:옹〈擁:홍(124a-6), 優우〈優홍(203b-4), 因인〈因힌(26a-1) 등

b. 瞻쳠〈瞻졈(177a-6), 衆츙〈衆·중(12a-7), ㅊ〉ㅈ은 切·졩〈切·쳉(138b-5), 侵침〈侵침(39b-1), 屬잔〈屬·찬(10a-6)


32

c. 輕경〈輕컹(138a-5), 去경〈去·컹(132a-2), 可:가〈可:캉(136a-4)

d. 劫·컵〈劫·겁(29a-7), ㄷ〉ㅈ은 長쟝〈長:댱(18a-1)

e. 瞻셤〈瞻졈(186b-4)

f. 闥·달〈闥·턇(203a-4)


　　이외에 'ㅎ'은 'ㅊ, ㅎㅎ, ㆆ'으로의 변화가 일어나는데 '歡촨〈歡환(124a-5), 香햐〈香향(20b-2), 訶항〈訶항(156a-6)'등의 예가 보인다.

　　중성의 변화는 매우 다양하게 나타난다. 일부는 오각으로 처리해야 할 가능성이 있으나 대부분의 예들은 현실음 표기로의 변화과정에서 실현된 것으로 추측된다. 다음에서 볼 수 있듯이 'ㅏ〉ㅓ'는 ㄱ의 한 예가 나타나며, 'ㅏ〉ㅣ, ㅑ〉ㅏ, ㅑ〉ㅣ, ㅕ〉ㅣ, ㅗ〉ㅡ, ㅜ〉ㅡ, ㅘ〉ㅚ'등의 변화가 확인된다.


(14) a. 惡·헉〈惡·학(117a-6)

　　b. 羌컁〈羌캉(46a-4), 那닝〈那낭(30b-2), 山신〈山산(33a-4),

　　　　可킹〈可:캉(11a-1), 羅링〈羅랑(28a-2), 多딩〈多당(30b-6)

　　c. 邪쌍〈邪쎵(60a-3), 娑사〈娑상(172a-2), 伽가〈伽꺙(203a-5),

　　　　養·앙〈養·양(20b-4), 香항〈香향(203a-3)

　　d. 像:씽〈像:쌍(192b-6), 向·힝〈向·향(21b-3), ㅕ〈ㅓ 는 驢령〈驢령(75b-3),

　　　　鮮선〈鮮션(124b-2), 天턴〈天텬(59a-2), 善썬〈善:션(12a-3),

　　　　女:녕〈女:녕(24a-7)

　　e. 益·힉〈益·혁(171b-6)

　　f. 本:븐〈本:본(117a-4), 服·쁘〈服·뽁(160a-1), 供궁〈供공(160a-3),

　　　　耗·흘〈耗·홀(150a-6), 菩뿡〈菩뽕(206a-2)

　　g. 牟믈〈牟뭏(13b-2), 等:등〈等:등(139b-5)

　　h. 過·귕〈過·광(134a-2), 幢뙁〈幢똴(135a-3), 過·귕〈過·광(134a-2),

　　　　光귕〈光광(53a-1), 王욍〈王왕(29b-4), 化·휅〈化·황(31b-6)

이외에도 'ㅐ〉ㅖ, ㅐ〉ㅖ, ㅐ〉ㅖ, ㅑ〉ㅓ, ㅓ〉ㅕ, ㅓ〉ㅣ, ㅓ〉ㅣ, ㅖ〈ㅔ, ㅖ〉ㅓ, ㅖ〉ㅔ, ㅖ〉ㅖ, ㅚ〉ㄴ, ㅟ〉ㄴ, ㅠ〉ㅜ, ㅠ〉ㅜ, ㅠ〉ㅟ, ㅠ〉ㅡ, ㅞ〉ㅕ, ㅡ〉ㅜ, ㅣ〉ㅏ, ·ㅣ〉 ·' 등의 변화가 '階계〈階갱(203b-3), 階계〈階갱(202b-1), 界·겡〈界·갱(191b-6), 現·헌〈現·현(136a-5), 劫·겹〈劫·겁(135a-6), 萬·민〈萬·먼(35b-2), 業·입〈業·업(32b-4), 世·셍〈世·셍(138b-2), 偈·꼉〈偈·꼉(122a-5), 世·셍〈世·셍(171b-2), 提똉〈提똉(184b-2), 罪·쬥〈罪·쬥(137b-2), 眷·권〈眷·권(126b-2), 中듕〈中듕(127b-4), 受:ᅳᆕ〈受:ᅘᅮᇀ(172a-4), 就·췌〈就·쯀(136a-2), 衆·즁〈衆·즁(60b-4), 說·셜〈說·ᅘᅥᇙ(136a-4), 極·꾹〈極·끅(177a-1), 地·땅〈地·띵(176b-4), 百·ᄇ〈百·빅(211b-7)' 등에서 확인된다. 이러한 변화 양상은 고유어에서도 비슷하게 나타난다.

한자음의 변개와 관련하여 유독 1542년에 간행된 광흥사 중간본에서 종성 표기의 인위적 변개가 드러나는 이유가 무엇이었는지 논의가 필요하다. 연구자의 입장에서는 간경도감의 역할을 담당했을 것으로 추측되는 광흥사의 특성과 관련이 있을 것으로 생각한다. 앞에서 언급한 바와 같이 광흥사는 간경도감의 지방 분소였을 것으로 추정된다.

불심이 깊었던 세조는 1457년(세조3)에 장남인 세자(의경세자(懿敬世子), 뒤에 덕종(德宗)으로 추존됨)가 20세의 나이로 죽자 이의 명복을 빌기 위해 여러 불경을 간행하였고 1549년(세조5)에는 해인사에 보존된 대장경을 50부나 인출하여 각 지역의 대찰(大刹)에 보관케 하였다. 그리고 연이어 월인석보를 간행하였다. 그리고 이러한 경험을 바탕으로 불경의 편찬을 국가적 대업으로 수행코자 설치한 것이 간경도감이다. 간경도감은 1461년(세조7) 6월에 설치되어 1471년(성종2) 12월까지 11년간 존속하였다. 간경도감의 설치와 운영은 고려시대 대장도감(大藏都監)과 교장도감(敎藏都監)의 형태를 참고하였으며 본사(本司)와 지방의 분사(分司)를 각가 두었다. 현재까지 알려진 분사로는 개성부(開城府), 안동부(安東府), 상주부(尙州府), 진주부(晉州府), 전주부(全州府), 남원부(南原府) 등이다.16) 조선 전기 안동부는 『세종실록지리지』에 의하면 본부와 감천현, 길안현, 내성현, 임하현, 일직현, 재산현, 춘양현, 풍산현 등의 8개의 속현

과 개단부곡, 소라부곡, 소천부곡 등 3개의 부곡을 거느리고 있었으며 영해도
호부, 순흥도호부 및 영천(榮川), 영천(永川), 예천, 청송 등 4개 군, 기천, 봉화,
비안 신녕, 영덕, 예안, 의성, 의흥, 인동, 진보, 하양 등 11개 현을 관할하였다.
1530년의 『동국여지승람』에 오면 소라부곡만이 관할에서 제외되었고 이외의
구성은 조선 후기까지 이어졌다. 이렇게 본다면 간경도감의 안동부 분사는
과연 어느 곳이었을 지가 문제가 된다. 분사는 당연히 목판의 판각과 인출이
용이한 사찰이었을 것으로 추정할 수 있다. 그렇다면 당시의 간행기록 등에
비추어 보았을 때 광흥사가 분사였을 가능성이 크다고밖에 볼 수 없다.

간경도감의 불서들은 철저히 동국정운식 한자음의 규정을 맞추어 간행되
었다. 이후 현실한자음으로의 표기적 변화가 진행될 때 광흥사의 출판인들은
혼란에 빠졌을 가능성이 있다. 그들에게는 기존의 불서에 표기된 동국정운식
한자음의 전통을 무시할 수 없었겠으나 한편으로는 통용되지 못한 동국정운
식 한자음에 대한 부담 또한 있었을 것이다. 이는 결국 동국정운식 한자음에
서 가장 이질적으로 느낄 수 있는 각자병서와 종성표기의 변화를 생각하게
하였고, 결과적으로 과도기적인 표기가 나타난 것이라 추측된다.

초간본의 국어학적 특징은 방점의 사용이 매우 정밀하며, 철저히 동국정
운식 한자음이 사용되고 있다는 점이다. 즉 이후의 판본비교 시 기준이 될
수 있는 표기법의 정연함을 보이고 있다.

특히 초간본은 앞서 언급한 대로 중간본 광흥사판의 판하본(板下本)으로
사용되었을 것으로 추측된다. 그 까닭은 한자와 한글의 자형(字形)과, 부분적
인 자형의 어긋남이 거의 동일하기 때문이다. 특히 광흥사 중간본에서는 한자
음의 교정이 대폭 이루어졌는데, 자형의 아랫부분이 매목(埋木)을 이용하여
삭제된 것처럼 형태가 이상하다. 즉 본서가 1542년 중간 당시의 판하본이
되었고, 교열의 과정에서 목판에 홈을 파내어 수정하는 방법을 쓴 것으로

---

16) 천혜봉(1997: 195~196).

보인다. 이는 당시 책을 간행하던 사람들이 아직까지 한글과 한글 자형에 대한 정확한 이해가 이루어지지 않았다는 것을 의미한다. 이는 다음의 경우를 보면 자세히 알 수 있다. '·잃'의 경우에 대응하는 표기가 매우 혼란스럽게 나타난다.

초간본

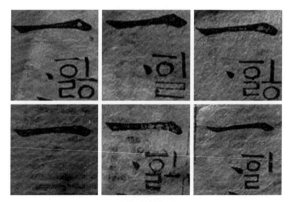

광흥사 중간본

21권은 『월인석보』 중에서도 그 분량이 가장 많으며, 여타의 권과는 다르게 다수의 중간본이 존재하고 또한 서명은 다르나 동일한 내용을 담고 있는 문헌들이 있어 이의 비교 연구를 통하여 중세 및 근대에 이르기까지 국어의 변화과정을 밝힐 수 있는 매우 중요한 자료로 평가된다. 초간본으로서의 자료적 가치를 고려하여 향후 정밀한 판본 간 고찰이 이루어지길 기대한다.

## 〈참고자료〉

김동소, 『한국어변천사』, 형설출판사, 1998.

안병희, 「월인석보(月印釋譜)의 편간(編刊)과 이본(異本)」, 『진단학보』 75, 진단학
　　　회, 1993.

김기종, 「석보상절 권11과 월인석보 권21의 구성방식 비교연구」, 『한국문학연구』
　　　26, 동국대학교 한국문학연구소, 2003.

강순애, 「새로 발견된 초참본 〈월인석보〉 권25에 관한 연구: 그 구성과 저경을
　　　중심으로」, 『서지학연구』 16, 서지학회, 1998.

강순애, 「월인석보의 저본에 관한 연구」, 『서지학연구』 22, 서지학회, 2001.

강순애, 『월인석보 권25(연구, 영인본)』, 아세아문화사, 2005.

이기문, 『신정판 국어사개설』, 태학사, 1998.

이상규, 「1692년 화원승 신민의 한글편지 분석」, 『고전적』 10, 한국고전적보존협
　　　의회, 2014.

이상규, 『한글고문서연구』, 도서출판 경진, 2011.

이상규 외, 『증보정음발달사』, 역락, 2016.

이상규·천명희, 『여암 신경준의 저정서 연구』, 역락, 2018.

이호권, 「월인석보」, 『규장각소장어문학자료』, 태학사, 2001.

임기영, 「안동 광흥사 간행 불서의 서지적 연구」, 『서지학연구』 55, 2013.

천명희, 「새로 발견된 광흥사 〈월인석보〉 권21의 서지와 특성」, 『국학연구』 24,
　　　한국국한진흥원, 2014.

천명희, 「광흥사복장유물의 국어학적 고찰」, 경북대학교 박사논문, 2017.

천명희, 「월인천강지곡 텍스트의 복원」, 『어문론총』 79, 한국문학언어학회, 2019.

목차

광흥사 초간본 월인석보 권21

# 月印釋譜

* 1~6, 214~222 합 15장 결락
* ■은 훼손되어 판독이 불가능한 글자, 다른 판본을 보고 복원이 가능하나 우선은 글자수에 맞추어 ■로 표시함.
* 夾註는 밑줄로 표시함.

## 1~6

(결락)

## 7a~7b

썬安한·호·미 오·늘·곧ᄒ·니 :업·다 ᄒ시·고

·즉자·히 文문殊쓩·와 ᄒ·샤 世·솅尊존·씌

·오·나시·늘 世·솅尊존·이 ·브·라시·니 須슝

彌밍山산·이 :뮈·ᄂ 相·샹·이 ·곧·더시·니 梵

·뻠音흠·으·로 :슬·ᄫ샤·듸 ·모·미:다·내·ᄂ·ᄊ

·히 苦:콩樂·락·과 ᄒ·ᄃ퇀·니ᄂ·니 涅·넗槃

빤·을 닷·가·ᅀᅡ 苦:콩樂·락·을 기리여희리

이·다 摩망耶양一·잃心심·으·로 五:옹

體:톙投뚭地·띵 ·ᄒ·샤 五:옹體:톙投뚭地·띵·ᄂ 다·ᄉ 體:톙·ᄅᆯ

싸해 더·딜·씨·니 :두무·릅·과 :두붏·톡·과 ·뎡·바기 싸·해 다ᄃ·ᄅᆯ·씨·라

精정誠

썽·을:올·와 正·졍·히 念·념·ᄒ시·니 結·겷使

·ᄉᆞᆼ·스러·디거·늘 世·솅尊존·이 說·솀法

·법·ᄒ시·니 摩망耶양·즉재 宿·슉命·명

·을 :아ᄅ·샤 善:쎤根근·이 純쑨·히니·거 八

## 8a~8b

·밝十·씹億·흑盛·쎵흔 結·겷·을 ·ᄒ·야브·리

·샤 須슝陁땅洹ᅘ環果·광·ᄅ·롤 得·득·ᄒ·시·고

부텻·긔 :슬·ᄫᅡ·샤·ᄃᆡ 죽사·릿 어·리·예 解:갱

脫·뙇·을 ᄒ·마 證·징·콰이·다 그저·긔 모·댓

·ᄂᆞᆫ 大·땡衆·즁·이 ·이:말 듣:줍·고 흔소·리·로

닐·오·ᄃᆡ 一·잀切·쳉衆·즁生싱·이 :다 解:갱

脫·뙇·을 得·득ᄒ과·뎌 願·원 ·ᄒ·노이·다 ○부

:톄 忉돌利·링天텬·에 :겨·샤 ·어마:님 爲·윙

·ᄒ·야 說·쉃法·법 ·ᄒ·더시·니 그·ᄢ 十·씹方

방無뭉量·량世·솅界·갱不·붏可:캉說·쉃

不·붏可:캉說·쉃 一·잀切·쳉諸정佛·뿛·와

大·땡菩뽕薩·삻摩망詞항薩·삻·이 :다·와

모·다:겨·샤 讚·잔歎·탄 ·ᄒ·샤·ᄃᆡ 釋·셕迦강

牟뭏尼닝佛·뿛·이 能능·히 五:옹濁·똭惡

## 9a~9b

·학世·솅·예 不·붏可:캉思ᄉᆞᆼ議·읭·옛 大·땡

智·딩慧·ᄛᆒ神씬通통力·륵·을 나토·샤 剛

강強·깡衆·즁生싱·을 ·질·드리·샤 剛강強·깡·은 세

·여:에 구·들 씨·라 苦:콩樂·락法·법·을 :알·에 ·ᄒ·시놋

44

·다·ᄒ시·고 各·각各·각 :뫼·ᅀᆞᄫ·니 보·내·샤

世·솅尊존·씌 安한否:부 :묻·ᄌᆞᄫ·시더·니

그·ᄢ 如셩來링 우션·ᄒ·샤 百·ᄇᆡᆨ千쳔萬

·먼億·흑大·땡光광明명雲운·을 ·펴시·니

大·땡圓원滿:만光광明명雲운 大·땡慈

쫑悲빙光광明명雲운 大·땡智·딩慧·ᅰᆼ

光광明명雲운 大·땡般반若:ᅀᅣᆼ光광明

명雲운 大·땡三삼昧·밍光광明명雲운

大·땡吉·긿祥쌍光광明명雲운 大·땡福

·복德·득光광明명雲운 大·땡功공德·득

## 10a~10b

光광明명雲운 大·땡歸귕依ᅙᅱᆼ光광明

명雲운 大·땡讚·잔歎·탄光광明명雲운

·이러·틋흔 不·붏可:캉說·쉃光광明명雲

운·을 ·펴시·고 ·ᄯ 種·죵種:죵微밍妙·ᄬᆞᆯ音

흠·을 :내시·니 檀딴波방羅랑蜜·밇音흠

尸싱羅랑波방羅랑蜜·밇音흠 羼·찬提

똉波방羅랑蜜·밇音흠 毗뼁離링耶양

波방羅랑蜜·밇音흠 禪쎤波방羅랑蜜

·밇音흠 般반若:ᅀᅣᆼ波방羅랑蜜·밇音흠

慈쫑悲빙音흠 喜:힁捨:샹音흠鮮:갱脫

·ᄅᆞᇢ音ᅙᅳᆷ 無뭉漏·ᄅᆕᇢ音ᅙᅳᆷ 智·딩慧·ᅘᅰᆼ音ᅙᅳᆷ
大·땡智·딩慧·ᅘᅰᆼ音ᅙᅳᆷ 師ᄉᅠᆼ子:ᄌᅠᆼ吼:ᅘᅮᇢ音
ᅙᅳᆷ 大·땡師ᄉᅠᆼ子:ᄌᅠᆼ吼:ᅘᅮᇢ音ᅙᅳᆷ 雲운雷뢩
音ᅙᅳᆷ 大·땡雲운雷뢩音ᅙᅳᆷ ·이러·ᄐᆞᆺᄒᆞᆫ 不

## 11a~11b

·붏可:캉說·ᄉᆑᇙ不·붏可:캉說·ᄉᆑᇙ音ᅙᅳᆷ·을 :내
시·고 娑상婆빵世·솅界·갱·와 他탕方방
國·귁土:통·앳 他탕方방國·귁土:통·ᄂᆞᆫ 녀느 方방所:송·앳 나·라히·라
無뭉量·량億·ᅙᅳᆨ天텬龍룡鬼:귕神씬·이
·ᄯᅩ 忉도ᇢ利·링天텬宮궁·에 모·다 오·니 四
·ᄉᅠᆼ天텬王왕天텬 忉도ᇢ利·링天텬 須슝
燄:염摩망天텬 兜두ᇢ率·ᄉᆔᇙ陁땅天텬 化
·황樂·락天텬 他탕化·황自·ᄍᅠᆼ在·찡天텬
梵·뻠衆·즁天텬 梵·뻠輔:뿡天텬 大·땡梵
·뻠天텬 少:셔ᇢ光광天텬 無뭉量·량光광
天텬 光광音ᅙᅳᆷ天텬 少:셔ᇢ淨·쪙天텬 無
뭉量·량淨·쪙天텬 徧·변淨·쪙天텬 福·복
生ᄉᆡᆼ天텬 福·복愛·ᅙᅵᆼ天텬 廣:광果:광天
텬 嚴엄飾·식天텬 無뭉量·량嚴엄飾·식

## 12a~12b

天텬 嚴엄飾·식果:광實·씷天텬 無뭉想

:샹天텬 無뭉煩뻔天텬 無뭉熱·엻天텬

善:션見·견天텬 善·션現·현天텬 色·싱究

·귫竟·겅天텬 摩망醯헹首:슣羅랑天텬

非빙想:샹非빙非빙想:샹處·청天텬·에

니·르·리 一·힗切·쳉天텬衆·즁龍룡衆·즁

鬼:귕神씬等:등 衆·즁·이 :다·와 모·두·며 ·쏘

他탕方방國·귁土:통·와 娑상婆빵世·솅

界·갱·옛 海:힝神씬 江강神씬 河행神씬

樹·쓩神씬 山산神씬 地·띵神씬 川쳔澤

·띡神씬 苗묳稼·강神씬 晝·듛神씬夜·양

神씬 空콩神씬 天텬神씬 飮:흠食·씩神

씬 草:촣木·목神씬 ·이러·틋흔 神씬·이 :다

·와 모·두·며 ·쏘 他탕方방國·귁土:통·와 娑

## 13a~13b

상婆빵世·솅界·갱·옛 大·땡鬼:귕王왕·들

·히 惡·학目·목鬼:귕王왕 噉·땀血·훯鬼:귕

王왕 噉·땀·은 머·글 씨·라 噉·땀精졍氣·킝:鬼귕王

왕 噉·땀胎팅卵:롼鬼:귕王왕 行헹病·뼁

鬼:귕王왕 攝·셥毒·똑鬼:귕王왕 慈쫑心

심鬼:귕王왕 福·복利·링鬼:귕王왕 大·땡

愛·힝敬·경鬼:귕王왕 ·이러·틋흔 鬼:귕王

왕·이 :다·와 모·댓더·니 그·쁴 釋·셕迦강牟

뭏尼닝佛·뿛·이 文문殊쓩師ᄉ利·링法

·법王왕子:중菩뽕薩·삻摩망訶항薩·삻

ᄃ·려 니ᄅ·샤딕 :네·이 一·힔切·쳉諸정佛

·뿛菩뽕薩·삻·와 天텬龍룡鬼:귕神씬·을

·보ᄂ·다 ·이 世·솅界·갱·와 다ᄅ 世·솅界·갱

·와 ·이 國·귁土:통·와 다ᄅ 國·귁土:통·앳 오

## 14a~14b

·늘·와 忉돌利·링天텬·에 모·댓ᄂ·니ᄅᆞᆯ :네

數·숭·ᄅᆞᆯ :알리·로소·녀 文문殊쓩師ᄉ利

·링 :솔·ᄫ샤딕 世·솅尊존·하 내 神씬力·륵

·으로 ·즈믄 劫·겁·에 :혜아·려도 :몯 :알리·로

·소이·다 부:톄 文문殊쓩師ᄉ利·링 ᄃ·려

니ᄅ·샤딕 ·내 佛·뿛眼:안ᄋ·로 ·보아·도 ·오

히·려:몯:다 :혜노·니:다 ·이 地·띵藏·짱菩뽕

薩·삻·이 久:굴遠:원劫·겁브·터 :오매 ᄒᆞ·마

度·똥脫·퇋ᄒᆞ·며 ·이제 度·똥脫·퇋ᄒᆞ·며 度

·똥脫·퇋 :몯ᄒᆞ·며 ᄒᆞ·마 일·우·며 ·이제 일·우

48

·며 일·우·디 :몯ᄒᆞ·니·들히·라 文문殊쓩師
승利·링 :슬·ᄫᅡᆞ샤·디 世·솅尊존·하 ·나는 過
·광去·컹·에 오·래 善:쎤根근·을 닷·가 無뭉
礙·앵智·딩·롤 證·징ᄒᆞᆯ·씨 부텻 :말ᄊᆞᆷ 듣:ᄌᆞ

## 15a~15b

·고 ·즉재 信·신受:쓩 ·ᄒᆞᅀᆞᄫᅥ·려니·와 小:숗
果:광聲셩聞문天텬龍룡八·밣部:뽕·와
未·밍來링世·솅·옛 象·즁生싱·들·흔 비·록
如셩來링ᄉ 誠쎵實·씷ᄒᆞᆫ:마·를 듣ᄌᆞ·ᄫᅡ
·도 당다이 疑읭惑·ᅘᅯᆨ ᄒᆞ·리·니 비·록 頂:뎡
受:쓩 ·ᄒᆞᅀᆞᄫᅡ·도 頂:뎡受:쓩·ᄂᆞᆫ ·뎡·바기·로 바·들·씨·라 :비우
·수·믈 免:면·티 :몯ᄒᆞ·리·니 願·원ᄒᆞᆫ·ᄃᆞᆫ 世·솅
尊존·이 너·비 니ᄅᆞ·쇼·셔 地·띵藏·짱菩뽕
薩·삻摩망訶항薩·삻·이 因인地·띵·예 :엇
·던 行·ᅘᆡᆼ·을 지·ᅀᆞ·며 :엇·던 願·원·을 :세완·디
不·붏思ᄉᆞ議·읭·옛 :이·를 能능·히 일·우·니
잇·고 부:톄 文문殊쓩師숭利·링ᄃᆞ·려 니
ᄅᆞ·샤·디 가·줄·비건·댄 三삼千쳔大·땡千
쳔世·솅界·갱·예 잇·ᄂᆞᆫ 草:촐木·목叢쫑林

## 16a~16b

림稻:똘麻망竹·듁葦:윙山산石·쎡微밍

塵띤·을 稻:똘麻망竹·듁葦:윙 ·는 ·벼·와 ·삼·과 ·대·와 ·골·왜·라 物·뭃:마

·다 數·숭:마·다 흔 恒夁河행:짓·고 恒夁河

행沙상:마·다 믈·애:마·다 흔 界·갱·오 界·갱

·안:마·다 드틀:마·다 흔劫·겁·이·오 劫·겁·안

:마·다 모·든 드틄 數·숭·를 :다 劫·겁 밍·ᄀ라

·도 地·띵藏·짱菩뽕薩·삻·이 十·씹地·띵果

·광位·윙證·징컨·디 웃譬·핑喻:융·에 셔·즈

·믄 ᄇ·리 倍·삥·히 하·니 ·ᄒ믈·며 地·띵藏·짱

菩뽕薩·삻·이 聲셩聞문辟·벽支징佛·뿛

地·띵·예 이·슈·미 ᄯ녀 文문殊쓩師ᄉ利

·링·여 ·이 菩뽕薩·삻·이 威휭神씬誓·쎙願

·원이 不·붏可:캉思ᄉ議·읭니 未·밍來링

世·솅·예 善:쎤男남子:ᄌ 善:쎤:女녕人신

## 17a~17b

·이 ·이菩뽕薩·삻ᄉ 일·훔 듣·고 시·혹 讚·잔

歎·탄커·나 시·혹 ·보·아 禮:롕數·숭커·나 시

·혹 일·후·믈 일ᄏ거·나 시·혹 供공養·양커

·나 像:썅·을 彩:칭色·식·ᄋ·로 ·그리·며 刻·큭

50

鏤·룽塑·송漆·칧 ·호·매 니·를·면 鏤·룽·는 ·쇠·예 刻·큭홀

·씨·오 塑·송·는 훌·ᄀ·로 밍·ᄀᆞᆯ·씨·라 ·이 :사ᄅᆞ·미 당다이·온디

·위 三삼十·씹三삼天텬·에 나 기·리惡·악

道·똥·애 ᄣᅥ·러디·디 아·니ᄒᆞ·리·라 文문殊

쓩師ᄉᆞ利·링·여 ·이 地·띵藏·짱菩뽕薩·삻

摩망訶항薩·삻·이 :디·나건 오·란 不·붏可

:캉說·쉃不·붏可:캉說·쉃劫·겁·에 ·큰 長·댱

者·쟝·이 아·ᄃᆞ·리 ᄃᆞ외·얫더·니 그제 부·톄

:겨샤·디 일·후·미 師ᄉᆞ子·중奮·분迅·신具

·꿍足·죡萬·먼行·행如셩來링·러시·니 그

## 18a~18b

제 長:댱者:쟝·이 아·ᄃᆞ·리 부텻 相·샹好:ᅘᅩᇢ

| ·즈·믄 福·복·ᄋᆞ·로 莊장嚴엄 ·ᄒᆞ샤·ᄆᆞᆯ 보

습·고 ·뎌 부텨·끠 :묻ᄌᆞᇦ·ᄃᆞᆫ :엇·던 行·행願

·원·을 :지ᅀᅳ·시관·ᄃᆡ ·이 相·샹·ᄋᆞᆯ 得·득·ᄒᆞ시

·니잇·고 師ᄉᆞ子·중奮·분迅·신具·꿍足·죡

萬·먼行·행如셩來링 니르·샤·ᄃᆡ ·이 ·모·ᄆᆞᆯ

證·징·코·져 ·ᄒᆞ거·든 모로·매 오래 一·힗切

·쳉受:쓩苦·콩衆·즁生싱·ᄋᆞᆯ 度·똥脱·뙇·ᄒᆞ

야ᅀᅡ ᄒᆞ·리·라 ·ᄒᆞ·야시·늘 長:댱者·쟝 아

·ᄃᆞ·리 發·빓願·원·ᄒᆞ·야 닐·오·ᄃᆡ ·내 ·이제 未

·밍來링際·젱 못·ᄃ·록 際·젱·ᄂ :ᄀ᠎ᅀᅵ·라 :몬니릃 :휑

劫·겁·에 ·이 罪:쬥苦:콩六·륙道:똫衆·즁生

싱 爲·윙·ᄒ·야 너·비 方방便·뼌·을 ·펴:다 解

:갱脫·퇋·케 ᄒ·고·ᅀᅡ 내 ·모·미 佛·뿛道:똫·룷

## 19a~19b

일·워·지이·다 ᄒ·니 ·뎌 부텻 알·피 ·이·큰 願

·원·을 :셸·씨 ·이제 百·빅千쳔萬·먼億·흑那

낭由율他탕 不·붏可:캉說·쉃劫·겁·에 ᄉ

·지 菩뽕薩·삻·이 ᄃ외·옛ᄂ·니·라 ·ᄯᅩ :다·나

건 不·붏可:캉思ᄉ議·읭阿항僧ᄉ祇낑

劫·겁·에 부:톄 :겨샤·디 일·후·미 覺·각華勢

定·뗭自·쫑在·찡王왕如셩來링·러시·니

·뎌 부텻 목:수·미 四·ᄉᆞᆼ百·빅千쳔萬·먼億

·흑阿항僧ᄉ祇낑劫·겁·이·러시·니 像:썅

法·법中듕에 ᄒᆞᆫ 婆뽕羅랑門몬·의 ·ᄯᆞ리

前쪈生싱ㅅ 福·복·이 둗거·버 모·다 恭공

敬·경ᄒ·며 行행住·뜡坐:쫭卧·왕·애 諸졍

天텬·이 衛·윙護·뽕·ᄒ더·니 衛·윙護·뽕·ᄂ 횟둘·어이·셔

護·뽕持띵홀·씨·라 제 ·어·미 邪썅曲·콕·을 信·신·ᄒ

## 20a~20b

·야 샹·녜 三삼寶:봄·룰 :업시·우거·든 聖·셩
女:녕 方방便·뼌·을 너·비·펴 제·어미·를
勸·퀀·ㅎ·야 正·졍見·견·을 :내·에·ㅎ야·도 그
·어·미 :오·로 信·신·올 :내·디 :몯·ㅎ더·니 아·니
오·라 命·몡終즁·ㅎ·야 넉·시 無뭉間간地
·띵獄·옥·애 뻐·러·디·옛거·늘 그 ·ᄯ·리 제 ·어
·미 사·라·셔 因힌果:광信·신·티 아·니턴·돌
:알·씨당다·이 業·업·을 조·차 惡·학趣·츙·예
나·니·라 너·겨 지·블 ·ᄑ·라 香향華횅·와 供
공養·양·홇 것·들·흘 너·비 求끃·ㅎ·야 부텻
塔·탑寺·씽·애 ᄀ·장 供공養·양 ·ㅎ·ᅀᆞᆸ더·니
覺·각華횅定·똉自·쫑在·찡王왕如셩來
링ㅅ像:썅·이 ㅎᄃᆞ·례 :겨·시거·늘 ·보ᅀᆞᆸ·고
禮:롕數·숭 ·ㅎᅀᆞᆸ·고 恭공敬·경 ᄆᅀᆞ·ᄆᆞᆯ 倍

## 21a~21b

:삥·히 :내·야 念·념·ㅎ·되 부텻 일·후·미大·땡
覺·각·이·샤 一·힗切·쳉智·딩 ᄀᄌ·시·니 世
·솅間간·애 :겨·싎 저·기·면 ·어·미 주·근後:홓
·에 부텨·ᄢ·와 :묻·ᄌᆞᄫᆞ·면 당다·이 :간·ᄯᅡ·홀

:아·ᄅ시·리러·니·라 ᄒ·고 오·래 :울·며 如셩
來링·ᄅ룰 ᄉ랑·ᄒᅀᆞ·봐 ·보·ᅀᆞᆸ더·니 忽홇然
션·히 空콩中듕·엣 소·리·ᄅᆞᆯ 드르·니 닐·오
·ᄃᆡ :우·ᄂᆞᆫ 聖·셩女·녕·여 슬·허:말·라 내·이
제 네·어·믜:간 싸·ᄒᆞᆯ :뵈·요리·라 그 ·ᄯ·리 合
·ᄒᆞᆸ掌·쟝·ᄒ·야 空콩中듕·을 向·향·ᄒ·야 하
·ᄂᆞᆯ·ᄀ긔 술·ᄫᅩ·ᄃᆡ ·이 :엇·던 神씬靈령ㅅ德·득
·이시·관·ᄃᆡ 내 시·ᄅᆞ·믈 누·기시·ᄂᆞᆫ·고 ·내 ·어
·미 일·흔 後:ᅘᆛ·에 ·밤·나·ᄌᆞᆯ ·그·려 ·어·믜:간 싸
·ᄒᆞᆯ 무·러 아·롤·ᄃᆡ :업·서이·다 그·제 空콩中

## 22a~22b

듕·에·셔 다·시 닐·오·ᄃᆡ ·내 네 禮·령數·숭·ᄒ
·논 過·광去·컹·엣 覺·각華ᅘᅪ定·ᄄ명自·ᄍ在
·ᄍᆡ王왕如셩來링·로·니 네·의 ·어·미 ·그·려
·호·미 샹·녯 ᄠᅳ·뎃 衆·즁生ᄉᆡᆼ·애·셔 倍·ᄤ홀
·씨·와 니·ᄅᆞ·노·라 그 ·ᄯ·리 듣·고 싸·해 ·모·미
:다:헐·에 ·디·여 ·ᄂᆞ·미 ·ᄢᅵ드·러오·라거·ᄉᆞ·씬
·야 虛헝空콩·애 술·ᄫᅩ·ᄃᆡ 願·원흔·ᄃᆞᆫ 부:톄
:어엿·비 너·기·샤 내 ·어·믜 :간 싸·ᄒᆞᆯ ·ᄲᆞᆯ·리·니
·ᄅᆞ·쇼·셔 내 ·이제 아·니오·라 주·그·리·로·소
이·다 그·제 覺·각華ᅘᅪ定·ᄄ명自·ᄍ在·ᄍᆡ王왕

54

왕如셩来링聖 ·셩女:녕 드·려 니 르·샤·딕
:네 供공養·양 못·고 어·셔 지·븨 도·라·가 正
·졍·히 안·자 내일·후·믈 스랑ㅎ·라 ·어·믜 :간
·짜·흘 ·즉재 :알리·라 그 ·쏜·리 부텨·씌 禮:령

## 23a~23b

數·숭 ·ㅎ습·고 지·븨 도·라·가 正·졍·히 안·자
覺·각華뽱定·뗭自·쭝在·찡王왕如셩来
링·롤 念·념·ㅎ·야 一·힗日·싏一·힗夜·양·를
:디·내·니 忽·홇然션·히 보·니 제·모·미 흔바
·룷:ㄱ·새 다드·르·니 그 ·므·리 솟글·코 여·러
가·짓 :모·딘 즁싱·이 :만ㅎ·딕 ·또·다 쇠 ·모미
·오 바·룷 우·희 늘·며 드·르·며 東동西셩·로
뽓·니거·든 男남子:중女:녕人신百·빅千
천萬·먼數·숭 바·룷 가온·딕 나락즈모
·락 ·ㅎ거·든 :모·딘 즁싱·들·히 돌딜·어 자·바
머·그·며 ·또 :보·딕 夜·양乂창제양·지 各
·각各·각 달·아 시·혹 ·손하·며 ·눈하·며 ·발하
·며 머·리하·며 :엄·니밧·긔:내와 드·니 늘카
·본·늘·히 갈 ᄀ툰것·들·히 罪:쬥人신·들·홀

## 24a~24b

모·라 :모·딘 즁싱·이게 갓가·비 가게 ᄒ·며
·쏘 :제자·바 머·리·와 ·발·와 ᄒᆞᆫ·ᄃᆡ 모·도 잡더
·니 그 :즈쉬 一·힗萬·먼 가·지·라 오·래 :몯보
·리러·니 그 ·쏘·리 念·념佛·뿛力·륵으·로 自
·쭝然·션·히 저·푸·미 :업더·라ᄒᆞᆫ 鬼·귕王왕
일·후·미 無·뭉毒·똑·이·라 ᄒᆞ·리 머·리조·사
·와마·자 聖·셩女:녕ᄃᆞ·려 닐·오·ᄃᆡ :됴ᄒᆞ실
·쎠 菩뽕薩·삻이 :엇·던 緣원·으·로 예 ·오시
·니잇·고 그 ·쏘·리 무·로·ᄃᆡ ·이 :엇 던 ·짜·히잇
·가 無·뭉毒·똑·이 對·됭荅·답·호·ᄃᆡ ·이 大·땡
鐵·텷圍윙山산西셩面·면第·똉一·힗重
뜡海:힝·니이·다 聖·셩女:녕무·로·ᄃᆡ ·내
드·로·니 鐵·텷圍윙ㅅ 안·해 地·띵獄·옥·이
가온·ᄃᆡ 잇·다 ·ᄒᆞᄂᆞ·니 ·이:이·리 實·씷ᄒᆞ·니

## 25a~25b

잇·가 無·뭉毒·똑·이 對·됭荅·답·호·ᄃᆡ 實·씷
·로 地·띵獄·옥·이 잇ᄂᆞ·니이·다 聖·셩女:녕
ㅣ 무·로·ᄃᆡ ·내 ·이제 :엇·뎨 ·ᄒᆞ야·사 地·띵獄
·옥 잇는 ᄯᅡ·해 가·리잇·고 無·뭉毒·똑·이 對

·뒹쫌·답·호·딕 威휭神씬·곳 아·니·면 모·로

·매 業·업力·륵·으로·ᅀᅡ 가·리·니·이:두·일·옷

아·니·면 乃:냉終즁:내가·디 :몯ᄒ·리이·다

聖·셩女:녕 ·ᄯᅩ 무·로·딕 ·이므·리 :엇·던 緣

원·으·로 숫글·ᄒᆞ·며 罪:쬥人신·들·콰 :모·딘

즁싱·이 하니잇·고 無뭉毒똑·이 對·됭쫌

·답·호·딕 ·이 閻염浮뿔提똉·옛 :모·딘·일 :짓

·던 즁싱·이 새주·근 :사ᄅᆞᆷ·들히·니 四·승十

·씹九·굴日·싌 :디:나·딕 니·ᅀᅥ 爲·윙·ᄒᆞ·야 功

공德·득 지·ᅀᅥ 苦:콩難·난·애 救·굴·ᄒᆞ·야 ·쌔

## 26a~26b

홿 :사ᄅᆞᆷ :업스·며 사·라싫·제 ·ᄯᅩ 善:쎤因힌

·이 :업·서 本:본業·업·의 感:감·혼 地·띵獄·옥

·올브·터 自·쭝然쎤·히 ·이바ᄅᆞ·를 몬져 :건

나·리·니 바ᄅᆞᆳ 東동녁 十·씹萬·먼由율旬

쓘·에 ·ᄯᅩ 흔바ᄅᆞ·리 이쇼·딕 그 苦:콩 이

에·셔 倍:삥ᄒᆞ·며 ·뎌 바ᄅᆞᆳ 東동녀·긔 ·ᄯᅩ 흔

바ᄅᆞ·리 이쇼·딕 그 苦:콩 ·ᄯᅩ 倍:삥ᄒᆞ·니

三삼業·업惡·학因힌·이 블·러 感:감·혼거

·실·씨:다 일·후·믈 業·업海:힝·라 ·ᄒᆞᄂᆞ·니이

·다 聖·셩女:녕 ·ᄯᅩ 무·로·딕 地·띵獄·옥·이

어·듸 잇ᄂᆞ·니잇·고 無뭉毒·똑·이 對·됭答
·답·ᄒᆞ·딕 :세 바ᄅᆞᆳ ·안·히 ·이 ·큰 地·띵獄·옥·이
·니 그 數·숭 百·빅千쳔·이·오 各·각各·각
다ᄅᆞ·니 ·크·다 ᄒᆞ·노·니 ·열여·들비·오 버·그

## 27a~27b

·니 五:옹百·빅·이 이·쇼·ᄃᆡ 苦:콩毒·똑·이 그
·지:업·고 버·그·니 千쳔百·빅·이 이·쇼·ᄃᆡ ·쏘
그·지:업·슨 苦:콩·니이·다 聖·셩女:녕
·쏘 무·로·딕 내 어·미 죽건·디 아니오·라·니
넉·시 어·느 趣·츙·예 간동 :몰·라이·다 鬼:귕
王왕·이 聖·셩女:녕ᄃᆞ·려 무·로·딕 菩뽕薩
·싫ᄉᆞ ·어마:니·미 사·라이·셔 :엇·던 行·ᄒᆡᆼ業
·업·을 니·기더·니잇·고 聖·셩女:녕 對·됭
答·답·ᄒᆞ·딕 내 어·미 邪썅見·견·ᄒᆞ·야 三삼
寶:봄·룰 譏긩弄·롱·ᄒᆞ·야 :힐·며 비·록 :잢간
信·신·ᄒᆞ야·도 도로 ·쏘 恭공敬·경 아니터
·니 죽건·디 비·록 아니 여·러 ·나리라·도 :아
·모 고·대 간·디 모·ᄅᆞ·노이·다 無뭉毒·똑·이
무·로·딕 菩뽕薩 싫ᄉᆞ ·어마:니·미 姓·셩·이

58

## 28a~28b

므·스·기러·니잇·고 聖·셩女:녕 對·됭荅

답·호·딕 아바:님 ·어마:니·미 :다 婆빵羅랑

門몬種:죵·이시·고 아바:님 일·후·믄 尸싱

羅랑善:쎤見·견·이시·고 ·어마:님 일·후·믄

悅·웛帝·뎽利·링·러시·니이·다 無뭉毒·똑

·이 合·협掌:쟝·ᄒᆞ·야 닐·오·딕 願·원ᄒᆞᆫ·ᄃᆞᆫ 聖

·셩者:쟝 도·라·가시·고 시·름·ᄒᆞ·야 슬·티

:마·ᄅᆞ쇼·셔 悅·웛帝·뎽利·링罪:찡女:녕

하ᄂᆞᆯ·해 ·나건·디 오·ᄂᆞᆯ 사·ᅀᆞ·리 :디나·니 孝

·ᄒᆡ·ᇢ順·쓘孝 子:중息·식·이 ·어·미 爲·윙·ᄒᆞ·야

覺·각華勢定·뎽自·쭝在·찡王왕如셩來

링ᄼ 塔·탑寺·쓩·애 供공養·양 ·ᄒᆞᅀᆞᆸ·바 福

·복 닷·가 布·봉施싱·혼다·시·라 니ᄅᆞᄂᆞ니

菩뽕薩·삻ᄼ ·어마:니·미 地·띵獄·옥 버·슬

## 29a~29b

:썀·니 아·니·라 無뭉間간·앳 그·낤 罪:찡人

신·이 :다 樂·락·을 受:쓩·ᄒᆞ·야 ᄒᆞᆫ·ᄃᆡ 나·니이

·다 ᄒᆞ·고 合·협掌:쟝·ᄒᆞ·야 믈·러·나거·늘 그

·ᄶᆞ·리 ·ᄭᅮ메·셔 도·라:옴·ᄀᆞᆮ·ᄒᆞ·야 ·이 :이를 :알

·오 覺·각華뽱定·뗭自·쫑在·찡王왕如셩
來링ㅅ 塔·탑像:썅 알·픠 弘횅誓·쏑願·원
·을 :셰요·듸 願·원혼·든 ·내 未·밍來링劫·겁
·이 다ᄋᆞ·ᄃᆞ·록 罪:쬥苦:콩잇ᄂᆞᆫ 衆·즁生싱
·올 너·비 方방便·뼌·을 ·펴 解:갱脫·퇋·케 ·ᄒᆞ
야·지이·다 ᄒᆞ·니·라 부:톄 文문殊쓩師ᄉᆞᆼ
利·링ᄃᆞ·려 니ᄅᆞ·샤·ᄃᆡ 그·쁴 鬼:귕王왕無
뭉毒·똑·ᄋᆞᆫ ·이젯 財찡首:슣菩뽕薩·삻·이
:긔·오 婆빵羅랑門몬·의 ·ᄯᆞ른 地·띵藏·짱
菩뽕薩·삻·이:긔·라 그·쁴 百·빅千쳔萬·먼

## 30a~30b

億·흑不·붏可:캉思ᄉᆞᆼ不·붏可:캉議·읭不
·붏可:캉量·량不·붏可:캉說·웛無뭉量·량
阿항僧ᄉᆞᆼ祇낑世·솅界·갱·예 잇ᄂᆞᆫ 地·띵
獄·옥·애 分분身신·ᄒᆞ·신 地·띵藏·짱菩뽕
薩·삻·이 :다·와 忉돟利·링天텬宮궁·에 모
·댓·더시니 如셩來링ㅅ 神씬力·륵·으·로
各·각各·각 方방面·면·으·로 解:갱脫·퇋 得
·득·ᄒᆞ·야 業·업道:똫로·셔난 :사ᄅᆞᆷ·ᄃᆞᆯ·콰 ·ᄯᅩ
各·각各·각 千쳔萬·먼億·흑那낭由윻他
탕數·숭러·니 모·다 香향華뽱 가·져·와

부텨·씌 供공養·양 ·ᄒ·ᅀᆞᆸ더·니 ·뎌흔·ᄢᅴ 오
·니·ᄃᆞᆯ·히 :다 地·띵藏·짱菩뽕薩·ᆶᄉ 敎·곻
化·황·로 阿항耨·녹多당羅랑三삼藐·막
三삼菩뽕提똉·예 기·리 退·퉹轉·뒨·티 아

## 31a~31b

·니 ᄒᆞ·니러·니 이 한:사룸·ᄃᆞᆯ·히 오·란 劫·겁
브·터 生ᄉᆡᆼ死:ᄉᆞᆼ·애 흘·러들·녀 六·륙道:똘
·애 受:쓩苦·콩·ᄒᆞ·야 :잢간도 :쉬·디 :몯다가
地·띵藏·짱菩뽕薩·ᆶ廣:광大·땡慈쭝悲
빙 기·픈 誓·쎙願·원·으·로 各·각各·각 果:광
證·징·을 :어드·니러·니 忉돌利·링·예·와 무
ᄉ·매 踊:용躍·약ᄋᆞᆯ 머·거 如ᅀᅧ来링·를 :울
워·러 ·보ᅀᆞ·ᄫᅡ ·누늘 :잢간도 ᄇᆞ·리ᅀᆞᆸ·디 아
·니터·니 그·ᄢᅴ 世·솅尊존·이 金금色·ᄉᆡᆨ 볼
·ᄒᆞᆯ ·펴·샤 百·빅千천萬·먼億·흑不·붏可:캉
思ᄉᆞᆼ不·붏可:캉議·읭不·붏可:캉量·량不
·붏可:캉說·쉃無뭉量·량阿항僧승祇낑
世·솅界·갱·옛 化·황身신 地·띵藏·짱菩뽕
薩·ᆶ摩망訶항薩·ᆶᄉ 頂:뎡·을 믄·지시

## 32a~32b

·며 니르·샤·디 ·내 五:옹濁·뚁惡·학世·솅·예

·이·ᄀ티 剛강強·깡ᄒᆞᆫ 衆·즁生싱·ᄋᆞᆯ 敎·굘

化·황·ᄒᆞ·야 ᄆᆞᅀᆞ·미 調뚈伏·뽁게 ·ᄒᆞ·야 邪

썅·를 ᄇᆞ·리·고 正·졍·에 가·게·호·ᄃᆡ ·열·헤 ᄒᆞᆫ

:둘·히 ᄉᆞᆫ·직:모·딘비·ᄒᆞ·시이실·ᄊᆡ ·내·ᄯᅩ 分

분身신千쳔百·빅億·흑·ᄒᆞ·야 方방便·뼌

·을 너·비 ·펴노·니 시·혹 利·링根근·은 듣·고

·즉재 信·신受:쓩ᄒᆞ·며 시·혹 善:쎤果:광·ᄂᆞᆫ

브즈러·니 勸·퀀·ᄒᆞ·야 일·우·고 시·혹 暗·함

鈍·똔ᄒᆞ·니·ᄂᆞᆫ 오·래 敎·굘化·황·ᄒᆞ야ᅀᅡ 歸

귕依ᅙᅵᆼᄒᆞ·고 시·혹 業·업重:뜡ᄒᆞ·니·ᄂᆞᆫ 恭

공敬·경·ᄒᆞ·야 :울·월 ᄆᆞᅀᆞ·믈 아·니 :내ᄂᆞ·니

·이·ᄀᆞᆫᄒᆞᆫ ·무·렛 衆·즁生싱·이 各·각各·각 다

ᄅᆞ거·든 分분身신ᄒᆞ·야 度·똥脱·퇋·호·ᄃᆡ

## 33a~33b

시·혹 男남子:ᄌᆞ身신·도 現·현ᄒᆞ·며 시·혹

女:녕人ᅀᅵᆫ身신·도 現·현ᄒᆞ·며 시·혹 天텬

龍룡身신·도 現·현ᄒᆞ·며 시·혹 神씬鬼:귕

身신·도 現·현ᄒᆞ·며 시·혹 山산林림川쳔

源원河행池띵泉쭨井:졍·도 現·현·ᄒᆞ·야

源원·은 :십 미·티·오 井:졍·은 우·므리·라 利·링:사ᄅᆞ·미게 미·처

·다 度·똥脫·뢇ᄒᆞ·며 시·혹 帝·뎽釋·셕身신

·도 現·현ᄒᆞ·며 시·혹 梵·뺌王왕身신·도 現

·현ᄒᆞ·며 시·혹 轉:뒨輪륜王왕身신·도 現

·현·ᄒᆞ·며 시·혹 居경士:쑹身신·도 現·현ᄒᆞ

·며 시·혹 國·귁王왕身신·도 現·현ᄒᆞ·며 시

·혹 宰:징輔:뽕身신·도 現·현ᄒᆞ·며 시·혹 官

관屬·쑉身신·도 現·현ᄒᆞ·며 시·혹 比·삉丘

쿨比·삉丘쿨尼닝優훃婆빵塞·ᅀᅵᆨ優훃

## 34a~34b

婆빵夷잉身신·이·며 聲셩聞문羅랑漢

·한辟·벽支징佛·뽏菩뽕薩·삻等:등身신

·에 니·르·리 現·현·ᄒᆞ·야 化·황度·똥 ·ᄒᆞ노·니

佛·뽏身신:쒼 ᄒᆞ오·ᅀᅡ 알·픽 現·현·호·미 아

·니·라 :내내·이 여·러 劫·겁·에 勤끈苦:콩ᄒᆞ

·야 ·이러·틋호 化·황·티 어·려ᄫᅳᆫ 剛강強·깡

호 罪:쬥苦:콩衆·즁生ᄉᆡᆼ·ᄋᆞᆯ 度·똥脫·뢇ᄒᆞ

거·든 ·보ᄂᆞ·니 調뜗伏·뽁·디 :몯호 :사ᄅᆞ·미

業·업報·봏應·ᅙᅳᆼ·ᄋᆞᆯ 조·차 ·ᄒᆞ다·가 惡·학趣

·츙·예 뻐·러·디·여 ·큰 受:쓩苦:콩홇제 :네 반

·드기 ·내 忉돌利링天텬宮궁·에 이·셔 브
즈러니 付·붕屬·쇽·호·딜 憶·흑念·념·ᄒᆞ·야
娑상婆빵世·솅界·갱·를 彌밍勒·륵出·츓
世·솅ᄒᆞᆫ 後:ᅘᅮᇢᆺ 衆·즁生싱·애 니·르·리 :다

## 35a~35b

解:갱脫·퇋·ᄒᆞ·야 여·러가·짓 受:쓔ᇢ苦:콩·를
기·리 여·희·여 부텻 授·쓔ᇢ記·긩·를 맛나·게
ᄒᆞ·라 그·ᄢᅴ 諸졍世·솅界·갱化·황身신地
·띵藏·짱菩뽕薩·삻·이 도로 ᄒᆞ·몬·미 드외
·샤 ·눖·믈 흘·려 부텨·씌 :솔·ᄫᅡ샤딘 ·내 久:굴
遠:원劫·겁브·터:오·매 부텻 接·겹引:인·을
닙ᄉᆞᆸ·바 不·붏可:캉思ᄉᆞᆼ議·읭神씬力·륵
·을 :어·더 ·큰 智·딩慧·휑ᄀᆞᆺ·게·ᄒᆞ·샤 내 分분
身신·이 百·빅千쳔萬·먼億·흑恒ᅘᅳᆼ河행
沙상世·솅界·갱·예 ·차 ᄀᆞ득·ᄒᆞ·야 ᄒᆞᆫ 世·솅
界·갱·마·다 百·빅千쳔萬·먼億·흑 ·모·믈 化
·황ᄒᆞ·고 ᄒᆞᆫ몸:마·다 百·빅千쳔萬·먼億·흑
人신·을 度·똥脫·퇋·ᄒᆞ·야 三삼寶:볼·애 歸
궝敬·경·ᄒᆞ·야 生싱死:ᄉᆞᆼ·를 기·리여·희·여

## 36a~36b

涅·녏槃빤樂·락·애 다둗·게·호·딕 오·직 佛

·뿛法·법中듕·에 ··ᄒ욘 :됴·ᄒ· :이·리ᄒ터러

·기어·나ᄒᆞᆫ번·처딘·므·리어·나ᄒᆞᆫ몰·애어

·나ᄒᆞᆫ 드트·리어·나 시·혹 머·리터럭·만·ᄒ

야·도 ·내 漸:쪔漸·쪔度·똥脫·뢇·ᄒ·야 大·땡

利·링·ᄅᆞᆯ :얻·게 ·ᄒ노·니 願·원ᄒᆞᆫ·둔 世·솅尊

존·이 後·ᅘᅮᇦ世·솅惡·학業·업衆·즁生싱·ᄋᆞᆯ

分분別·볋:마·ᄅᆞ쇼·셔 ·이·ᄀᆞ티 :세번 부텻

·긔 :ᄉᆞᆲ·ᄫᅣ·딕 願·원ᄒᆞᆫ·둔 世·솅尊존·이 後

:ᅘᅮᇦ世·솅惡·학業·업衆·즁生싱·ᄋᆞᆯ 分분別

·볋:마·ᄅᆞ쇼·셔 그·쁴 부:톄 地·띵藏·짱菩뽕

薩·삻·ᄋᆞᆯ 讚·잔歎·탄·ᄒ·야 니ᄅᆞ·샤·딕 :됴·타

:됴·타 ·내 너·를 도·ᄫᅡ 깃·노·라 :네 能능·히 오

·란 劫·겁브·터 發·벓혼 ·큰 誓·쎙願·원·을 일

## 37a~37b

·워 너·비 度·똥脫·뢇·호·몰 쟝·ᄎ 무·ᄎ·면 ·즉

재 菩뽕提똉·를 證·징ᄒ·리·라 그·쁴 佛·뿛

母:뭏摩망耶양夫붕人신·이 恭공敬·경

合·ᄒᆞᆸ掌·쟝·ᄒ·샤 地·띵藏·짱菩뽕薩·삻·끠

:묻주·붕샤·디 聖·셩者·쟝·하 閻염浮뿔衆

·즁生싱·이 業·업지·소·미 差창別·볋·와 差창

別·볋·은 여·러가지·로 다를·씨·라 受:쓩·ᄒ·논 報·봄應·ᅙ·이

그:이·리 :엇더·니잇·고 地·띵藏·짱·이 對·됭

荅·답·ᄒ·샤·디 千쳔萬·먼世·솅界·갱·와 ·쏘

國·귁土·통·애 시·혹 地·띵獄·옥이시·며 시

·혹 地·띵獄·옥:업스며 시·혹 女:녕人신이

시·며 시·혹 女:녕人신:업스·며 시·혹 佛·뿛

法·법이시·며 시·혹 佛·뿛法·법:업스·며 聲

셩聞문辟·벽支징佛·뿛·에 니·르·리 ·쏘 ·이

## 38a~38b

·ᄀᆞᆮ·ᄒ·니 地·띵獄·옥罪:쬥報·봄一·ᅙᇙ等:듕

:샏 아·니이·다 摩망耶양夫붕人신·이 菩

뽕薩·삻·ᄭᅴ 다시 :슳·ᄫᅧ샤·디 안·즉 閻염浮

뿔罪:쬥報·봄·로 感:감혼 惡·학趣·츙·ᇬ·를 듣

·고·져 願·원·ᄒ·노이·다 地·띵藏·짱·이 對·됭

荅·답·ᄒ·샤·디 聖·셩母:몰·하 願·원흔·ᄃᆞᆫ 드

르·쇼·셔 ·내·멀·톄·로 닐·오·리이·다 佛·뿛母

:몰 니르·샤·디 願·원흔·ᄃᆞᆫ 聖·셩者·쟝

니르·쇼·셔 그·삑 地·띵藏·짱菩뽕薩·삻·이

聖·셩母:몰·ᄭᅴ :슳·ᄫᅧ샤·디 南남閻염浮뿛

66

提똉罪:쬥報·봏名명號·뿔 ·이 근ᄒᆞ·니

·ᄒ다·가 衆·즁生싱·이 父:뿡母:묳不·붏孝

·흏ᄒᆞ·며 殺·샳害·행·호·매 니·를·면 반·ᄃᆞ기

無뭉間간地·띵獄·옥·애 뻐·러·디·여 千천


## 39a~39b

萬·먼億·흑劫·겁·에 나고·져 ᄒᆞᆲ그·지:업스

·며·ᄒ다·가 衆·즁生싱·이 佛·뿛身신血·휧

·을:내어·나 三삼寶:봏·를허·러나 ᄆᆞ·라거

·나 尊존經경·을 恭공敬·경 아니ᄒᆞ·면 ·쏘

반·ᄃᆞ기 無뭉間간地·띵獄·옥·애 뻐·러·디

·여 千쳔萬·먼億·흑劫·겁·에 나고·져 ᄒᆞᆲ그

·지:업스·며·ᄒ다·가 衆·즁生싱·이 常썅住

·뜡·를 侵침勞롷·ᄒᆞ·야 損:숀커:나 常썅住뜡·는 ·뎘

거·시·라 僧승尼닝·를 :더러·빗거·나 시·혹 伽

꺙藍람內·뇡·예쩐·짓 淫음欲·욕·ᄋᆞᆯ 行ᄒᆡᆼ

커·나 僧승伽꺙藍람·ᄋᆞᆫ ·뎌리·니 한:사ᄅᆞ·미 園원·이·라 혼:마리·니 園

원·ᄋᆞᆫ 菓

:광實·씷시므·ᄂᆞᆫ ·싸히·오 부텼弟:똉子:중·ᄂᆞᆫ 道:똥芽앙聖·셩果:광·를 :

내·ᄂᆞ니·라 芽

앙·ᄂᆞᆫ :어미·라 시·혹 주·기거·나 시·혹 害·행커·나

·이런 ·무·리 반·ᄃᆞ기 無뭉間간地·띵獄·옥

## 40a~40b

·애 뻐·러·디·여 千천萬·먼億·흑劫·겁·에 나

·고·져 홇그·지:업스·며 ᄒ다가 衆·즁生싱

·이:거·즛:일·로 沙상門몬·이 ᄃ외·야 므슴

·미 沙상門몬아니·라 常쌍住·뜡·를허·러

·쓰·며 白·삑衣ᄒᆡᆼ·를 소기·며 白·삑衣ᄒᆡᆼ·ᄂᆞᆫ 쇼·히·라 戒

·갱律·륧·을 背·삥叛·빤ᄒᆞ·며 種·죵種·죵 :모

·딘 :이·를 지·ᅀᅳ·면 ·이런 ·무·리 반·ᄃ기 無뭉

間간地·띵獄·옥·애 뻐·러·디·여 千천萬·먼

億·흑劫·겁·에 나고·져 홇그·지:업스·며 ᄒ

다가 衆·즁生싱·이 常쌍住·뜡·를 일버·ᅀᅳ

·며 財찡物·뭃穀·곡米:몡飮·흠食·씩衣ᄒᆡᆼ

服·뽁·애 ᄒᆞ거·시·나 아니 ·주거·든 가지·면

반·ᄃ기 無뭉間간地·띵獄·옥·애 뻐·러·디

·여 千천萬·먼億·흑劫·겁·에 나고·져 홇그

## 41a~41b

·지 :업스·리이·다 地·띵藏·짱·이 :술·ᄫᅡ샤·ᄃᆡ

聖·셩母:몷·하 ᄒ다가 衆·즁生싱·이 ·이런

罪:쬥 지·ᅀᅳ·면 반·ᄃ기 五:옹無뭉間간地

·띵獄·옥·애 뻐러·디·여 :잢간 受:쓯苦:콩 머

·믈오·져 ·ᄒ야·도 一·ᅙᅵᆶ念·념·도 :몯 得·득 ᄒ
·리이·다 摩망耶양夫붕人ᅀᅵᆫ·이 地·띵藏
·짱菩뽕薩·삻·씌 다·시 :술·ᄫᅣ·ᄃᆡ :엇·뎨 일
·후·미 無뭉間간地·띵獄·옥·이잇·고 地·띵
藏·짱·이 :술·ᄫᅣ·ᄃᆡ 聖·셩母:몰·하 地·띵獄
·옥·돌·히 大·땡鐵·텷圍윙山산 안해 잇ᄂ
·니 ·큰 地·띵獄·옥·이 ·열여·듦·고디·오 버·거
五:옹百·ᄇᆡᆨ·이 이·쇼·ᄃᆡ 일·후·미 各·각各·각
다ᄅᆞ·고 버·거 千쳔百·ᄇᆡᆨ·이 이·쇼·ᄃᆡ 일·후
·미 各·각各·각 다ᄅᆞ·니 無뭉間간獄·옥·은

## 42a~42b

그 獄·옥城쎵둘:에 八·밣萬·먼나·ᄆᆞᆫ 里:링
·오 그 城쎵·이 고ᄅᆞᆫ·쇠·오노픽 一·ᅙᅵᆶ萬·먼
里:링·오 城쎵우·희 ·브·리:뷘·ᄃᆡ:업스·니 그
獄·옥城쎵中듕·에 여·러 獄·옥·이 서르·니
·ᄰᅥ 일·후·미 各·각各·각 다ᄅᆞ·니 ᄒᆞ오·사 ᄒᆞᆫ
獄·옥·이 이·쇼·ᄃᆡ 일·후·미 無뭉間간·이·니
그 獄·옥둘:에 萬·먼八·밣千쳔里:링·오 獄
·옥 ·담 노·픽 一·ᅙᅵᆶ千쳔里:링·오 :다 ·쇠·로 밍
·ᄀᆞ·라 잇·고 우·흿·브·리아래ᄉᆞ·ᄆᆞᆺ·고 아·랫
·브·리우·희ᄉᆞ·ᄆᆞᆺ·고 鐵·텷蛇쌍鐵·텷狗:굴

ㅣ·블吐:통ᄒ·며 들·녀 蛇쌍:ᄂ ·비·야미·오 狗:굴·ᄂ 가·히·라
獄·옥·담 우·희 東동西솅·로 ᄃᄅ·며 獄·옥
中듕·에 床쌍·이 이·쇼·ᄃᆡ 萬·먼里·링·예·차
ᄀ드기·든 ᄒ:사ᄅ·미 罪:쬥·를 受:쓯·호·ᄃᆡ

## 43a~43b

제 ·모·믈 보·니 그 床쌍·애 ᄀ드기 누·버 잇
·고 千쳔萬·먼 :사ᄅ·미 罪:쬥·를 受:쓯·호·ᄃᆡ
·ᄹ 各·각各·각 제·모·믈 보·니 床쌍우·희 ᄀ
득·ᄒ·야 여·러 業·업·의 感:감·호ᄆ·로 報:봄
:어두·미 ·이·러ᄒ·며 ·ᄹ 罪:쬥人신·ᄃᆞᆯ·히 한
受:쓯苦:콩·를 ᄀ·초 受:쓯·ᄒ·야 千쳔百·빅
夜·양乂창·와 ·ᄹ :모·딘 鬼:귕이·뼛:어·미 갈
·ᄀᆞᆯ·고 ·누·니 번게 ᄀᆞᆮ·고 ·소·니 ·ᄹ구·리土·토·빈
거·시비ᄉ·ᆯᄒᆞᆯ·쌔혈·며 사·ᄒᆞᆯ·며 버·히·며 ·ᄹ
夜·양乂창 큰 鐵·텷戟·격 자·바 戟·격·은 槍창·이
·라 罪:쬥人신·이 ·모·믈 디ᄅ·며 시·혹 ·입·고
·ᄒᆞᆯ 디ᄅ·며 시·혹 ·비·와 등·과 딜·어 虛헝空
콩·애 ·티·티·고 바·ᄃᆞ·며 시·혹 床쌍우·희 노
·코 ·ᄹ 鐵·텷鷹흥·이 罪:쬥人신·의 ·누·늘 머

70

## 44a~44b

·그·며 鷹훙·은 :매·라 · 坐鐵·텷蛇쌍 罪:쬥人신
·이 머·리·룰 가모·며 ·온몸듑 안·해:다 :긴 ·모
·둘 바고·며 ·혀·쎄·혀 :갈·며 罪:쬥人신·을 횟
두루그스·며 구·리 노·겨 이·베 브스·며 더
·븐 鐵·텷·로 ·모·몰 얼·거 一힗萬·먼 디·위 죽
·고 一힗萬·먼 디·위 사·라 業·업感:감·호·미
·이 근·호·야·든 다:마·다 億·흑劫·겁·을 디:내
·야 나·고·져 ·홀그·지 :업스·니 ·이 世·솅界·갱
:뒿제다른 世·솅界·갱·예 ·가·나다른 世·솅
界·갱 버·거:뒿제 ·또 다른 方방·애·가·나다
른 方방:뒿제 올·모·며 올·마 서르브·터·냇
다·가 ·이 世·솅界·갱:인 後:뚫·에 도로 오·리
·니 無뭉間간罪:쬥報:봉 그·이·리·이·러
호·니이·다 ·또 다·숫가·짓 :이·룰 業·업感:감

## 45a~45b

홀·씨 無뭉間간·이·라 ·호노·니 호나호·밤
나·재 罪:쬥受:쓩·호·야 劫·겁數·숭·에 니·르
·러 그·츤 스·싀 :업슬·씨 無뭉間간·이·라 일
콛·고 :둘·혼 호·사른·미 ·또 고독호·며 한:사

르·미 ·쏘 ᄀ득호·씨 無뭉間간·이라 일콘

·고 :세·흔 罪:쬉器·킝·옛 막다·히·와 :매·와 ·빅

얌·과 ·일히·와 가·히·와 방·하·와 ·매·와 ·톱·과

·쓸·와 쟉도·와 钁霍湯탕·과 钁霍·은 솓가마 ·근혼 거·시

·라 鐵텷·그·믈·와 鐵텷노·콰 鐵텷나·귀·와

鐵텷믈·와 生싱가·초·로 머·리·를 얼·그·며

더·븐 鐵텷·로 모·매 브스·며 주·으·려 鐵텷

丸뫈 슘·기·고 渴·칼호·야 鐵텷汁·집 마시

·며·히·를브·터 劫·겁·을ᄆ·차 數·솽 那낭

由율他탕·두·록 苦:콩楚:총 서르니

## 46a~46b

·서 苦:콩楚:총·눈 ·셜볼·씨·라 그·츤 ᄉ·싀 :업슬·씨 無뭉

間간·이·라 일콘·고 :네·흔 男남子:중·며

女:녕人신·이·며 羌캉胡뽕夷잉狄떡·이

·며 羌캉胡뽕夷잉狄떡·은 :디:되·라 늘·ᄀ·니 져·므니·며 貴

·귕호·니늘·아븐·니·며 시·혹 龍룡·이·며 시

·혹 神씬·이·며 시·혹 天텬·이·며 시·혹 鬼:귕

·며 罪:쬉行·행·으·로 業·업感:감호·야 :다혼

가·지·로 受:쓩홀·씨 無뭉間간·이·라 일콘

·고 다 ᄉ·ᄉ호다·가 ·이 獄·옥·애 뼈·러디·면

·처섬 ·듳적브·터 百·빅千쳔劫·겁·에 니·르

·리 一·잃日·싫一·잃夜·양 애 萬·먼死:승萬

·먼生싱·ᄒ·야 一·잃念·념쏘·ᄋᆡ·나 :잢간 머

·믈오·져 ·ᄒ야도 :몯 得·득ᄒ·리니 業·업·이

다·아ᄉᆞ 生싱·ᄋᆞᆯ 受:쓩ᄒ·리·ᄂᆞᆫ:더·니·이·리

## 47a~47b

니·슬·씨 無뭉間간·이·라 일콛ᄂᆞ·니이·다

地·띵藏·짱菩뽕薩·삻·이 聖·셩母:뭏·끠 :ᄉᆞᆯ

·ᄫᅡ샤·ᄃᆡ 無뭉間간地·띵獄·옥·올 ·멀·톄 니

ᄅᆞ건·댄 ·이·ᄀᆞᆮ·거니·와 너·비 닐·옳·뎬 地·띵

獄·옥罪:쬥器·킝·ᄃᆞᆯ·히 일·훔·과 여·러가·짓

受:쓩苦:콩ㅅ :이·를 一·잃劫·겁中듕·에 :몯

:다 니ᄅᆞ·리이·다 摩망耶양夫붕人신·이

드르·시·고 시·름·ᄒ·샤 合·협掌:쟝·ᄒ·야 머

·리 조·ᄊᆞ 禮:롕數·숭·ᄒ시·고 므르·시니·라

그·쁴 地·띵藏·짱菩뽕薩·삻摩망詞항薩

·삻·이 부텻·긔 :ᄉᆞᆯ·ᄫᅡ샤·ᄃᆡ 世·솅尊존·하 내

佛·뿛如ᅀᅧ來링威휭神씬力·륵·을 받ᄌᆞ

·ᄫᆞᆯ·씨 百·빅千쳔萬·먼億흑世·솅界·갱·예

ᄀᆞᄃᆞ기 ·이·모·ᄆᆞᆯ 分분·ᄒ·야 一·잃切·촁業

## 48a~48b

·업報·뽕衆·즁生싱·을 救·귷·ᄒᆞ·야 ·쌔·혀ᄂᆞ

·니 如셩來링ㅅ 大·땡慈쭝力·륵곳 아니

시·면 ·이런 變·변化·황·ᄅᆞᆯ 能능·히 :짓·디 :몯

ᄒᆞ·리이·다 ·내 ·이제 ·ᄯᅩ 부텻 付·붕囑·죡·을

닙ᄉᆞ·ᄫᅡ 阿항逸·잃多당成쎵佛·뿷ᄒᆞᆫ 後

:뚷ㅅ 六·륙道:뚛衆·즁生싱·애 니·르·리 解

:갱脫·뭀 ·케 ·ᄒᆞ리·니 唯·윙然션世·솅尊존

·하 願·원ᄒᆞ·ᄃᆞᆫ 分분別·병 :마ᄅᆞ쇼·셔 그·쁴

부:톄 地·띵藏·짱菩뽕薩·삻ᄃᆞ·려 니ᄅᆞ·샤

·ᄃᆡ 一·잃切·쳉衆·즁生싱·이 解:갱脫·뭀 :몯

ᄒᆞ·니 性·셩識·식·이 一·잃定·뗭·ᄒᆞ·미 :업·서

惡·학習·씹·으·로 業·업·을 미·ᄌᆞ·며 善:쎤習

·씹·으·로 果·광·ᄅᆞᆯ 미·자 善:쎤ᄒᆞ·며 惡·학ᄒᆞ

·야 境:겅·을조·차·나 五:옹道·뚛·애 그우·녀

## 49a~49b

:잢간·도 :쉬·디 :몯·ᄒᆞ·야 곧 塵띤劫·겁·을 :디

:내·야 迷몡惑·횤ᄒᆞ·며 障·쟝難·난ᄒᆞ·야 고

·기 ·그므레 :노·ᄃᆞᆺ·ᄒᆞ·야 ·이 長·땽流륭·를 가

·져 비·록 ·드·렛다가 :잢간 나·도 ·ᄯᅩ ·그·므·를

맛나 듯ㅎ·니 ·이·무·를·내 시·름·ㅎ·야 念·념
·ㅎ노·니 :네 ㅎ·마 :다·나건 願·원·을 모·차 여
·러 劫·겁·에 다·시·곰 盟·명誓·쎙·ㅎ·야 罪:쬥
·무·를 너·비 度·똥脱·뙇·ㅎㄴ·니 ·내 ·쏜 므·슴
시·름ㅎ·리·오 ·이:말 니르·싫제 會·휑中듕
·에 흔 菩뽕薩·삻摩망訶항薩·삻·이 일·훔
·미 定·떵自·쭝在·찡王왕·이 부텻·긔 :솗·ᄫᅵ
·샤·ᄃᆡ 世·솅尊존·하 地·띵藏·짱菩뽕薩·삻
·이 여·러 劫·겁브·터:오·매 各·각各·각 :엇·던
願·원·을 發·벓·ㅎ·시관·ᄃᆡ ·이제 世·솅尊존

## 50a~50b

ㅅ 브즈러·니 讚·잔歎·탄ㅎ·샤·ᄆᆞᆯ 닙:습ㄴ
·니잇·고 願·원ㅎ·던 世·솅尊존·이·어·둘 니
르·쇼·셔 그·ᄢᅴ 世·솅尊존·이 定·떵自·쭝在
·찡王왕菩뽕薩·삻ᄃᆞ·려 니ᄅᆞ·샤·ᄃᆡ 슬·펴
드·러이·대 思ᄉᆞᆼ念·념·ㅎ·라 ·내 너 爲·윙·ㅎ
·야 골·히·야 닐·오리·라 :디·나건 無뭉量·량
阿항僧ᄉᆡᆼ祇끵那낭由율他탕不·붊可
:캉說·쉃劫·겁·에 그·ᄢᅴ 부:톄 :겨샤·ᄃᆡ 號·ᅘᅷᇢ
ㅣ 一·힔切·촁智·딩成쎵就·쭁如셩來링
應ᅙᅳᆼ供공正·졍徧·변知딩明명行·ᅘᆡᆼ足

·쪽善:션逝·쎙世·셍間간解:행無뭉上·썅
士:쏭調뜧御·엉丈:땅夫붕天텬人신師
승佛·뿛世·셍尊존·이·러시·니 그 부텻 목
:수·미 六·륙萬·먼劫·겁·이·러시·니 出·츓家

## 51a~51b

강 아니·ᄒᆞ·야 :겨·샤 小:숗國·귁王왕·이 두
외·야 :겨·시더·니 ᄒᆞᆫ 이·웃나·랏 王왕·과 :버
·디 두외·샤 ᄒᆞᆫ가지·로 十씹善·션·ᄋᆞᆯ 行ᄒᆡᆼ
·ᄒᆞ·야 衆·즁生ᄉᆡᆼ·ᄋᆞᆯ 饒ᅀᅭ益·혁·ᄒᆞ더시·니
그 이·웃나·랏 內·뇡·예 잇·ᄂᆞᆫ 百·빅姓·셩·이
ᄒᆞᆫ:모·딘 :이·ᄅᆞᆯ :만·히 :짓거·늘 :두 王왕·이 議
·읭論론·ᄒᆞ·야 :혜·여 方방便·뼌·을 너·비·펴
ᄒᆞᆫ 王왕·은 發·벓願·원·호·ᄃᆡ 佛·뿛道:뚱·ᄅᆞᆯ
어·셔 일·워 ·이·무·를 度·똥脱·퇋·ᄒᆞ·야 나·ᄆᆞᆫ
것 :업·게·호·려 ᄒᆞ·고 ᄒᆞᆫ 王왕·은 發·벓願·원
·호·ᄃᆡ 罪:쬥苦:콩·ᄅᆞᆯ 몬져 度·똥脱·퇋·ᄒᆞ·야
安한樂·락·ᄒᆞ·야 菩뽕提똉·예 니·를·에 :몯
·ᄒᆞ·면·내 乃:냉終즁:내 成쎵佛·뿛·코·져 願
·원·티 아·니·호리·라 ᄒᆞ·니·라 부:톄 定·뗭自

## 52a~52b

·쭝在·찡王왕菩뽕薩·삻드·려 니르·샤디

흔 王왕·이 發·벓願·원·호·디 어셔 成쎵佛

·뿛·코·져 ·호·더니·는 一·힗切·촁智·딩成쎵

就·쭣如셩來링:긔시·고 흔 王왕·이 發·벓

願·원·호·야 罪:쬥苦:콩衆·즁生싱·을 기·리

度·똥脫·퇋호·고 成쎵佛·뿛·코·져 願·원·티

아니·호·더니·는 地·띵藏·짱菩뽕薩·삻·이

:긔·라 ·쏘 過·광去·컹無뭉量·량阿항僧승

祇낑劫·겁·에 부:톄 世·솅間간·애 ·냇·더시

·니 일·후·미 清청淨·쪙蓮련華뢍目·목如

셩來링·러시·니 그 부텻 목:수·미 四·숭十

·씹劫·겁 ·이·러시·니 像:썅法·법中듕·에 흔

羅랑漢·한·이 이·셔 衆·즁生싱·을 福·복度

·똥·호더·니 흔 :겨지·블 맛나·니 일·후·미 光

## 53a~53b

광目·목·이러·니 ·밥·호·야 供공養·양호거

·늘 羅랑漢·한·이 무·로·디 :엇·던 願·원·을 ·호

는·다 光광目·목·이 對·됭答·답·호·디 내 ·어

·미 :업·슨 나·래 福·복·을보·타 救·궇·호·야 쌔

:ᅘᅧ·ᄃᆡ 내 ·어·미 :아모·ᄃᆡ ·냇ᄂᆞᆫ·디:몰·래이·다

羅랑漢·한·이 :어엿·비 너·겨 入·ᅀᅵᆸ定·뗘ᇰ·ᄒᆞ

·야 光광目·목·ᄋᆡ ·어미·ᄅᆞᆯ 보·니 惡·ᅙᅡᆨ趣·츄ᇰ

·예 ᄢᅥ·러·디·여 至·지ᇰ極·끅受:쓔ᇰ苦:코ᇰ커·늘

羅랑漢·한·이 光광目·목·이ᄃᆞ·려 무·로·ᄃᆡ

네 ·어·미 사·라ᅀᅵᆶ제 :엇·던 行·ᅘᆡᇰ業·업·을 ·ᄒᆞ

더·뇨 ·이제 惡·ᅙᅡᆨ趣·츄ᇰ·예 이·셔 至·지ᇰ極·끅

受:쓔ᇰ苦:코ᇰ·ᄒᆞᄂᆞ·다 光광目·목·이 對·되ᇰ荅

·답·호·ᄃᆡ 내 ·어·미·ᄒᆞ·던 :이·ᄅᆞᆫ 오·직 고·기·와

쟈래·ᄅᆞᆯ ·즐·겨머·그·며 삿·기·ᄅᆞᆯ :만·히 머·구

## 54a~54b

·ᄃᆡ 봇·그·며 구·ᄫᅥ젼·ᄌᆞᆺ 먹·더·니 數·수ᇰ·를 :혜

·면 千쳔萬·먼·이고·ᄇᆞ·니이·다 尊존者:쟝

ㅣ :어엿·비 너·기·샤 :엇·뎨 救·구ᇰ·ᄒᆞ시·리잇

·고 羅랑漢한·이 :어엿·비너·겨 方방便·뼌

·ᄒᆞ·야 光광目·목·일 勸·퀀·ᄒᆞ·야 닐·오·ᄃᆡ :네

精졍誠쎠ᇰ·ᄋᆞ·로 淸청淨·쪄ᇰ蓮련華ᅘᅪᇰ目

·목如ᅀᅧᇰ來ᄅᆡᇰ·ᄅᆞᆯ 念·념·ᄒᆞᅀᆞᆸ·고 形ᅘᅧᇰ像:쌰ᇰ

·ᄋᆞᆯ 塑·송畫·ᅘᅫᇰ·ᄒᆞ·ᅀᆞ·ᄫᆞ·면 畫·ᅘᅫᇰ·ᄂᆞᆫ ·그릴·씨·라 存쫀

亡밍·이 報·보ᇹ·ᄅᆞᆯ :어·드리·라 存쫀·ᄋᆞᆫ 잇ᄂᆞ·니·오 亡망·ᄋᆞᆫ

:업·스니·라 光광目·목·이 듣·고 ·즉재 :ᄃᆞᆺ·온거·슬

·ᄇ·려 佛·뽕像:썅·ᄋᆞᆯ ·그·리ᅀᆞ·바 供공養·양

·ᄒᆞᇦ·고 ·ᄯᅩ 恭공敬·경 ᄆᆞᅀᆞ·ᄆᆞ·로 슬허 우

·러·저·ᄒᆞᆸ더·니 믄득 ·밤 後:ᅘᅮᇂ·에 ·ᄭᅮ·메 부텻

·모·ᄆᆞᆯ ·보·ᅀᆞᄫᆞ·니 金금色·ᄉᆡᆨ·이 ·빗·나·시·고


## 55a~55b

·큰 光광明명·ᄋᆞᆯ ·펴·샤 光광目·목·이드·려

니ᄅᆞ·샤·ᄃᆡ 네 ·어·미 아·니오·라 네 지·븨 나

·리·니 곳·비 골프·며 ·치부·믈 :알·면 ·즉재 :말

ᄒᆞ·리·라 그 後:ᅘᅮᇂ·에 家강內·뇡·예 婢·뼁ᄒᆞᆫ

아·ᄃᆞ·ᄅᆞᆯ 나ᄒᆞ·니 사·ᄋᆞᆯ :몯·차·셔 :말ᄒᆞ·며 머

·리조·ᅀᅡ 슬·피우·러 光광目·목·이드·려 닐

·오·ᄃᆡ 生싱死:ᄉᆞᆼ業·업緣원·으·로 果:광報

·봃·ᄅᆞᆯ:쎼 受:쓯ᄒᆞᄂᆞ·니 ·내 네 ·어·미로·니 오

·래 어·드ᄫᅳᆫ·ᄃᆡ 잇·다·니너여·희·여 간 後:ᅘᅮᇂ

·로 ·큰 地·띵獄·옥·애 여·러번 ᄲᅥ·러·디·여잇

·다·니 네 福·복力·륵·을 니·버 受:쓯生싱·ᄒᆞ

·야ᄂᆞᆯ·아 ᄇᆞᆯ :사ᄅᆞ·미 ᄃᆞ외·오 ·ᄯᅩ 短:돤命·명

·ᄒᆞ·야 목:수·미 ·열:셰히·면 다시 惡·학道:똘

·애 ᄲᅥ·러:듀리·니 :네 :엇·던 :혜ᄆᆞ·로 :나·ᄅᆞᆯ 免

## 56a~56b

:면·케 흟·다 光광目·목·이 듣·고 疑읭心심
:업·시 ·어민·들 아·라 목몌·여 슬·허우·러 婢
:뼹子:중드·려 닐·오·디 ᄒᆞ·마 내·어미·롭·딘
·댄 根근源원ᄉ 罪:쬥·를 :알·리·니 :엇·던 行
·혱業·업·을 지·어 惡·학道:똥·애 ᄢᅥ·러딘·다
婢:뼹子:중 對·됭荅·답·호·디 :산것 주·기
·며 허·러구·짓·ᄂᆞᆫ :두業·업·으·로 報·봏·를 受
:쓩·호·라 福·복·올니·펴내 難·난·을 救·굴·티
·옷 아·니ᄒᆞ·면 ·이 業·업 젼·ᄎᆞ·로 버·서나·디
:몯ᄒᆞ·리·라 光광目·목·이 무·로·디 地·띵獄
·옥罪:쬥報·봏 그:이·리 :엇·더터·뇨 婢:뼹
子:중 對·됭荅·답·호·디 罪:쬥苦:콩ᄉ :이
·ᄅᆞᆫ ·ᄎᆞ·마 :몯니르·리로·다 百·빅千쳔歲·쉥
中듕·에 :몯:다 니르·리·라 光광目·목·이 듣

## 57a~57b

·고 블·러우·러 虛헝空콩界·갱예 슬·보·디
願·원ᄒᆞᆫ·든 내·어·미 地·띵獄·옥·올 기·리버
·서 ·열:세·히믓·고 다시 重:뜡罪:쬥·와 ·ᄯᅩ 惡
·학道:똥·애 듣·디 아·니·케·ᄒᆞ쇼·셔 十·씹方

80

방諸졍佛·뿛·이 慈쭝悲빙·로 :나·를 :어엿

·비 너·기·샤 내·이 ·어·미 爲·윙·ᄒ·야 發·벓·혼

廣:광大·땡誓·쎵願·원·을 드르·쇼·셔 ·ᄒ·다

·가 내·어·미 三삼塗똥·와 ·이 ᄂᆞᆯ·아·봄·과 女

:녕人신 모·매 니·르·리 기·리 여·희·여 :긴劫

·겁·에 受:쓩·티 아니·ᄒ·면 願·원ᄒ·든 ·내 오

·ᄂᆞᆯ·브·터 後:흏·로 清청淨·졍蓮련華ᅘᅪᆼ目

·목如셩來링ᄉ 像:썅前쪈·에 對·됭·ᄒ·ᅀᆞ

·바 ·이 後:흏ᄉ百·빅千쳔萬·먼億·흑劫·겁

中듕·에 世·솅界·갱·예 잇ᄂᆞᆫ 地·띵獄·옥·과

## 58a~58b

三삼惡·학道:똥·앳 罪:쬥苦:콩衆·즁生싱

·들·홀 誓·쎵願·원·ᄒ·야 救·굽·ᄒ·야 ·쌔·혀 地

·띵獄·옥惡·학趣·츙畜畜·흉生싱餓:앙鬼:귕

等:둥·을 여·희·에·ᄒ·야 이·근흔 罪:쬥報·봄

·앳 :사ᄅᆞᆷ·ᄃᆞᆯ·히 :다 부텨·를 일·운 後:흏·에·ᄼ

·내 正졍覺·각·을 일·워·지이·다·ᄒ·야 誓·쎵

願·원·을 發·벓ᄒ·니 清청淨·졍蓮련華ᅘᅪᆼ

目·목如셩來링ᄉ :마·를 듣ᄌᆞ·보·니 니르

·샤·딕 光광目·목·아 :네 大·땡慈쭝愍:민·ᄒ

·야 能능·히 ·어·미 爲·윙·ᄒ·야 ·이런 大·땡願

·원·을 發·벓·ᄒᆞ·ᄂᆞ·니 ·내 :보·디 네 ·어·미 열:세

·히 ᄆᆞ·ᄎᆞ·면 ·이 報·볼 ᄇᆞ·리·고 梵·뺌志·징 ᄃᆞ

외·야·나 목:수·미 百·빅歲·쉥·리·니 ·이 報·볼

:디난 後:ᅘᅮᇢ·에 無·뭉憂ᅙᅮᇢ國·귁土:통·애·나

## 59a~59b

목:수·미 :몯·ᅘᆞᇙ 劫·겁·이리·라 그 後:ᅘᅮᇢ·에 成

쎵佛·뿛·ᄒᆞ·야 人신天텬·을 너·비 濟·졩度

·똥·ᄒᆞ·야 數·솽 恒ᅘᅳᆼ河ᅘᅡᆼ沙상·ᄀᆞᆮ·ᄒᆞ·리

·라 부:톄 定·뗭自·쭝在·찡王왕ᄃᆞ·려 니ᄅᆞ

·샤·ᄃᆡ 그·쁴羅랑漢·한·이 光광目·목·일 福

·복度·똥·ᄒᆞ·더·닌 無·뭉盡:찐意·힁菩뽕薩

·삻·이:긔·오 光광目·목·익 ·어미·는 解:갱脫

·퇋菩뽕薩·삻·이:긔·오 光광目·목女·녕·ᄂᆞᆫ

地·띵藏·짱菩뽕薩·삻·이:긔·라 :디·나건 오

·란 劫·겁中듕·에 ·이 ᄼᆞ·티 慈쭝愍:민·ᄒᆞ·야

恒ᅘᅳᆼ河ᅘᅡᆼ沙상願·원·을 發·벓·ᄒᆞ·야 衆·즁

生ᅀᅵᆼ·ᄋᆞᆯ 너·비 濟·졩度·똥·ᄒᆞ·ᄂᆞ·니 未·밍來

링世·솅中듕·에 ·ᄒᆞ다·가 男남子:중女:녕

人신·이 善:쎤 아·니 行ᅘᆡᆼ·ᄒᆞ·ᄂᆞ·니·와 :모·딘

## 60a~60b

:일 行행·ᄒ·ᄂ·니·와 因인果:광信·신·티 아

·니·호·매 니·를·며 邪썅淫음妄·망語:엉·ᄒ

·ᄂ·니·와 邪썅淫음·은 제 :겨집 아니·면 :다 邪썅淫음·이·라 妄·망語:엉·

는 :거

·즛:마리·라 兩:량舌·썷惡·학口:쿻·ᄒ·ᄂ·니·와 兩:량

舌·썷·은 :두가·짓 ·혜·니 ᄂ·ᄆᆡ ᄉ·ᅀᅵ·예 싸·호·게 ᄒᆞᆯ·씨·라 惡·학口:쿻·

ᄂ :모·딘·이비·라

大·땡乘씽허·러 :비:웃·ᄂ·니·와 ·이·ᄀᆞᆫ흔 여

·러가·짓 業·업·엣 衆·즁生싱·이 반·ᄃᆞ기 惡

·학趣·츙·예 ᄠᅥ·러디·리·니 ·ᄒ다·가 善:쎤知

딩識·식·을 맛·나 勸·퀀·ᄒ·야 흔 彈땀指:징

ᄊ·ᅀᅵ·나 地·띵藏·짱菩뽕薩·삻·ᄋᆞᆯ 歸귕依

힝·케 ᄒ·면 ·이 衆·즁生싱·들·히 ·곧 三삼惡

·학道:똘報·봏 버·수·믈 得·득ᄒ·리·니·ᄒ다

·가 能능·히 至·징極·끅흔 ᄆᆞᅀᆞᆷ·ᄆᆞ·로 歸귕

敬·경ᄒᆞ·며 :울워·러 ·절ᄒᆞ·며 讚·잔歎·탄ᄒᆞ

## 61a~61b

·며 香향華꽝衣ᄒᆡᆼ服·뽁種:죵種:죵珎딘

寶:봏·와 시·혹 ·쏘 飮:흠食·씩·ᄋᆞ·로 ·이·ᄀᆞ티

위와다 셤·깁 :사루·미 未·밍來링百·빅千
쳔萬·먼億·흑劫·겁中듕·에 샹·녜 諸정天
텬·에 이·셔 勝·싱妙·묠樂·락·올 受:쓩ᄒ·리
·니 天텬福·복이 다아 人ᅀᅵᆫ間간·애 ᄂ·려
·나도 ·오히·려 百·빅千쳔劫·겁·을 샹·녜 帝
·뎽王왕·이 ᄃ외·야 能능·히 宿·슉命·몡因
힌果:광本:본末·맔·을 ·싱·각ᄒ·리·라 定·뗭
自·쭝在·찡王왕·아 ·이 ᄀ·티 地·띵藏·짱菩
뽕薩·삾이 ·이 ᄀᆮ흔 不·붏可:캉思ᄉ議·읭
大·땡威휭神씬力·륵·이 이·셔 衆·즁生싱
·을 너·비 利·링·ᄒᆞᄂ·니 너희 諸졍菩뽕薩
·삾이 ·이 經경·을 ᄆᆞᅀᆞ·매 가져 너·비 펴 流

## 62a~62b

流布·봉ᄒ·라 定·뗭自·쭝在·찡王왕·이 부
텻·긔 :ᄉᆞᆯ·ᄫᅡ·샤·ᄃᆡ 世·솅尊존·히 願·원ᄒᆞᆫ·ᄃᆞᆫ
分분別·병 :마ᄅ·쇼·셔 ·우리 千쳔萬·먼億
·흑菩뽕薩·삾摩망訶항薩·삾·돌·히 반ᄃ
기 能능·히 부텻 威휭神씬·을 받ᄌ·ᄫᅡ ·이
經경·을 너·비ᄫᅳᆯ·어 閻염浮뽕提똉·예 衆
·즁生싱·을 利·링益·혁·호·리이·다 定·뗭自
·쭝在·찡王왕菩뽕薩·삾이 世·솅尊존·ᄭᅴ

84

:슬·ᄫᅵ시·고 合·ᄒᆞᆸ掌·쟝恭공敬·경·ᄒᆞᅀᆞ·바

禮·롕數·숭·ᄒᆞᅀᆸ·고 므르·시니·라 그·ᄢᅴ 四

·ᄉᆞ方방天텬王왕·이 :다 座·쫭로·셔 니·러

合·ᄒᆞᆸ掌·쟝恭공敬·경·ᄒᆞ·야 부텻·긔 :슬·ᄫᅵ

샤·ᄃᆡ 世·솅尊존·하 地·띵藏·짱菩뽕薩·삻

·이 久:굴遠·원劫·겁브·터 :오·매 ·이·ᄀᆞᆺ흔 大

## 63a~63b

·땡願·원·을 發·벓·ᄒᆞ샤·ᄃᆡ :엇·뎨 ·이제·ᄃᆞ·록

순·지 度·똥脫·퇋·호·ᄆᆞᆯ :몯그·쳐 다시 넙·고

·큰 盟명誓·쎵·를 發·벓·ᄒᆞ시ᄂᆞ·니잇·고 願

·원흔·ᄃᆞᆫ 世·솅尊존·이 ·우리 爲·윙·ᄒᆞ·야 니

ᄅᆞ·쇼·셔 부:톄 四·ᄉᆞ天텬王왕ᄃᆞ·려 니ᄅᆞ

·샤·ᄃᆡ :됴·타:됴·타 ·내·이제 너·와 未·밍來링

現·현在·찡天텬人신衆·즁·들 爲·윙·ᄒᆞ·야

너 비 利·링益·혁·ᄒᆞ·논 젼·ᄎᆞ·로 地·띵藏·짱

菩뽕薩·삻·이 娑상婆뺑世·솅界·갱閻염

浮뿔提똉內·뇡·예 生싱死:ᄉᆞ·앳 가온·ᄃᆡ

慈쫑悲빙·로 救·굴·ᄒᆞ·야 一·힗切·쳉罪:쬉

苦:콩衆·즁生싱·ᄋᆞᆯ 度·똥脫·퇋·ᄒᆞ·논 方방

便·뻔ㅅ :이·를 닐·오리·라 四·ᄉᆞ天텬王왕

·이 슬·ᄫᅩ·ᄃᆡ 唯:윙然션世·솅尊존·하 願·원

## 64a~64b

흔·든 들:줍고·져 ·ᄒᆞ노이·다 부:톄 四ᄉᆞᆼ天

텬王왕ᄃᆞ·려 니ᄅᆞ·샤딕 地·띵藏·짱菩뽕

薩·삻이 오·란 劫·겁브·터 :오·매 ·이제 니ᄅᆞ

·리 衆·즁生ᄉᆡᆼ·ᄋᆞᆯ 度·똥脱·퇋·호 딕ᄉᆞᆫ·지 願

·원·ᄋᆞᆯ 믓·디 :몯·ᄒᆞ·야 ·이 世·솅·옛 罪:쬥苦:콩

衆·즁生ᄉᆡᆼ·ᄋᆞᆯ :어엿·비 너·기·며 未·밍來링

無뭉量·량劫·겁中듀ᇰ·에 너·추·러 굿·디 아

·니·ᄒᆞ·ᄆᆞᆯ :만·히 볼·씩 ·ᄯᅩ 重:뜌ᇰ願·원·ᄋᆞᆯ 發·벓

·ᄒᆞ·야 娑상婆빵世·솅界·갱閻염浮뿔提

똉中듀ᇰ·에 百·빅千쳔萬·먼億·흑方방便·뼌

·으·로 敎·곻化·황 ·ᄒᆞ·ᄂᆞ니·라 四ᄉᆞᆼ天텬

王왕·아 地·띵藏·짱菩뽕薩·삻이 殺·삻生

ᄉᆡᆼ·ᄒᆞ·릴 맛·나·든 :아·릿 殃햐ᇰ·으·로 短:돤命

·명報·봉·ᄅᆞᆯ 니ᄅᆞ·고 도죽·ᄒᆞ·릴 맛·나·든 艱

## 65a~65b

간難난·ᄒᆞ·며 受:쓩苦:콩호 報·봉·ᄅᆞᆯ 니ᄅᆞ

·고 邪썅淫음·ᄒᆞ·릴 맛·나·든 :새비두·리鴛

원鴦야ᇰ報·봉·ᄅᆞᆯ 니ᄅᆞ·고 惡·학口:쿨·ᄒᆞ·릴

맛·나·든 眷·권屬·쑉·이 싸·홀 報·봉·ᄅᆞᆯ 니ᄅᆞ

·고 허·러 :비우·스·릴 맛·나든 ·혀 :업·고 ·입 :헐

報·봉·를 니르·고 瞋친恚·휭 ᄒ·릴 맛·나든

골 :업스·며 :더럽·고 隆륭殘잔報·봉·를 니

르·고 앗·기·릴 맛·나든 求뀸·ᄒ·논 :이·리 願

·원·에어·긿 報·봉·를 니르·고 飮·흠食·씩法

·법 :업·시 머·그·릴 맛·나든 주·으리·며 목ᄆ

르·며 모·기 病·뼝ᄒᆞᇙ 報·봉·를 니르·고 ᄆᆞᆺ

ᄀᆞ·장 山산行행ᄒ·릴 맛·나든 :놀·라미·쳐

命·명 :뎛報·봉·를 니르·고 父·뿡母 :ᄆᆞᆷ·씌 悖

·ᄤᅵᆼ逆·역ᄒ·릴 맛·나든 天텬地·띵災징殺

## 66a~66b

·삻報·봉·를 니르고 山산林림木·목·슬·릴

맛·나든 미·쳐 迷몡惑·ᅘᆡᆨ·ᄒᆞ·야 주·긂 報·봉

·를 니르·고 前쪈後:ᅘᅮᇢ父·뿡母 :ᄆᆞᆷ·의게 惡

·학毒·똑ᄒ·릴 맛·나든 매마·졸 :이·를 ·내·야

現·현生ᄉᆡᆼ·애 受:쓩報·봉·를 니르·고 ·그

·믈·로 삿·기 자·바·릴 맛·나든 骨·곯肉·슉·이

여·읋 報·봉·를 니르·고 骨·곯肉·슉·은 ᄉ텨·와 ·ᄉᆞᆯ·쾌·니 어버ᅀᅵ 子

:중息·식兄휑弟·똉夫붕妻쳉·들·ᄒᆞᆯ 니르·니·라 三삼寶·봉 :볼 허·러

:비우·스·릴 맛·나든 ·눈 :멀·며 ·귀머·그·며 ·입

버·욿 報·봉·를 니르·고 法·법 ᄠᅳ더·니너·기

·며 ᄀᆞᄅᆞ·촘 :업·시우·릴 맛·나·든 惡·학道:똘

·애 오·래 이·숋 報·볼·를 니ᄅᆞ·고 常쌍住·뜡

허·러·ᄡᆞ·릴 맛·나·든 億·흑劫·겁·에 地·띵獄

·옥·애 輪륜廻ᅄᆗ·훓 報·볼·를 니ᄅᆞ·고 ·조흔

## 67a~67b

:힝·덕 :더러·빅·며 :즁소·기·릴 맛·나·든 畜·훅

生싱·애 오·래이·숋 報·볼·를 니ᄅᆞ·고 湯탕

火:황·며 버·히·며 :산것 傷샹ᄒᆞ·릴 맛·나

·든 輪륜廻ᅄᆗ·ᄒᆞ·야 서르가ᇙ 報·볼·를 니

ᄅᆞ·고 戒·갱·를 :헐·며 齋쟁·를 犯:뻠ᄒᆞ·릴 맛

·나·든 禽끔獸·슣드외·야 주·으릻 報·볼·를

니ᄅᆞ·고 理:링아·닌·ᄃᆡ 허·러·ᄡᆞ릴 맛·나·든

求꿀·ᄒᆞ·논 거·시 그·처딣 報·볼·를 니ᄅᆞ·고

·내노·포·라 ᄒᆞ·릴 맛·나·든 ᄂᆞᆺ가·비·브리잃

報·볼·를 니ᄅᆞ·고 兩:량舌·쎯·로 ᄡᅳ·호릴 맛

·나·든 ·혀:업스·며 ·온·혀 가·짏 報·볼·를 니ᄅᆞ

·고 邪썅見·견ᄒᆞ·릴 맛·나·든 :ᄀᆞᆺ짜·해 受:쓩

生싱報·볼·를 닐·어 ·이·트렛 閻염浮뿔提똉

똉衆·즁生싱·이 身신口:쿻意·힁業·업 :모

88

## 68a~68b

·딘빅·호스·로 果:광·룰 믹·자 百·빅千쳔報

·봉應·흥·을 ·이제 ·밀·톄·로 니르·노·니 ·이·트

렛 閻염浮뿔提똉衆·즁生싱·이 業·업感

:감·흐·는 差창別·볋·을 地·띵藏·쨩菩뽕薩

·삻·이 百·빅千쳔方방便·뻔·으·로 教·굠化

·황·흐·느·니 ·이 衆·즁生싱·들·히 몬져 ·이·트

렛 報·봉·룰 受:쓩·코 後:흏·에 地·띵獄·옥·애

뻐·러·디·여·든 다:마·다 劫·겁數·숭·룰 :디·내

·야낧 그·지:업스·니 ·이럴·씩 너:희 :사룸 護

·홍持띵흐·며 나·라 護·홍持띵·흐·야 ·이여

·러가·짓 業·업·으·로 衆·즁生싱·을 迷몡惑

·획·게:말·라 四·숭天텬王왕·이 듣:줍·고 ·눇

·믈 흘·려 슬·허 讚·잔歎·탄·흐·습·고 合·합掌

:쟝·흐·야 믈·러나·니·라 ○具·꿍足·죡水:슁

## 69a~69b

火:황吉·긿祥썅光광明명大·땡記·긩明

명呪·즣惣:종持띵章쟝句·궁·라 ·내 過

·광去·컹殑·웅伽꺙沙상等:등佛·뿛世·셍

尊존·씌 ·이 陁땅羅랑尼닝·룰 親친·히 받

ᄌᆞ·바 受:쓔ᇴ持ᄄᆼ·호·니 能능·히 一·ᅙᅵᇙ切·쳉
白·뻭法·법·을 增증長:댱·케ᄒᆞ·며 一·ᅙᅵᇙ切
·쳉種:죵子:ᄌᆞᆼ根ᄀᆞᆫ鬚슝芽앙莖ᅘᅧᆼ枝징
葉·엽華ᅘᅪᆼ果:광藥·약穀·곡精정氣·킝滋
ᄌᆞᆼ味·밍·ᄅᆞᆯ 增증長:댱ᄒᆞ·며 雨:웅澤·ᄄᆡᆨ·ᄋᆞᆯ
增증長:댱ᄒᆞ·며 有:ᅌᅮᇴ益·ᅙᅧᆨᄒᆞᆫ 地·띵水:ᄉᆔᆼ
火:ᅘᅪᆼ風봉·ᄋᆞᆯ 增증長:댱ᄒᆞ·며 喜:ᄒᆡᆼ樂·락
·ᄋᆞᆯ 增증長:댱ᄒᆞ·며 財ᄍᆡ寶:봉·ᄅᆞᆯ 增증長
:댱ᄒᆞ·며 勝·싱力·륵·ᄋᆞᆯ 增증長:댱ᄒᆞ·며 一
·ᅙᅵᇙ切·쳉受:쓔ᇴ用·용ᄒᆞᇙ 資ᄌᆞᆼ具·꿍·ᄅᆞᆯ 增증

## 70a~70b

長:댱ᄒᆞ·며 資ᄌᆞᆼ具·꿍·ᄂᆞᆫ 資ᄌᆞᆼ生ᄉᆡᆼᄒᆞᇙ 거·시·라 ·이 陁땅羅
랑尼닝·ᄂᆞᆫ 能능·히 一·ᅙᅵᇙ切·쳉智·딩慧·ᅘᅰᆼ
·ᄅᆞᆯ 猛:ᄆᆡᆼ利·링·케 ·ᄒᆞ·야 煩뻔惱:ᄂᆞᇢ賊·쯕·ᄋᆞᆯ
·ᄒᆞ·야ᄇᆞ·리ᄂᆞ·니이·다 ·ᄒᆞ시·고 ·주재 呪·쥬ᇢ
·를 니ᄅᆞ·샤·ᄃᆡ 讖蒱·츰뿌一 讖蒱·츰뿌二
讖讖蒱·츰·츰뿌三 阿迦舍讖蒱하갸·셔
·츰뿌四 縛羯喀讖蒱·빱·경·랑·츰뿌五 菴
跋讖蒱:함·뷩·랑·츰뿌六 茷羅讖蒱·빙
러·츰뿌七 伐折讖蒱·빵·졍·랑·츰뿌八
阿路迦讖蒱하·루갸·츰뿌九 菑摩讖蒱

:땀뭐·춈뿌十 薩帝丁簸反摩讖補·샹·더뭐

·춈뿌十一 薩帝丁簸反昵泥吉反訶摩讖補·샹

·더·닝허뭐·춈뿌十二 毗婆縛迦反路迦揷婆

讖補삐빵·루가·챵뼈·춈뿌十三 鄔波睒摩

## 71a~71b

讖補·후붜:셤뭐·춈뿌十四 奈野娜讖補·내

:여:나·춈뿌十五 鉢刺惹三牟底都異反刺拏

讖補·뷩·랑:셔샴믈·디·랑나·춈뿌十六 刺拏

讖補·챵나·춈뿌十七 毗濕婆縛迦反犂夜讖

補삐·씽빵리·여·춈뿌十八 舍薩多朧婆縛迦

反讖補·셔·샹더·랑빠·춈뿌十九 毗掘汪賀反

荼素上聲吒삐·허쨔:수·재知戒反二十 莫醯隸

·말히·리二十一 菩謎:땀·미二十二 睒謎:셤·미

二十三 斫羯細·쟝·겷·랑·시二十四 斫羯洛

沫四隸·쟝·겷·랑·믜·솽·리二十五 厠初几反隸

:치·리二十六 諀四里反隸:시·리二十七 揭刺婆

跋羅伐刺帝·꼉·랑뼈·뷀러·빵·랑·디二十八

許矣反隸:히·리二十九 鉢朧辥·뷩·랑·삐三十

鉢刺遮囉怛泥·뷩·랑져러니·당·니去聲

## 72a~72b

三十一 曷剌怛泥·헝·랑·당·니去聲三十二 播囉

·뷔러三十三 遮遮遮遮져져져져三十四 欣

同上隷:히·리三十五 弭隷:미·리三十六 齾羯他

히·켱타三十七 託契·탇·키三十八 託齈盧·탇

:뀨루三十九 闒隷·탕·리四十 闒隷·탕·리四十一

弭嗽:미·리四十二 磨綻뭐·때徒界反四十三 癉綻

:더·때徒界反四十四 矩隷:규·리四十五 弭隷:미·리

四十六 盎矩之多毗:항·규즁더삐四十七 遏

·헝리四十八 祁上聲:끼리四十九 波羅祁

上聲뷔러:끼리五十 矩咤苦沫隷:규·차셤

·믜·리五十一 敦祇찡끼上宅耕反五十二 敦祇둔

·끼下葵計反五十三 敦具隷둔·뀨·리五十四 潽盧

:후루五十五 潽盧:후루五十六 潽盧:후루五十

七 矩盧窣都弭隷:규루·숟두:미·리五十八

## 73a~73b

彌第미:리·띠五十九 彌綻미:리·때徒界

反六十 叛荼陁·쀤짜떠六十一 喝訶葛反羅·헝

러六十二 許矣反梨:히리六十三 潽盧:후루

六十四 潽魯盧:후·루루六十五 그·삑 普:퐁賢

현菩뽕薩·삻摩망訶항薩·삻·이 地·띵藏

·쨩菩뽕薩·삻·끠 :슬·ᄫᅡ샤·딕 仁신者:쟝

願·원흔·든 天텬龍룡八·밣部·뽕·와 未·밍

來링現·현在·찡·옛 一·힗切·촁衆·즁生싱

爲·윙·ᄒᆞ·야 娑상婆빵世·솅界·갱·와 閻염

浮뽕提똉罪:쬥苦:콩衆·즁生싱·이 報·봏

受:쓩·ᄒᆞ·ᄂᆞᆫ·싸 地·띵獄·옥 일·훔과 구·즌 報

·봏等:등·엣 :이·를 니ᄅᆞ·샤 未·밍來링世·솅

末·맳法·법衆·즁生싱·이 ·이 果:광報·봏·를

:알·에·ᄒᆞ쇼·셔 地·띵藏·짱·이 對·됭荅·답·ᄒᆞ

## 74a~74b

샤·딕 仁신者:쟝·하 ·내 ·이제부텻 威휭神

씬·과大·땡士:쑹ㅅ·히·믈 바다 地·띵獄·옥

일·훔과 罪:쬥報·봏惡·학報·봏·앳 :이·를 ·어

·둘닐·오리·니 仁신者:쟝·하 閻염浮뽕提

똉東동方방·애 山산·이 이·쇼·딕 일·후·미

鐵·텷圍윙·니 그 山산·이 :검·고 기·퍼 日·싫

月·웛光광·이 :업·고 ·큰 地·띵獄·옥이 이·쇼

·딕 일·후·미 極·끅無뭉間간·이오 ·쏘 地·띵

獄·옥이 이·쇼·딕 일·후·미 大·땡阿항鼻·뼁

·오 ·쏘 地·띵獄옥·이 이·쇼·딕 일·후·미 四·ᄉᆞᆼ

角·각이·오 角·각은 ·쓸리·라 ·또 地·띵獄·옥이 이·쇼

·딕 일·후·미 飛빙刀돌·오 飛빙·ᄂᆞᆫ·ᄂᆞᆯ·씨·라 ·또 地

·띵獄·옥이 이·쇼딕 일·후·미 火:황箭·젼이

·오 箭·젼·은 ·ᄂᆞᆯ·사리·라 ·또 地·띵獄·옥이 이·쇼딕 일

## 75a~75b

·후·미 夾·겹山산이·오 夾·겹·은 ·ᄢᆡᆯ·씨·라 ·또 地·띵獄

·옥이 이·쇼딕 일·후·미 通통槍챵이·오 ·또

地·띵獄·옥이 이·쇼딕 일·후·미 鐵텷車겅

ㅣ·오 ·또 地·띵獄·옥이 이·쇼딕 일·후·미 鐵

·텷床쌍·이·오 ·또 地·띵獄옥·이 이·쇼딕 일

·후·미 鐵텷牛ᄝᅮ·오 ·또 地·띵獄·옥이 이

·쇼딕 일·후·미 鐵텷衣ᅙᅴ·오 ·또 地·띵獄·옥

·이 이·쇼딕 일·후·미 千쳔刀·신이·오 刀신·은 ·ᄂᆞᆯ

히·라 ·또 地·띵獄·옥이 이·쇼딕 일·후·미 鐵텷

驢령·오 驢령·ᄂᆞᆫ 라·귀·라 ·또 地·띵獄·옥이 이·쇼

·딕 일·후·미 洋양銅똥이·오 洋양銅똥·은 노·ᄀᆞᆫ구·리·라

·또 地·띵獄·옥이 이·쇼딕 일·후·미 抱:뽈柱

:뜡·오 抱:뽈·ᄂᆞᆫ 아·ᄂᆞᆯ·씨·오 柱:뜡·ᄂᆞᆫ 기·디·라 ·또 地·띵獄·옥

·이 이·쇼딕 일·후·미 流륳火:황·오 ·또 地

94

## 76a~76b

·띵獄·옥·이 이·쇼·딕 일·후·미 耕겅舌·쎯·이

·오 耕겅·은 받:갈 ·씨·라 ·쏘 地·띵獄·옥·이 이·쇼·딕 일

·후·미 剉촹首:숗·오 剉·촹·ᄂᆞᆫ ·ᄀᆞᄂᆞ·리사 ·ᄒᆞᆯ·씨·라 ·쏘 地

·띵獄·옥·이 이·쇼·딕 일·후·미 燒숗脚·각·이

·오 燒숗·ᄂᆞᆫ ·술 ·씨·오 脚·각·은 허·튀·라 ·쏘 地·띵獄·옥·이 이·쇼

·딕 일·후·미 暗:암眼:안·이·오 暗:암·ᄋᆞᆫ 머·글·씨·라 ·쏘

地·띵獄·옥·이 이·쇼·딕 일·후·미 鐵·텷丸

·이·오 ·쏘 地·띵獄·옥·이 이·쇼·딕 일·후·미 諍

징論론·이·오 諍징·ᄋᆞᆫ 겻·굴 ·씨·라 ·쏘 地·띵獄·옥·이

이·쇼·딕 일·후·미 鐵·텷珠즁·오 ·쏘 地·띵

獄·옥·이 이·쇼·딕 일·후·미 多당嗔친·이·니

仁신者:쟝·하 鐵·텷圍윙ᄉ 안·해 ·이러·틋

흔 地·띵獄·옥·이 이·셔 그 數숳 그·지:업

·고 ·쏘 叫·굘喚·환地·띵獄·옥拔·빯舌·쎯地

## 77a~77b

·띵獄·옥 糞·분尿·뇰地·띵獄·옥 糞·분尿·뇰·ᄂᆞᆫ 쫑오·조

미·라 銅똥鑊:확地·띵獄·옥 火:황象:썅·띵

獄·옥 火:황狗:굴地·띵獄·옥 火:황馬:망地

·띵獄·옥 火:황牛울地·띵獄·옥 火:황山산

地·띵獄·옥 火:황石·쎡地·띵獄·옥 火:황床

쌍地·띵獄·옥 火:황梁량地·띵獄·옥 梁량·은 드

:리·라 火:황鷹흥地·띵獄·옥 鋸·경牙앙地·띵

獄·옥 鋸·경·는 ·토비·라 剝·박皮삥地·띵獄·옥 剝·박皮삥

·는 갓밧·길·씨·라 飮:흠血·훯地·띵獄·옥 燒욯手:슣

地·띵獄·옥 燒욯脚·각地·띵獄·옥 倒·돌刺

·충地·띵獄·옥 刺·충·는 디를·씨·라 火:황屋·옥地·띵

獄·옥 屋·옥·은 지·비·라 鐵·텷屋·옥地·띵獄·옥 火:황

狼랑地·띵獄·옥·이·트렛 地·띵獄·옥·이 그

中듕·에 各·각各·각 ·쏘 여·러 혀·근 地·띵獄

## 78a~78b

·옥·이 이·쇼·딕 시·혹 ᄒᆞ나히·며 시·혹 :둘히

·며 시·혹 :세히·며 시·혹 :네히·며 百·빅千쳔

·에 니·르·리 일·후·미 各·각各·각 ·ᄀᆞ·디아·니

ᄒᆞ·니 仁신者:쟝하·이:다 南남閣염浮뿔

提똉·예 :모·딘·일ᄒᆞ·던 衆·즁生싱·이 業·업

感:감·이 ·이·ᄀᆞ·ᄒᆞ·야 業·업力·륵·이 甚:씸·히

·커 能능·히 須슝彌밍·를 글·ᄫ·며 能능·히

바·ᄅᆞᆯ두·고 기·프·며 能능·히 聖·셩道:똘·ᄅᆞᆯ

막ᄂᆞ·니 ·이럴·씨 衆·즁生싱·이 :져·근 惡·학

·ᄋᆞᆯ 므·더·니너·겨 無뭉罪:찡·타 마·ᄅᆞᆯ·디·니

주·근 後:薈·에 報·봉이·셔 혀·근 터럭·만

·ᄒ야도 受:쓩·ᄒᄂ·니 父:뿡子:중至·징親

친·이 ·길히 各·각別·볋ᄒ·며 비록 서르 맛

·나도 ᄀᆞᄅᆞ·매 受:쓩·코·져 ᄒ·리 :업스·니 ·내

## 79a~79b

·이제부텼 威휭力·륵·을 받ᄌᆞ·바 地·띵獄

·옥罪:쬥報·봉·앳 :이·를·어·둘 니르·노·니 願

·원ᄒᆞ·ᄃᆞᆫ 仁ᅀᅵᆫ者:쟝 ·이·마·를 :잢간 드르

·쇼·셔 普:퐁賢현菩뽕薩·삻·이 對·됭答·답

·ᄒ샤·ᄃᆡ 내 비·록 三삼惡·학道:뚱報·봉·를

오·래:아나 ·ᄇᆞ·라노·니 仁ᅀᅵᆫ者:쟝 니르

·샤 後:薈世·솅末·맗法·법一·힔切·촁 :모·딘

:힝·덕·ᄒᆞ·ᄂᆞᆫ 衆·즁生싱·이 仁ᅀᅵᆫ者:쟝ᄉ :마

·ᄅᆞᆯ드·러 佛·뿛法·법·에 歸귕向·향·케 ·ᄒ쇼

·셔 地·띵藏·짱菩뽕薩·삻·이 니ᄅᆞ·샤·ᄃᆡ 仁

ᅀᅵᆫ者:쟝·하 地·띵獄·옥罪:쬥報·봉 그 :이

·리 ·이·러ᄒᆞ·니 시·혹 地·띵獄·옥·이 이쇼·ᄃᆡ

罪:쬥人ᅀᅵᆫ·이 ·혀·를 ·쌔·혀 ·쇼·로 :갈·며 시·혹

地·띵獄·옥·이 이쇼·ᄃᆡ 罪:쬥人ᅀᅵᆫ·이 ᄆᆞᅀᆞᆷ

## 80a~80b

·믈 ·쌔·혀 夜·양叉창 머·그·며 시·혹 地·띵

獄·옥·이 이·쇼·딕 鑊·확湯탕·이 ᄀ·장 글·허

罪:쬥人ᅀᅵᆫ·이 ·모·믈 슬·ᄆ·며 시·혹 地·띵獄

·옥·이 이·쇼·딕 구·리기·들붉·게달·와 罪:쬥

人ᅀᅵᆫ·이 :안·게ᄒᆞ·며 시·혹 地·띵獄·옥·이 이

·쇼·딕 미볼·브·를ᄂᆞ·여 罪:쬥人ᅀᅵᆫ·의게 가

·게ᄒᆞ·며 시·혹 地·띵獄·옥·이 이·쇼·딕 ᄒᆞᆫ갓

·친 어·르미·며 시·혹 地·띵獄·옥·이 이·쇼·딕

그·지:업·슨 똥오·조미·며 시·혹 地·띵獄·옥

·이 이·쇼·딕 鐵·텷鏃·죡鑗링·를 ᄂᆞᆯ·이·며 鏃·죡

鑗링·ᄂᆞᆫ 말:바미·라 시·혹 地·띵獄·옥·이 이·쇼·딕 火

:황槍챵·을 :만·히 비·븨·며 시·혹 地·띵獄옥

·이 이·쇼·딕 가슴·과 둥·을 다 디르·며 시·혹

地·띵獄·옥·이 이·쇼·딕 ·손·바·를 ·슬·며 시·혹

## 81a~81b

地·띵獄·옥·이 이·쇼·딕 ·쇠·비야·미 가ᄆᆞ·며

시·혹 地·띵獄·옥·이 이·쇼·딕 ·쇠가·히·를 :몰

·며 시·혹 地·띵獄·옥·이 이·쇼·딕 ·쇠로 ·새·를

틱·오ᄂᆞ·니 仁ᅀᅵᆫ者:쟝·하 ·이러·틋흔 報·봉

各·각各·각 獄·옥中듕·에 百·빅千쳔가

·짓 業·업道:똠·앳 그·르·시 이·셔 銅똥아니

·며 鐵·텳아·니·며 :돌아·니·며 ·블아·니니 :업

스·니 ·이 :네가·짓 거·시 한 業·업行·힝·으·로

感:감·ᄒᆞᄂᆞ·니 地·띵獄·옥罪:쬥報·봉等·등

·앳 :이·를 너·비닐·옳·뎬 一·힗一·힗獄·옥中듕

듕·에 ·또 百·빅千쳔가짓 苦:콩楚·총 잇

ᄂᆞ·니 ·ᄒᆞ믈·며 한 獄·옥이스·녀 ·내 ·이제부

텻 威휭神씬·과 仁ᅀᅵᆫ者:쟝ᄉ 무·루·믈 바

·다 ·어·둘 니르·노·니 너·비사·겨 닐·옳·뎬 劫

## 82a~82b

·겁·이 다·아·도 :몯:다 니르·리이·다 그·ᄢᅴ 世

·솅尊존·이 :온모·매 ·큰 光광明명·을 ·펴·샤

百·빅千쳔萬·먼億·흑恒ᅘᅥᆼ河행沙상等

:등諸졍佛·뿛世·솅界·갱·를 ·차비·취시·고

·큰 音흠聲셩·을 :내·샤 諸졍佛·뿛世·솅界

·갱·예 一·힗切·쳉諸졍菩뽕薩·삻摩망訶

항薩·삻·와 天텬龍룡鬼:귕神씬人ᅀᅵᆫ非

빙人ᅀᅵᆫ等:등·의게 너·비 니르·샤·ᄃᆡ ·내 오

·ᄂᆞᆳ·날 地·띵藏·짱菩뽕薩·삻摩망訶항薩

·삻·이 十·씹方방世·솅界·갱·예 ·큰 不·붏可

:캉思숭議·읭威횡神씬慈쭝悲빙力·륵
·을 나토·아 一·힔切·쳉罪:쬉苦·콩·를 救·굴
護·홍·ㅎ·논 :이·를 일ㅋ·라 讚·잔歎·탄·호·믈
드르·라 나滅·멿度·똥後:薑·에 너희 諸졍

菩뽕薩·삻大·땡士:쌍·와 天텬龍룡鬼:귕
神씬等:둥·이 너·비 方방便·뼌·ㅎ·야 ·이 經
경·을 衛·윙護·홍·ㅎ·야 一·힔切·쳉衆·즁生
싱·이 一·힔切·쳉苦:콩·를 여·희·여 涅·넗槃
뽠樂·락·을 證·징케ㅎ·라 ·이:말 닐·어시·늘
會·횡中듕·에 혼 菩뽕薩·삻·이 일·후·미 普
:퐁廣:광·이러시·니 合·협掌:쟝恭공敬·경
·ㅎ᠎·바 부텻긔 :ᄉᆞᆲ·ᄫᅡ샤ᄃᆡ 오ᄂᆞᆳ날 世·솅
尊존·이 地·띵藏·짱菩뽕薩·삻·이 ·이런 不
·붏可·캉思숭議·읭大·땡威횡神씬德·득
:겨신·들 讚·잔歎·탄·ㅎ·거시·늘 ·보·ᅀᆞᆸ보·니
願·원ᄒᆞ·ᆫ든 世·솅尊존·이 未·밍來링世·솅
末·맗法·법衆·즁生싱爲·윙·ㅎ·샤 地·띵藏
·짱菩뽕薩·삻ᄉ 人신天텬利·링益·혁 ·ᄒ

## 84a~84b

·논 因인果:광等:둥·엣 :이·를 ·펴 니르·샤 天

텬龍룡八·밣部:뽕·와 未·밍來링世·솅衆

·즁生싱·이 부텻 :마·를 머·리·로 받:ᄌᆞᆸ·게 ·ᄒᆞ

쇼·셔 그·ᄢᅴ 世·솅尊존·이 普:퐁廣:광菩뽕

薩삻·와 四·ᄉᆞ衆·즁:둘·히게 니르·샤·ᄃᆡ 술

·펴드르·라 내 너 爲·윙·ᄒᆞ·야 地·띵藏·짱菩

뽕薩삻·이 人신天텬利·링益·혁·ᄒᆞ·ᄂᆞᆫ 福

·복德·득 :이·를 어·둘 닐·오리·라 普:퐁廣:광

·이 :술·ᄫᅣ샤·ᄃᆡ 唯:웡然션世·솅尊존·하 願

·원ᄒᆞᆫ·ᄃᆞᆫ 듣:ᄌᆞᆸ고·져·ᄒᆞ·노이·다 부:톄 普:퐁

廣:광菩뽕薩삻ᄃᆞ·려 니르·샤·ᄃᆡ 未·밍來

링世·솅中듕·에·ᄒᆞ다·가 善:쎤男남子:ᄌᆞ

善:쎤女:녕人ᅀᅵᆫ·이 ·이 地·띵藏·짱菩뽕薩

·삻摩망訶항薩삻ᄉᆞ 일·홈 드르·니·와 시

## 85a~85b

·혹 合·ᄒᆞᆸ掌:쟝ᄒᆞ·니·와 讚·잔歎탄ᄒᆞ·니·와

·절ᄒᆞ·니·와 ·그·려ᄒᆞ·리·왜·이:사ᄅᆞ·미 三삼

十·씹劫·겁罪:쬥·를 :걷:내뛰·리·라 普:퐁廣

:광아 ·ᄒᆞ다·가 善:쎤男남子:ᄌᆞ 善:쎤女:녕

人신·이 시·혹 形형像·썅·올 彩:칭色·식·으

·로 ·그·리거·나 시·혹 土:통石·쎡膠곱漆·칧

·와 膠곱·논 갓 브리·라 金금銀은銅똥鐵·텳·로 ·이

菩뽕薩·삻 밍·ㄱ·라 흔번 ·보거·나 흔번 ·절

ㅎ·면 ·이 :사·ᄅ·미 一·힗百·빅버·늘 三삼十

·씹三삼天텬·에 ·나 가·리 惡·학道:똘·애 ᄠ러

·러디·디 아니ᄒ·리·니 비·록 하·ᄂᆞᆳ福·복이

다아도 人신間간·애 ᄂᆞ·려·나손·직 國·귁

王왕·이 ᄃᆞ외·야 ·큰 利·링·를 일·티 아니ᄒ

·리·라 ·ᄒ다가 女:녕人신·이 女:녕人신·ᄋᆞ·모

·물 ·슬·히너·겨 地·띵藏·짱菩뽕薩·삻 ·그륜

像:썅·과 흙·과 :돌·콰 膠곱漆·칧·와 銅똥鐵

·텳等:등 像:썅·올 ᄆᆞᄎᆞᆷㄱ·장 供공養·양·ᄒ

·야 날:마다 므르·니 아니·ᄒ·야 상·녜 華향

香향飮:흠食·씩衣ᅙᅵᆼ服·뽁繒쯩綵:칭幢

똥幡펀錢쪈寶:봄等:등·ᄋᆞ·로 供공養·양

ᄒ·면 錢쪈·은 ·도니·라 ·이 善:쎤女:녕人신·이 ·이흔

報·봄女:녕身신·올 ·못·고 百·빅千쳔萬·먼

劫·겁·에 女:녕人신잇·ᄂᆞᆫ 世·솅界·갱·예 다

·시 나·디 아니ᄒ·리·니 ·ᄒ물·며 ·쏘 女:녕身

102

신受:쓩·호·미 ᄊᆞ·녀 慈쭝願·원力·륵·으·로

모·로·매 女:녕身신受:쓩·ᄒᆞ·야 衆·즁生싱

度·똥脫·퇋 ᄒᆞ·리·ᄂᆞᆫ:더니·라 ·이 地·띵藏·짱

菩뽕薩·삻供공養·양·혼 力·륵·과 功공德

## 87a~87b

·득力·륵·으·로 百·빅千천萬·먼劫·겁·에 ᄂᆞ

외·야 女:녕人신·ᄆᆞ·ᄆᆞᆯ 受:쓩·티 아·니ᄒᆞ·리

·라 ·ᄯᅩ 普:퐁廣:광菩뽕薩·삻·아 女:녕人신

·이 골:업·고 :더·러ᄫᅳ·며 病·뼝·ᄒᆞ·ᄆᆞᆯ ·슬ᄒᆞ·녀

·겨 오·직 地·띵藏·짱菩뽕薩·삻ᄉ 像:썅 알

·ᄑᆡ 至·징極·끅혼 ᄆᆞᅀᆞᆷ·ᄋᆞ·로 :울워·러 ·절·ᄒᆞ

·야 ·밥머·긇·덛·만 ᄒᆞ야·도 ·이 :사ᄅᆞ·미 千천

萬·먼劫·겁中듕·에 受:쓩生싱·혼·모·미 相

·샹·이 圓원滿:만ᄒᆞ·고 여·러가·짓 病·뼝·이

:업·스리·니 ·이 :더·러ᄫᆞᆯ 女:녕人신·이 女:녕

身신·을 ·슬ᄒᆞ녀·기·디 아·니ᄒᆞ·면 百·빅千

천萬·먼億·흑生싱中듕·에 샹·녜 王왕女

:녕·와 王왕妃핑·와 宰:징輔:뿡·와 大·땡姓

·셩·과 大·땡長:댱者쟝·ᄋᆡ ·ᄯᆞ·리 ᄃᆞ외·야 端

## 88a~88b

된正·정·히 受:쓩生싱·ᄒ·야 여·러가짓 相

·샹이 圓원滿:만 ᄒ·리·니 至·징極·끅흔 므

스·므·로 地·띵藏·짱菩뽕薩·삻·을 :울워·러

·절ᄒ다ᄉ·로 福·복 :어두·미 ·이·러ᄒ·니·라

·쏘 普·퐁廣:광·아 善:쎤男남子:중 善:쎤女

:녕人신·이 能능·히 地·띵藏·짱菩뽕薩·삻

ᄉ 像:쌍 알·피 對·됭·ᄒ·야 여·러가짓 풍류

·ᄒ·야 놀·애블·러 讚·잔歎·탄ᄒ·며 香향華

뢍·로 供공養·양·ᄒ·디 흔:사ᄅ·미어·나 여

·러:사ᄅ·미어·나 勸·퀀·ᄒ·매 니·르러·도 ·이

·트렛·무·리 現·현在·찡世·솅中듕·과 未·밍

來링世·솅·예 샹·녜 百·빅千쳔鬼:귕神씬

·이 日·싏夜·양·애 衛·윙護·뽕·ᄒ·야 :모·딘 :이

·리 귀·예 들·이·디 아·니·케 ᄒ·리·니 ·ᄒ믈·며

## 89a~89b

親친·히 여·러가짓 머·즌:이·ᄅ·를 受·쓩·호·미

쓰·녀 ·쏘 普·퐁廣·광菩뽕薩·삻·아 未·밍來

링世·솅中듕·에 ·ᄒ다·가 :모·딘 :사ᄅ·과 :모

·딘 神씬·과 :모·딘 鬼:귕·왜 善:쎤男남子:중

善:쎤女:녕人신·의 地·띵藏·짱菩뽕薩·삻
ㅅ 形혱像:썅·올 歸귕敬·경供공養양·ᄒᆞ
·야 讚·잔歎·탄·ᄒᆞ·야 ·절·ᄒᆞ거·든보·고 시·혹
妄·망量량·ᄋᆞ·로 譏긩弄·롱·ᄒᆞ·야 功공德
·득·과 利·링益·혁 :이·리 :업·다·ᄒᆞ·야 시·혹 ·니
:내·야 :웃거·나 시·혹 ᄒᆞ녁도·라:외·다커·나
시·혹 ·늠 勸·퀀·ᄒᆞ·야 ᄒᆞᆫ가·지·로 :외·다·호·ᄃᆡ
시·혹 ᄒᆞᆫ:사ᄅᆞ·미 :외·다커·나 시·혹 한:사ᄅᆞ
미 :외·다커·나ᄒᆞᆫ 念·념·을 譏긩弄·롱·ᄒᆞ·야
허·로·매 니·르러·도 ·이·ᄀᆞᆮᄒᆞᆫ :사ᄅᆞ·ᄆᆞᆫ 賢현

## 90a~90b

劫·겁千쳔佛·뿛滅·멿度·똥後:ᅘᅮᇢ·에 니·르
러·도 譏긩弄·롱·ᄒᆞ·야:허·던 罪:쬥報·볼·로
ᄉᆞᆫ·지 阿항鼻·삥地·띵獄·옥·애이·셔 至·징
極·끅重:뜡罪:쬥·ᄅᆞᆯ 受:쓯ᄒᆞ·리·니 ·이 劫·겁
:디:내오·사 餓·앙鬼:귕·예·나 ·또 千쳔劫·겁
:디:내오·사 畜·휵生싱·애·나 ·또 千쳔劫·겁
:디:내오·사 :사ᄅᆞ·ᄆᆡ ·모·ᄆᆞᆯ 得·득ᄒᆞ·리·니 비
·록 :사ᄅᆞ·ᄆᆡ ·모·ᄆᆞᆯ 受:쓯·ᄒᆞ야·도 艱간難난
ᄒᆞ·며ᄂᆞᆯ·아ᄫᆞ·며 諸졍根근·이 ᄀᆞᆺ·디 :몯·ᄒᆞ
·야 惡악業·업·이 :만히·와 ᄆᆡ·자그·모·미 아

·니오·라 ·坔 惡·학道:똘·애 뻐·러디·리·니 ·이

럴·씨 普:퐁廣:광·아 ᄂ·미 供공養·양·을 譏

긩弄·롱·ᄒ·야 허·러도 ·오히·려 ·이 報·봉·를

:얻·곤 ·ᄒ·며 各·각別·볋·히 :모·딘 :보·를 :내

## 91a~91b

·야 허·루·미ᄹ·녀 ·坔 普:퐁廣:광菩뽕薩·삻

·아 未·밍來링世·솅·예 男남子:ᄌ女:녕人

신·이 오·래 病·뼝·ᄒ·야이·셔 :살오·져ᄒ·며

죽·고·져·호·ᄃ :몯·ᄒ·야 시·혹 ·밤ᄼ·메 :모·딘

鬼:귕·와 제집아ᅀ·ᄆᆯ ·보거·나 시·혹 險:험

흔길·혜 :노·니거·나 시·혹 魘:혐魅·밍·만·ᄒ

·야 魘:혐·은 厭:혐字·쫑ᄒ·가·지·라 魅·밍·ᄂᆞᆫ ·돗·가비·니 性·셩覺·각·이

本:본來링 봃

거·늘 붏·고·ᄆᆯ 여·희·여 어·드볼·씨 魑팅魅·밍·라 ᄒ·니·라 鬼:귕神씬·과

흔·ᄃᆡ :노·녀·닐·돌·희기·뼈 더·욱 시·ᄃᆞ·러 즛

오다·가 울·어 :셜·버 ·즐기·디 :몯홇 :사ᄅᆞ·ᄆᆞᆫ

·이:다 業·업道:똘論론對·됭·호·매 輕컹重

:뜡·을 一힔定·뗑 :몯·ᄒ·야 시·혹 목:습 ㅂ·료

·미 어·려븐·며 시·혹 :됴·티 :몯·ᄒ·야 男남女

:녕俗·쏙眼:안·이 ·이:이·를 굴·히·디 :몯·ᄒᄂ

## 92a~92b

·니 오·직 諸정佛·뿛菩뽕薩·삻ㅅ 像:썅 알

·피 對·됭·ᄒ·야 :된소·리·로 ·이 經경·을 ᄒ번

닑거·나 시·혹 病·뼝人신·이 스랑·ᄒ·ᄂᆞᆫ 거

·시어·나 시·혹 衣ᄒᆡᆼ服·뽁寶·볳貝·뱅莊장

園원솜·샹宅·ᄐᆡᆨ·을 莊장·ᄋᆞᆫ 무·르미·라 病·뼝人신

알·피 對·됭·ᄒ·야 :된소·리·로 닐·오딕 ·우리

某:뭏甲·갑等:ᄃᆡᆼ·이 ·이病·뼝人신爲·윙·ᄒ

·야 經경像:썅前쪈·에 對·됭·ᄒ·야 ·이것·들

·ᄒᆞᆯ ᄇᆞ·리·노이·다커·나 시·혹 經경像:썅·을

供공養·양커·나 시·혹 佛·뿛菩뽕薩·삻形

ᄒᆑᆼ像:썅·을 밍·ᄀᆞᆯ어·나 시·혹 塔·탑寺·쌍·ᄅᆞᆯ

밍·ᄀᆞᆯ어·나 시·혹 油융燈등·을 ·혀거·나 시

·혹 常쌍住·뜡·에 施싱·ᄒ거·나 ·이·ᄀᆞ티 :세

번 病·뼝人신·의게 닐·어드·러 :알·에 ᄒᆞ·면

## 93a~93b

비·록 諸정識·식·이 흐·터 氣·킝韻·운·이 다

·아도 一·ᅙᅵᇙ日·ᅀᅵᇙ二·ᅀᅵᆼ日·ᅀᅵᇙ三삼日·ᅀᅵᇙ七

·칧日·ᅀᅵᇙ·에 니·르·리 오·직 :된소·리·로 :이·를

니르·며 :된소·리·로 經경·을 닐·그면 ·이:사

ᄅᆞ·미 命·명終즁ᄒᆞᆫ 後:ᅘᅮᇢ·에 :아·릿 殃양·앳

重:뜡ᄒᆞᆫ 罪:쬥五:옹無뭉間간罪:쬥·예 니

·르·리 永:웡·히버·서 受:쓔ᇢ生ᄉᆡᇰ·혼 ᄣᅡ·해 샹

·녜 宿·슉命·명·을 :알리·니 ·ᄒᆞᄆᆞᆯ·며 善:쎤男

남子:ᄌᆼ 善:쎤女:녕人ᅀᅵᆫ·이 ·이 經경·을 :제

·쓰거·나 ·ᄂᆞᆷ ᄀᆞᄅᆞ·쳐 ·쓰거·나 :제 菩뽕薩·삻

形ᅘᅧᆼ像:썅·ᄋᆞᆯ 塑·송畫·ᅘᅫᆼ커·나 ·ᄂᆞᆷ ᄀᆞᄅᆞ·쳐

塑·송畫·ᅘᅫᆼ커·나 受:쓔ᇢ·혼 果:광報·봏·애 반

·ᄃᆞ기 ·큰 利·링·를 :어·드리·니 ·이럴·ᄊᆡ 普:퐁

廣:광·아·ᄒᆞ다·가 :아·모:사·ᄅᆞ미나 ·이 經경

## 94a~94b

·을 讀·똑誦·쑝커·나 ·이 經경·을 ᄒᆞᆫ念·념讚

·잔歎·탄·호·매 니·를어·나 시·혹 ·이 經경·을

恭공敬·경ᄒᆞ·리·보아·든 :네 모·로·매 百·ᄇᆡᆨ

千쳔方방便·뼌·으·로 ·이 :사ᄅᆞᆷ·ᄃᆞᆯ·ᄒᆞᆯ 勸·퀀

·호·ᄃᆡ 브즈런ᄒᆞᆫ ᄆᆞᅀᆞ·ᄆᆞᆯ 므르·디:말·면 能

능·히 未·밍來링現·현在·찡·예 百·ᄇᆡᆨ千쳔

萬·먼億·ᅙᅳᆨ不·붏可:캉思ᄉᆞᆼ議·읭功공德

·득·을 得·득ᄒᆞ·리·라ᄒᆞ·라 ·ᄯᅩ 普:퐁廣:광菩

뽕薩·삻·아 未·밍來링世·솅·예 衆·즁生ᄉᆡᇰ

·ᄃᆞᆯ·히 시·혹 ·ᄭᅮ·미어·나 시·혹 ·자거·나 鬼:귕

神씬·들·홀 :보·딕 여·러가·짓 양·직 시·혹 슬

커·나 시·혹 :울어·나 시·혹 시·름커·나 시·혹

·한:숨디커·나 시·혹 恐:콩怖·퐁커·나ᄒᆞ·면

恐:콩怖·퐁·ᄂᆞᆫ 저·허홇·씨·라 ·이 :다 一ᅙᅵᇙ生ᄉᆡᆼ十·씹生ᄉᆡᆼ

## 95a~95b

百·ᄇᆡᆨ生ᄉᆡᆼ千쳔生ᄉᆡᆼ過·광去·컁父:뿡母

:물男남女:녕弟:똉妹·밍夫붕妻쳉眷·권

屬·쑉·이 妹·밍·ᄂᆞᆫ 누:의·라 惡·학趣·츙·예 이·셔 여·희

·여 나·디 :몯·ᄒᆞ·야 福·복力·륵·으·로 苦:콩惱

:놀·를 救·굴·ᄒᆞ·야 ·ᄲᅢ혀·과·뎌 브랋·싸·히 :업

·서 宿·슉世·솅骨·곯肉·슉 더·브·러 닐·어 方

方便·뼌·을 지·ᅀᅥ 惡·학道:똘·를 여·희오·져

願·원·ᄒᆞᄂᆞ·니 普:퐁廣:광·아 :네 神씬力·륵

·으·로·이 眷·권屬·쑉·을 諸졍佛·뿛菩뽕薩

·삻ㅅ 像:썅 알·ᄑᆡ 對·됭·ᄒᆞ·야 至·징極·끅흔

ᄆᆞᅀᆞᆷ·ᄆᆞ·로 ·이 經경·을 :제닑거·나 ·ᄂᆞᆷ 請·청

·ᄒᆞ·야 닑거·나 그 數·숭 :세버·니어·나 시

·혹 닐·굽버·네 니·를·에ᄒᆞ·면 ·이런 惡·학道

:똘眷·권屬·쑉·이 經경쏘·리 數·숭·숭·에 ᄆᆞ·ᄎᆞ

## 96a~96b

·면 반·ᄃ·기 버·서·나 夢·몽寐·밍中듕·에 기

·리 다시 :뵈·디 아·니ᄒ·리·라 寐·밍ᄂᆞᆫ 잘·씨·라 ·ᄯᅩ 普

:퐁廣·광·아 未·밍來링世·솅·예 늘·아·볼 :사

름·ᄃᆞᆯ·히 시·혹 奴농·어·나 시·혹 婢:삥어

·나 제 ᄆᆞᅀᆞᆷ다·비 :몯·ᄒᆞᄂᆞᆫ :사름·ᄃᆞᆯ·해 니·르

·리 :아·릿 業·업·을 아·라 懺·참悔·횡코·져 흟

:사ᄅᆞ·미 至·징極·끅흔 ᄆᆞᅀᆞ·ᄆᆞ·로 地·띵藏

·짱菩뽕薩·삻形·ᅘᅧᆼ像:썅·을 :울워·러 ·절·ᄒᆞ

·야 一·힗七·칧日·ᅀᅵᇙ中듕·에 菩뽕薩·삻ㅅ

일·후·믈 念·념ᄒᆞ·야 一·힗萬·먼버·니 ·ᄎᆞ면

·이·트렛 :사ᄅᆞ·ᄆᆞᆫ·이 報·봄ㅁ·ᄎᆞᆫ 後:ᅘᅮᇢ·에 千

쳔萬·먼生ᄉᆡᆼ中듕·에 샹·녜 尊존貴·귕흔

·ᄃᆡ·나 다시 三삼惡·ᅙᅡᆨ道:똘苦:콩·를 :디·내

·디 아·니ᄒ·리·라 ·ᄯᅩ 普:퐁廣·광·아 未·밍來링

## 97a~97b

링世·솅中듕·에 閻염浮뽕提똉內·뇡·엣

利·리刹·찷利·링婆뽕羅랑門몬長:댱者:쟝居

경士:ᄊᆞᆼ一·힗切·쳉 :사름·ᄃᆞᆯ·콰 다른 姓·셩

種:죵族·쪽·애 ·새 産:산生ᄉᆡᆼ흔 :사ᄅᆞ·미 아

·드·리어·나 ·쓰·리어·나 七·칧日·싏中듕·에

어·셔 ·이 不·붏思ᄉ議·읭經경典·뎐·을 닑

·고 다·시 爲·윙·ᄒ·야 菩뽕薩ᇙᄉ 일·후·믈

念·념·ᄒ·딕 一·힗萬·먼버·니 ·ᄎ·면 ·이 아·ᄃ

·리어·나 ·쓰·리어·나 :아·릿 殃향報·봉·를 ·곧

버·서 安한樂·락·ᄒ·야 :수·비길·어 목:수·미

增증長:댱·ᄒ·리·니 ·ᄒ다·가 福·복·을 바·다

난 :사·ᄅ미·면 더·욱 安한樂·락·ᄒ·며 목:숨

:길리·라 ·ᄯᅩ 普·퐁廣:광·아 未·밍來링世·솅

衆·즁生싱·이 ·ᄃᆯ 初총ᄒᆞᆯ 八·밣日·싏十

## 98a~98b

·씹四·ᄉ十·씹五:옹十·씹八·밣日·싏二·싱

十·씹三삼二·싱十·씹四·ᄉ二·싱十·씹八

·밣日·싏二·싱十·씹九:굽三삼十·씹日·싏

·에 ·이·날·ᄃᆯ·흔 罪:쭹·를 모·도·아 輕켱重:뜡

·을 一·힗定·뗭·ᄒᄂ·니 南남閻염浮뿔提똉

·쬥衆·즁生싱·이 ᄒ·며 :말·며 念·념 뮈·우·미

·업業 아·니·니 :업스·며 罪:쭹 아·니·니 :업스

·니 ·ᄒ·믈·며 제 ·ᄠᅳᆮ ᄀ·장 :산것 주·기·며 도족

ᄒ·며 邪쌍淫음ᄒ·며 :거·줏:말ᄒ·며 百·빅

千쳔罪:쭹狀·쌍·이 ·쓰·녀 罪:쭹狀·쌍·은 罪:쭹·이 양·ᄌ·라

·ᄒ다가 能능·히 ·이 十·씹齋쟁日·싏·에 佛

·뽏菩뽕薩·삻·와 ·녀나·ᄆᆫ 賢현聖·셩ᄉ 像

:썅 알·픠 ·이 經경·을 ᄒ번 닐·그·면 東동西

셩南남北·븍百·빅由율旬쓘內닝·예 여

## 99a~99b

·러가·짓 災징難·난·이 :업·고 ·이 지·븨 :사ᄂᆞᆫ

:얼·우니·며 아·히·며 現·현在찡未·밍來링

百·빅千쳔歲·쉥中듕·에 惡·학趣·츙·를 기

·리 여·희리·니 能능·히 十·씹齋쟁日·싏:마

·다 ᄒ번·곰 닐·그·면 現·현世·솅·예 ·이지·븨

:사ᄂᆞᆫ :사ᄅᆞ·미 여·러가·짓 橫ᅙᅱᆼ病·뼝·이 :업

·서 衣ᅙᅵᆼ食·씩·이 가ᅀᆞ·멸·리·니 ·이럴·씨 普

:퐁廣:광아 :알·라 地·띵藏·짱菩뽕薩·삻·이

·이러·틋ᄒ 不·붏可·캉說·쉃百·빅千쳔萬

·먼億·흑大·땡威ᅙᅱᆼ神씬力·륵利·링益·역

ᄒ :이·리 잇ᄂᆞ·니 閻염浮뿔뽛衆·즁生싱·이

·이 大·땡士:쌍·애 ·큰 因인緣원·이 잇ᄂᆞ·니

·이 衆·즁生싱·들·히 菩뽕薩·삻ᄉ 일·훔 듣

거·나 菩뽕薩·삻ᄉ 像:썅·을 ·보거·나 ·이 經

## 100a~100b

경三삼字·쫑五:옹字·쫑 시·혹 一·힗偈·꼥

一·힗句·궁 드·루·메 니·르러·도 現·현在·찡

·예 ᄀ·장 安한樂·락ᄒ·며 未·밍來링世·솅

百·빅千쳔萬먼·生싱·애 샹·녜 端돤正·졍

·ᄒ·야 尊존貴·귕흔 지·븨 나리·라 그·쁴 普

:퐁廣:광菩뽕薩·삻·이 佛·뿛如셩來링地

·띵藏·짱菩뽕薩·삻·ᄋᆞᆯ 稱칭揚양讚·잔歎

·탄 ·ᄒ·거시·늘 듣:줍·고 ·ᄭᅮ·러 合·합掌:쟝·ᄒ

·야 다·시 부텨·씌 :ᄉᆞᆯ·ᄫᆞ샤·ᄃᆡ 世·솅尊존·하

·내 오·래 ·이 大·땡士:쌍·이 ·이 ᄀᆞ툰 不·붏可

:캉思ᄉᆞ議·읭神씬力·륵과 大·땡誓·쎙願

·원力·륵 :겨신·둘아라 未·밍來링衆·즁生

싱 爲·윙·ᄒ·야 利·링益·혁·을 :알·에 호리·라

·ᄒ·야 如셩來링·씌 :묻·ᄌᆞᄫᆞ·며 唯·윙然션

## 101a~101b

頂:뎡受·쓩·ᄒ·ᅀᆞᆸ노·니 世·솅尊존·하 ·이 經

경·을 므·스기·라 일·훔 지흐·며 ·나·ᄂᆞᆫ :엇·뎨

流륳布·뽕·ᄒ·리잇·고 부:톄 普·퐁廣:광둣

·려 니ᄅᆞ·샤·ᄃᆡ ·이 經경·이 :세 일·후·미 잇ᄂ

·니 ᄒᆞ 일·후·믄 地·띵藏·짱本:본願·원·이·오

·또 일·후·믄 地·띵藏·짱本:본行·ᄒᆡᆼ·이·오 ·또

일·후·믄 地·띵藏·짱本:본誓·쎙力·륵經경

·이·니 ·이 菩뽕薩·삻·이 久:굴遠:원劫겁브

·터 :오·매 ·큰 重:뜽願·원·을 發벓·ᄒᆞ·야 衆·즁

生싱利·링益·혁·ᄒᆞ·논 젼·ᄎᆡ·니 ·이럴·ᄊᆡ 너

:희 願·원·을 브·터 流륳布·봉·ᄒᆞ·라 普:퐁廣

:광菩뽕薩·삻·이 듣:줍·고 信·신受:쓩·ᄒᆞ·샤

合·ᄒᆞᆸ掌:쟝恭공敬·경·ᄒᆞ·샤 禮:롕數·숭·ᄒᆞ

·ᅀᆞᆸ·고 므르·시니·라 그·ᄢᅴ 地·띵藏·짱菩뽕

## 102a~102b

薩·삻摩망訶항薩·삻·이 부텨·씌 :ᄉᆞᆲ·ᄫᆞ샤

·ᄃᆡ 世·솅尊존·하 ·내 :보·ᄃᆡ ·이 閻염浮뿔衆

·즁生싱·이 ·발들·며 念·념 뮈·우·매 罪:쬥 아

·니·니 :업스·니 善:쎤利·링·를 맛·나·도 첫ᄆᆞ

ᅀᆞ·매 므르·리:만ᄒᆞ·며 惡·학緣원·을 맛나

·면 念·념念·념·에 더으ᄂᆞ·니 ·이무·렛 :사ᄅᆞ

·ᄆᆞᆫ 즌ᄒᆞᆰ블·ᄫᅧ·며 므거·븐 :돌지·듯·ᄒᆞ·야 漸

:쪔漸:쪔困·콘ᄒᆞ·며 漸:쪔漸:쪔 므거·ᄫᅥ 자

곡:마다 깁ᄂᆞ·니·ᄒᆞ다·가 善:쎤知딩識·식

·을 맛·나 ᄀᆞᄅᆞᆺ바·다 더·러·지거·나 시·혹 :오

114

·로·지·거·나 ㅎ·야·든 ·이 善:쎤知딩識·식·이
·큰·히·미이·셔 ·또 서르 블드·러 도·바 ·바·롤
구·디 쓰·게·ㅎ·야 平뼝地·띵·예 ·나거·든 모
·로·매 :모·딘·길·흘 슬·펴 느외:디나·디 마·롫

## 103a~103b

·다·니 世·솅尊존·하 :모·딘·일 니·기·ᄂᆞᆫ 衆·즁
生싱·이 :죠고·맛 亽·싀·ᄅᆞᆯ브·터 그·지 :업·수
·매 니·르ᄂᆞ·니 ·이 衆·즁生싱·들·히 ·이 ᄀᆞᆮᄒᆞᆫ
習·씹·이 잇거·든 命·명終즁ᄒᆞᇙ·제 男남女
:녕眷·권屬·쑉·이 爲·윙·ㅎ·야 福·복·을 밍·ᄀᆞ
·라 앎·길·흘 도·보·ᄃᆡ 시·혹 幡펀盖·갱·들·며
油융燈등·혀·며 시·혹 尊존經경·을 닑거
·나 시·혹 佛·뿛像:쌍·과 ·녀나·ᄆᆞᆫ 聖·셩人신
ㅅ 像:쌍·을 供공養·양·ㅎ·며 佛·뿛菩뽕薩
·삻·와 辟·벽支징佛·뿛名명字·쫑·를 念·념
·호·ᄃᆡ 一·잃各·각一·잃號·ᅘᅩᇂ·나·ㅎ·마 命
·명終즁ᄒᆞᇙ :사ᄅᆞ·ᄆᆡ 耳:싱根근·애 들·이거
·나 시·혹 本:본識·식·에 들·이·면 ·이 衆·즁生
싱·이 지·순 惡·학業·업·을 果:광感:감·ㅎ·몰

## 104a~104b

:혜언·댄 당다이 惡·악趣·츙·에 떠·러디·리
어·늘 ·이 眷·권屬·쑉·이 爲·윙·ᄒᆞ·야 ·이 聖·셩
因인·ᄋᆞᆯ 닷·곤 다·ᄉᆞ·로·이·ᄅᆞᆫ ᄒᆞᆫ罪:쬥 :다
消숗滅·멿ᄒᆞ·리·니 ·ᄒᆞ다·가 能능·히 다·시
爲·윙·ᄒᆞ·야 주·근 後:ᅘᇢ·에 七·칧七·칧日·ᅀᅵᇙ
內·뇡·예 여·러가·짓 善:쎤·을 너·비 지·ᅀᅳ·면
能능·히 ·이 衆·즁生ᄉᆡᆼ·ᄃᆞᆯ·ᄒᆞᆯ 惡·악趣·츙·에
기·리여·희·여 人ᅀᅵᆫ天텬·에·나 勝·싱妙·묳
樂·락·ᄋᆞᆯ 受:쓩ᄒᆞ·며 現·혠在·찡眷·권屬·쑉
·이 그·지:업·시 利·링益·혁·게 ᄒᆞ·리·니 ·이럴
·씨 ·내 오·ᄂᆞᆯ 佛·뿛世·솅尊존·과 天텬龍룡
八·밣部:뽕人ᅀᅵᆫ非빙人ᅀᅵᆫ等:등·을 對·됭
·ᄒᆞ야·셔 閻염浮뿧提똉衆·즁生ᄉᆡᆼ·ᄋᆞᆯ 勸
·퀀·ᄒᆞ·야 ᄒᆞ·마 命·명終즁ᄒᆞᇙ 나·래 殺·삻害

## 105a~105b

·ᅘᆡᆼᄒᆞ·며 惡·악緣원 지·ᅀᅳ·며 鬼:귕神씬 ·절
·ᄒᆞ·야 祭·졩·ᄒᆞ·야 魍:망魎:량·ᄋᆡ게 求꿓·호
·ᄆᆞᆯ :잢간·도 :말·라 ·ᄒᆞ노·니 魍:망魎:량·은 ·돗·가비·니 ᄆᆞᅀᆞ·미
本:본來링 一·ᅙᅵᇙ眞진커·늘 罔:망·ᄒᆞ·야 :둘·히 ᄃᆞ욀·씨 魍:망魎:량·이·

라 ᄒᆞ·니·라 罔:망

·은 ·어·득ᄒᆞ·야 모·ᄅᆞ·ᄂᆞᆫ 양·지·라 :엇·뎨 어·뇨ᄒᆞ·란·ᄃᆡ ·이 殺

·삶害·행ᄒᆞ·며 祭졩·호·미 터럭·귿만·힘도

亡망人ᅀᅵᆫ·의게 利·링益·혁·호·미 :업·고 오

·직 罪:쬥緣원·을 미·자 더·욱 深심重:뜡·케

·ᄒᆞᄂᆞ·니 비·록 來링世·솅어·나 시·혹 現·현

在·찡生ᅀᆡᆼ·애 聖·셩分·뿐·을 :어·더 人ᅀᅵᆫ天

텬中듕·에 나·고·도·이ᄒᆞ·마 命·명終즁홇

제 眷·권屬·쑉·ᄃᆞᆯ·히 惡·학因ᅙᅵᆫ 지·손다·ᄉᆞ

·로 ·ᄊᆞ ·이 命·명終즁혼 :사ᄅᆞ·미 殃향孼·ᅌᅥᆶ

·에 버·므·러 對·됭·ᄒᆞ·야 마·초·뼈 :됴ᄒᆞᆫ 싸·해

## 106a~106b

ᄂᆞ·지나·게 ᄒᆞ·리·니 ·ᄒᆞᄆᆞᆯ·며 命·명終즁홇

:사ᄅᆞ·미 生ᅀᆡᆼ·애 이·셔 :죠·고·맛 善:쎤根ᄀᆞᆫ

·도 :업·서 各·각各·각本:본業·업·을브·터:제

惡·학趣·츙受:쓩·호·미ᄯᆞ·니잇·가 :엇·뎨 ·ᄎᆞ

·마 眷·권屬·쑉·이 다·시 業·업·을 더으·거·뇨

가·줄·비건·댄 :사ᄅᆞ·미 :먼 ·싸·ᄒᆞ로·셔·와 粮

량食·씩 긋건·디 ·사ᅀᆞ리·오 ·지윤·거·시 百

·빅斤근두·고 더으·거·든 믄득 이·웆:사ᄅᆞ

·미 ·ᄊᆞ :죠·고·맛 거·슬 더브·티·면 ·이 다·ᄉᆞ·로

더·욱 ·ᄆᆞ·겨 困·콘·ᄒᆞᆺ·ᄒᆞ·니이·다 世·솅尊존
·하 ·내:보·ᄃᆡ 閻염浮뿔衆·즁生싱·이 오·직
能눙·히 諸졍佛·뿛敎·ᄀᆞᆯ中듕·에 善:쎤事
·ᄊᆞ·ᄅᆞᆯ 흐터러 ᄒᆞᆫ·처:듑 ᄒᆞᆫ몰·애 ᄒᆞᆫ드트·레
니·르러·도 ·이런 利·링益·혁·을 :다:제 得·득

## 107a~107b

ᄒᆞ·리이·다 ·이:말 니ᄅᆞ·싫제 會·ᅘ웽中듕·에
ᄒᆞᆫ 長:댱者:쟝 일·후·미 大·땡辯·변·이러
·니 오·래 無뭉生싱·ᄋᆞᆯ 證징·ᄒᆞ·야 十·씹方
방·ᄋᆞᆯ 化·황度·똥·ᄒᆞ·야 長:댱者:쟝ᄋᆡ·모·ᄆᆞᆯ 現
·현ᄒᆞ·니러·니 合·ᄒᆞᆸ掌:쟝恭공敬·경·ᄒᆞ·야
地·띵藏·짱菩뽕薩·삻·씌 :묻ᄌᆞᄫᆞ·ᄃᆡ 大·땡
士:ᄊᆞ·하 ·이 南남閻염浮뿔提똉衆·즁生
싱·이 命·명終즁後:ᅘᅮᇢ·에 大·땡小:ᅘᅭᇢ眷·권
屬·쑉·이 爲·윙·ᄒᆞ·야 功공德·득 닷·고·ᄃᆡ 齋
쟁·ᄒᆞ·야 여·러 善:쎤因ᅙᅵᆫ 지·ᅀᅩ·매 니·를·면
·이 命·명終즁ᄒᆞᆫ :사ᄅᆞ·미 ·큰 利·링益·혁·과
解:갱脫·퇋·ᄋᆞᆯ 得·득ᄒᆞ·리잇·가 :몯ᄒᆞ·리잇
·가 地·띵藏·짱菩뽕薩·삻·이 對·됭答·답ᄒᆞ
샤·ᄃᆡ 長:댱者:쟝·야 ·내·이제 未·밍來ᄅᆡᆼ現

118

## 108a~108b

·현在·찡一·힗切·촁衆·즁生싱為 ·윙·ᄒᆞ·야

부텻 威휭力·륵 받ᄌᆞ·봐 ·이:이·를 ·어·둘 닐

·오리·라 長:댱者:쟝·야 未·밍來링現·현在

·찡衆·즁生싱·ᄃᆞᆯ·히 ᄒᆞ·마 命·명終즁홀나

·래 一·힗佛·뿛名명一·힗菩뽕薩·삻名명

一·힗辟·벽支징佛·뿛名명·을 드르·면 有

:울罪·쬥無뭉罪·쬥·를 :묻·디 아·니·ᄒᆞ·야 :다

버·서:나·ᄆᆞᆯ 得·득ᄒᆞ·리·라 ·ᄒᆞ다가 男남子

:중女:녕人신·이 사·라싫제 善:쎤因힌닷

·디 아·니ᄒᆞ·고 한 罪:쬥·를 :만·히 지·스·면 命

·명終즁後:훃·에 眷·권屬·쑉大·땡小:숗

為·윙·ᄒᆞ·야 福·복利링一·힗切·촁聖·셩事

·쏭·를 지·어·도 七·칧分·뿐中듕·에 ᄒᆞ나·흘

:얻·고 六·륙分·뿐功공德·득·은 :산:사르·미

## 109a~109b

:제 利·링·ᄒᆞᄂᆞ·니 ·이럴·씨 未·밍来링現·현

在·찡善:쎤男남女:녕·ᄃᆞᆯ·히 듣·고 세·우:제

닷ᄀᆞ·면 分·뿐:마·다 :오·로 :어·드리·라 無뭉

常쌍大·땡鬼:귕期끵約·햑:업·시 다ᄃᆞᄅᆞ

·면 ·아·득·히 :노니·는 神씬·이 罪:찡福·복·을

:몰·라 七·칧七·칧日·싪內·뇡·예 어·린 듯 ·귀

머·근 듯·ᄒᆞ·야 시·혹 諸졍司ᄉᆞᆼ·애 이·셔 司ᄉᆞᆼ

·는 臣씬下:행 :일ᄀᆞᆷ:아·는 ·싸히·라 業·업果·광·를 辯:변論

론·ᄒᆞ·야 一·힗定·뎡호 後:薈·에 業·업·을 브

·터 生ᄉᆡᆼ·을 受:쓩·ᄒᆞᄂᆞ·니 測·측量량 :몯호

ᄉᆞ·싀·예 千쳔萬·먼가·짓 시·름 受:쓩苦·콩

|어·니 ·ᄒᆞ·몰·며 惡·학趣·츙·둘·해 뻐·러:듀

·미ᄯᆞ·녀 ·이 命·명終즁호 :사ᄅᆞ·미 受:쓩生

싱 :몯·ᄒᆞ·야 七·칧七·칧日·싪內·뇡·예 이·셔

## 110a~110b

念·념念·념 쓰·싀·예 骨·곯肉·ᅀᅲᆨ眷·권屬·쑉

·둘·히 福·복力·륵지·ᅀᅥ 救·귷·ᄒᆞ·야 ·싸혀·과

·뎌 ·ᄇᆞ·라ᄂᆞ·니 ·이날 :디난 後:薈·면 業·업

·을 조·차 報·볼·를 受:쓩·ᄒᆞ·야 ·이 罪:찡人신

·이 곧 千쳔百·빅歲·셍·를 :디:내·야 버·서날

·나리 :업스·니 ·ᄒᆞ다·가 五:옹無뭉間간罪

:찡·로 大·땡地·띵獄·옥·애 뻐·러디·면 千쳔

劫·겁萬·먼劫·겁·에 기·리 한 受:쓩苦·콩·를

受:쓩·ᄒᆞᄂᆞ·니·라 ᄯᅩ 長:댱者:쟝·야 ·이·근흔

罪:찡業·업衆·즁生싱·이 命·명終즁호 後

:홇·에 眷·권屬·쏙骨·곯肉·슉·이 爲·윙·ᄒ·야

齋쟁 닷·가 業·업道:똘·를 도·봇·디 齋쟁食

·씩 :몯:다ᄒ 적·과 齋쟁 밍·곯저·그 ·쓰·믈·와

菜·칭蔬송ᄉ·니 ·플싸·해 ᄇ·리·디 :말·며 ·녀

## 111a~111b

나·ᄆ 飮:흠食·씩·에 니·르·리 佛·뿛僧숭·씌

받:줍·디 :몯·ᄒ야·셔 몬져 먹·디마·로리·니

·ᄒ다·가 그르먹거·나 精졍勤끈·티 :몯ᄒ

·면 ·이 命·명終즁흔 :사ᄅ·미 :잢간·도 ·히·믈

得·득·디 :몯ᄒ·리·라 ·ᄒ다·가 能능·히 精졍

勤끈·ᄒ·야 ·조·케·ᄒ·야 佛·뿛僧숭·씌 받주

·ᇦ·면 ·이 命·명終즁흔 :사ᄅ·미 七·칧分뿐

·에 ᄒ나·흘 :어·드리·라 ·이럴·씨 長:댱者:쟝

·야 閻염浮뿔衆·즁生싱·이 能능·히 父:뿡

母:뭏·와 眷·권屬·쏙 니·르·리 爲·윙·ᄒ야 命

·명終즁흔 後:홇·에 齋쟁·ᄒ·야 供공養·양

·호·ᄃᆞᆯ 至·징極·끅흔 ᄆᆞᅀᆞ·ᄆᆞ·로 브즈러니

·ᄒ·면 存쫀亡망·애 利·링·를 :어·드리·라 ·이

:말 니르·싫제 忉돌利·링天텬宮궁·에 千

## 112a~112b

천萬·먼億·흑那낭由율他탕閻염浮뽕

鬼·귕神씬·이 :다 無뭉量·량菩뽕提똉心

심·을 發·벓ᄒᆞ·며 大·땡辯:변長·댱者:쟝

歡환喜:횡·ᄒᆞ·야 ᄀᆞᄅᆞ·치샤·믈 받ᄌᆞ·바 ·절

ᄒᆞ·고 므르·니·라 그·ᄢᅴ 鐵·텷圍윙山산內

·뉭無뭉量·량鬼·귕王왕·이 閻염羅랑天

텬子:중·와 ᄒᆞ·ᄢᅴ 忉돌利·링·예 ·와 부텻·긔

다ᄃᆞᆫ ᄌᆞ·ᄫᆞ·니 惡·학毒·똑鬼·귕王왕 多당

惡·학鬼·귕王왕 大·땡諍징鬼·귕王왕 白

·삑虎:홍鬼·귕王왕 虎:홍·ᄂᆞᆫ :버미·라 血·휋虎:홍鬼

:귕王왕 赤·쳑虎:홍鬼·귕王왕 散:산殃향

鬼:귕王왕 散:산·은 ᄒᆞ·를·씨·라 飛빙身신鬼·귕王

왕 電·뎐光광鬼·귕王왕 狼랑牙앙鬼·귕

王왕 千천眼:안鬼·귕王왕 噉·땀獸·슣鬼


## 113a~113b

:귕王왕 負·뿡石·쎡鬼·귕王왕 負·뿡·ᄂᆞᆫ 질·씨·라 主

:즁耗·홀鬼·귕王왕 耗·홀·ᄂᆞᆫ :업슬·씨·라 主즁禍:뽷

鬼·귕王왕 主:즁福·복鬼·귕王왕 主:즁食

·씩鬼·귕王왕 主:즁財찡鬼·귕王왕 主:즁

122

畜·흏鬼:귕王왕 主:즁禽끔鬼:귕王왕 禽끔
·은 눖즁싱·이·라 主:즁獸·슣鬼:귕王왕 獸·슣·는 ·긔·는즁싱·이
·라 主:즁魅·밍鬼:귕王왕 主:즁産·산鬼:귕
王왕 主:즁命·명鬼:귕王왕 主:즁疾·찛鬼
:귕王왕 主:즁險:험鬼:귕王왕 三삼目·목
鬼:귕王왕 四·승目·목鬼:귕王왕 五:옹目
·목鬼:귕王왕 祁낑利·링失·싏王왕 大·땡
祁낑利·링失·싏王왕 祁낑利·링乂창王
왕 大·땡祁낑利·링乂창王왕 阿항那낭
吒·당王왕 大·땡阿항那낭吒·당王왕 ·이

## 114a~114b

·트렛 大·땡鬼:귕王왕·이 各·각各·각百·빅
千천諸졍小:숗鬼:귕王왕·과 :다 閻염浮
뿔提똉·예 사·라 各·각各·각 자·보·미 이시
·며 各·각各·각 住·뜡·호·미 잇ᄂᆞ·니러·니 ·이
鬼:귕王왕·들·콰 閻염羅랑天텬子:중·왜
부텻 威휭神씬과 地·띵藏·짱菩뽕薩·삻
摩망訶항薩·삻力·륵·을 받ᄌᆞ·바 :다 忉둫
利·링·예·와ᄒᆞ녁 面·면·에셔·니·라 그·쁴 閻
염羅랑天텬子:중 ·쑤·러 合·햅掌·쟝ᄒᆞ
·야 부텨·씌 슬·ᄫᅩ·ᄃᆡ 世·솅尊존·하 ·우리·들

·히 오·눐·날 諸졍鬼:귕王왕·과·로 부텻 威
휭神씬·과 地·띵藏·짱菩뽕薩·삻摩망詞
항薩·삻ㅅ 力·륵·을 받ᄌᆞ·ᄫᅡ·사 ·이 忉돌利
·링大·땡會·ᅙᅱᇰ·예 ·오·ᅀᆞᄫ·며 ·ᄯᅩ ·우리·들·히

## 115a~115b

善:쎤利·링·를 :언ᄌᆞ·본 젼·치·니 ·내 ·이제 :죠
고·맛 疑읭心심:이·리이·셔 世·솅尊존·끠
:묻·ᄌᆞᆸ노·니 願·원호·ᄃᆞᆫ 世·솅尊존·이 慈쫑
悲빙·ᄒᆞ·샤 :날 爲·윙·ᄒᆞ·야 ·펴 니ᄅᆞ·쇼·셔 부
:톄 閻염羅랑天텬子:중ᄃᆞ·려 니ᄅᆞ·샤·ᄃᆡ
:네 ᄀᆞ·장 무·르·라 ·내 너 爲·윙·ᄒᆞ·야 닐·오리
·라 그제 閻염羅랑天텬子·쟝 世·솅尊
존·끠 :울워·러·저ᅀᆞᆸ·고 地·띵藏·짱菩뽕薩
삻·ᄋᆞᆯ 도·라보·ᅀᆞᄫ·며 부텨·끠 ·술·ᄫᅩ·ᄃᆡ 世
·솅尊존·하 ·내 ·보·ᅀᆞᄫᅩ·ᄃᆡ 地·띵藏·짱菩뽕
薩·삻·이 六·륙道:똘中듀ᇰ·에 :겨·샤 百·빅千
쳔方방便·뼌·으·로 罪·쬥苦:콩衆·즁生싱
·ᄋᆞᆯ 度·똥脱·퇋·ᄒᆞ·샤 잇·부믈 :마디 아니·ᄒᆞ
·시ᄂᆞ·니 ·이 大·땡菩뽕薩·삻·이 ·이·ᄀᆞ른 不

## 116a~116b

·불可·캉思숭議·잉神씬通통ㅅ :이·리 :겨

시·건마·른 衆·즁生싱·들·히 罪:쬥報·볼 버

·서·냇다·가 아·니오·란 ◌·싀·예 ·쏘 惡·학道

:똘·애 뻐·러·디ᄂᆞ·니 世·솅尊존·하 ·이 地·띵

蔵·짱菩뽕薩·삻·이 ᄒᆞ·마 ·이 ᄀᆞᆮ·ᄒᆞᆫ 不·붏可

:캉思숭議·잉神씬力·륵·이 :겨·시거·늘 :엇

·뎨 衆·즁生싱·이 善:쎤道:똘애브·터 기·리

버·서·나디 아·니·ᄒᆞᄂᆞ·니잇고 願·원혼·ᄃᆞᆫ

世·솅尊존·이 :날 爲·윙·ᄒᆞ·야 니르·쇼·셔 부

:톄 閻염羅랑天텬子:중ᄃᆞ·려 니르·샤·딕

南남閻염浮뿔提똉衆·즁生싱·이 性·셩

·이 剛강彊·강·ᄒᆞ·야 ·질·드·려 降행伏·뽁:히

·디 어·렵거·늘 ·이 大·땡菩뽕薩·삻·이 百·빅

千쳔劫·겁·에 ·이 ᄀᆞᆮ·ᄒᆞᆫ 衆·즁生싱·을 낫:나

## 117a~117b

·치 救·굴·ᄒᆞ·야 ·쌔·혀:내·야 셜·리 버·서나·게

ᄒᆞ·며 ·이 罪:쬥報·볼·앳 :사ᄅᆞ·믈 ·큰 惡·학趣

츙·에 뻐·러·디·니예 니르·리 菩뽕薩·삻·이

方방便·뼌力·륵·으·로 根ᄀᆞᆫ本:본業·업緣

원·을 ·싸·혀:내·야 宿·슉世·셰·옛 :이·를 :알·에

·ㅎ거·든 :제 閻염浮뿔衆·즁生싱·이 惡·학

習·씹 미·조·미 重:뜡·ㅎ·야 곳·냇다·가 도로

·드·러 ·이 菩뽕薩·삻·을 곳·고·아 오·래 劫·겁

數·숭:디·내·야 度·똥脫·퇋·을 :짓·게·ㅎ·ㄴ·니

가·줄·비건·댄 :사ᄅᆞ·미 믿지·블:몰·라일·코

險:험道:똥·애 그르·드·니 그 險:험道:똥中

듕·에 여·러가·짓 夜·양叉창·와 虎:홍狼랑

·과 獅ᄉᆞᇰ子:중·와 蚖완蛇썅蝮·폭蝎·헗·이

:만·히 잇·더·니 ·이 迷몡人신·이 險:험道:똥

中듕·에 이·셔 아니한 ᄉᆞ·ᅀᅵ·예 여·러가·짓

毒·똑·을 맛·냇거·든 ᄒᆞᆫ 知딩識·식·이 ·큰 術

·쓩·을 :만·히아·라 ·이 毒·똑과 夜·양叉창諸

졍惡·악毒·똑·을 걸 禁·금止:징 ·ㅎ·ㄴ·니러

·니 믄·득 迷몡人신·을 맛·나 險:험道:똥·애

나ᅀᅡ:가려커·늘 닐·오·ᄃᆡ ·이 男남子:중·아

:엇·던 :이·를 爲·윙·ㅎ·야 ·이 길·헤·든다 :엇·던

다ᄅᆞᆫ 術·쓩·을 ·뒷관·ᄃᆡ 能능·히 ᄒᆞᆫ 毒·똑·을

이·긿·다 그 迷몡人신·이 믄·득 ·이:말 듣고

·ᅀᅡ 險:험道:똥·ᄅᆞᆯ 아라 ·즉재 믈·리거·러 ·이

길·헤 나·고·져커·늘 善:쎤知딩識·식·이 ·손
자·바 險:험道:또ᇹ·애 :내·야 여·러가·짓 惡·ᅙᅡᆨ
毒·똑·ᄋᆞᆯ 免:면·ᄒᆞ·야 :됴ᄒᆞᆫ 길·헤 ·가 安ᅙᅡᆫ樂
·락·ᄋᆞᆯ 得·득·게 ᄒᆞ·고 닐·오·ᄃᆡ ·이 迷몡人ᅀᅵᆫ

## 119a~119b

·아 오·ᄂᆞᆯ·록 後:ᅘᅮᇢ·에 ·이 ·길·ᄒᆞᆯ :ᄇᆞᆲ·디 :말·라 ·이
길·헤 ·들·면 :나·미 어·려ᄫᅳ·며 ·ᄯᅩ 목:수·믈 ᄆᆞ
·ᄎᆞ리·라·ᄒᆞ야·ᄂᆞᆯ 迷몡人ᅀᅵᆫ·도 感:감動:똥
·ᄒᆞ·야 여·흴 쩌·긔 知딩識·식·이 ·ᄯᅩ 닐·오·ᄃᆡ
·ᄒᆞ다·가 知딩親친·이어·나 知딩·ᄂᆞᆫ :알·씨·오 親친·은 아
·ᅀᆞ미·라 ·길녏 :사ᄅᆞ·미어·나 男남·이어·나 女
:녕어·나 ·보아·ᄃᆞᆫ 닐·오·ᄃᆡ ·이 길·헤 여·러
가·짓 毒·똑惡·ᅙᅡᆨ·이:만·ᄒᆞ·야 목:수·믈 ᄆᆞ·ᄎᆞ
리·라·ᄒᆞ·야 ·이 한:사ᄅᆞ·미 죽·디 아·니·케ᄒᆞ
·라·호·미 ·ᄀᆞᆮᄒᆞ·니 ·이럴·ᄊᆡ 地·띵藏·짱菩뽕
薩·사ᇙ·이 ·큰 慈ᄍᆞᆼ悲빙ᄀᆞ·자 罪:쬥苦:콩衆
·즁生싱·ᄋᆞᆯ 救·구ᇢ·ᄒᆞ·야 ·빠·ᅘᅧ:내·야 天텬人
ᅀᅵᆫ中듕·에·나 妙·뮤ᇢ樂·락·ᄋᆞᆯ 受:쓔ᇢ·케·코·져
·ᄒᆞ거·든 ·이 罪:쬥衆·즁·ᄃᆞᆯ·히 業·ᅌᅥᆸ道:또ᇹ苦

## 120a~120b

:콩·를 아라 버·서여·희·여·나 기·리ᄂᆞ외:디

나디 아니·ᄒᆞᄂᆞ·니 迷몡人신이 險:험道

:똘·애 그르·드·러잇다가 善:쎤知딩識·식

·을 맛·나 引:인接·접·ᄒᆞ·야 나·게·ᄒᆞ·야 ᄂᆞ외

·드·디 아니·케ᄒᆞ·며 다ᄅᆞᆫ :사ᄅᆞᆷ맛·나 ·쏘 勸

·퀀·ᄒᆞ·야 ·드·디아·니·케·ᄒᆞ야ᄃᆞᆫ 自·쭝然션

·히 ·이·ᄅᆞᆯ 因힌·ᄒᆞ·야 迷몡惑·ᅘᅬᆨ·ᄒᆞ·ᄆᆞᆯ 버·서

여·희·여 ᄂᆞ외 다·시·드·디 아니·툿ᄒᆞ·니·라

·ᄒᆞ다가 다·시 믈·바순·지 迷몡惑·ᅘᅬᆨ·ᄒᆞ·야

:아·리·드·렛·던 險:험道:똘·ᄀᆞᆫ·들 :아·디 :몯ᄒᆞ

·야 시·혹 목:수·믈 일·ᄒᆞ·면 惡·학趣·츙·예 ᄠᅥ

·러딘 衆·즁生ᄉᆡᆼ·ᄋᆞᆯ 地·띵藏·짱菩뽕薩·삻

·이 方방便·뼌力·륵·으·로 벗·게·ᄒᆞ·야 人신

天텬中듕·에 나·게·ᄒᆞ야·늘 ·즉재 도·로 다

## 121a~121b

·시 ·드·둣ᄒᆞ·니 ·ᄒᆞ다가 業·업미·조·미 重:뜡

ᄒᆞ·면 地·띵獄·옥·애 기·리이·셔 버·서낧 時

씽節·졇·이 :업·스리·라 그·쁴 惡·학毒·똑鬼

:귕王왕·이 合·ᅘᅡᆸ掌:쟝恭공敬·경·ᄒᆞ·야 부

128

텨·씌 술·보·딕 世·솅尊존·하 ·우리 鬼:귕王
왕·돌·히 그 數·숭 그·지:업서 閻염浮뿡
提똉·예 이·셔 시·혹 :사람·돌 利·링益·혁ㅎ
·며 시·혹 :사람·돌 損:손害·행·ㅎ·야 各·각各
·각 ·곧·디 아·니ㅎ·니 그·러·나 ·이 業·업報·봄
긜·씨 ·우리 眷·권属·쏙·이 世·솅界·갱·예 :노
·녀둗·녀 :모딘 :이·리 :만·코 善:쎤흔 :이·리 :져
·거 :사람·미 집 뜰·히어·나 시·혹 城쎵邑·흡
聚·쯍落·락莊장園원房빵솜·샹어·나
:다 나돈·뇨·딕 시·혹 男·남子·중女:녕人신

·이 터럭·만 善:쎤事·쏭·룰 닷·가 흔 幡펀흔
盖·갱·들·며 :죠고·맛 香향 :죠고·맛고·즈·로
佛·뿛像:썅·과 菩뽕薩·삻像:썅供공養·양
ㅎ·며 시·혹 尊존經경·을 닐·그·며 香향 퓌
·우고 一·힗句·궁一·힗偈·꼥供공養·양·호
·매 니·르러·도 ·우리 鬼:귕王왕·이 ·이 :사람
·돌 恭공敬·경·ㅎ·야 禮:롕數·숭·호·딕 過·광
去·컹現·현在·찡未·밍来·링諸졍佛·뿛ㄱ
티·ㅎ·야 小:숗鬼:귕·들·홀 勅·틱·ㅎ·야 各·각
各·각 ·큰·힘·과 土:통地·띵分·뿐·을 ·두어 다

·시 衛·윙護·쫑·ㅎ·야 惡·학事·씅橫·휑事·씅
惡·학病·뼝橫·휑病·뼝·이·며 ·뜯·굳·디아·니
흔:이·리 ·이짒 等:등處·청·에 갓:갑·디 아·니
·케·호리·니 ·ᄒᆞ·ᄆᆞᆯ·며 門몬戶:쫑·애 ·드로·미

## 123a~123b

ᄯᆞ·니잇·가 부:톄 鬼:귕王왕·ᄋᆞᆯ 讚·잔歎·탄
·ᄒᆞ샤·ᄃᆡ :됴타 :됴타 너희·와 閻염羅랑天
텬子:ᄌᆞᆼ 能능·히 ·이 ᄀᆞ티 善:쎤男남子
:중善·쎤女:녕人ᅀᅵᆫ·ᄋᆞᆯ 擁·ᅙᅩᆼ護·쫑·ᄒᆞᄂᆞ·니
나도 梵·뼘王왕帝·뎽釋·셕·을 ·ᄒᆞ·야 너희
·를 衛·윙護·쫑·케 호리·라 ·이:말 니ᄅᆞ·싫제
會·휑中듕·에 ᄒᆞᆫ 鬼:귕王왕 일·후·미 主:즁
命·명이러·니 부텨·쓰 ᄉᆞᆯ·ᄫᅩ·ᄃᆡ 世·솅尊존
·하 ·내 本:본來링^ 業·업緣원·으·로 閻염
浮뿔提똉^ :사ᄅᆞ·미 죽:수·믈 ᄀᆞ含·알·며
生싱時씽死:승時씽·를 ·내:다 ᄀᆞ슴아·랫
노·니 ·내 本:본願·원·엔 甚·씸·히 ·크·게 利·링
益·혁·건마·ᄅᆞᆫ 衆·즁生싱·이 ·내 ·ᄠᅳ·들 :몰·라
生싱死:승·애 :다 便뼌安한·티 :몯·게 ·ᄒᆞᄂᆞ

## 124a~124b

·니 :엇·뎨어·뇨ᄒᆞ·란ᄃᆡ 閻염浮뿔提뗴ᄉ

:사ᄅᆞ·미 ·처섬 낳제 男남女:녕 :묻·디:말·오

ᄒᆞ·마날제 오·직 善:션事·쫑·를 ·ᄒᆞ·야 솝·샹

宅·ᄯᅵᆨ·을 增증益·혁·게ᄒᆞ·면 土:통土地·띵 그

·지:업·시 歡환喜:횡·ᄒᆞ·야 子:중母:뭏·를 擁

:홍護·뽕·ᄒᆞ·야 ·큰 安한樂·락·을 得·득·ᄒᆞ·야

眷·권属·쑉·을 利·링益·혁·게 ᄒᆞ·리·니 시·혹

ᄒᆞ·마나·하든 :산것 주·기·디 마·ᄛᆞ·디어·늘

여·러가·짓 鮮션味·밍·로 鮮션·은 굿주·균 중싱·이·라 産

:산母:뭏·를 이바·ᄃᆞ·며 眷·권属·쑉 :만·히 모

·도·아 술고·기 머·그·며 풍류홀·씨 子:중母

:뭏 安한樂·락·디 :몯·게ᄒᆞ·ᄂᆞ·니 :엇·뎨 어

·뇨ᄒᆞ·란ᄃᆡ ·아·기나홀제 無뭉數·숭惡·학

鬼:귕·와 魍:망魎:량精졍魅·밍 비·린·피·를

## 125a~125b

먹·고·져·컨마·ᄅᆞᆫ ·내 ᄇᆞᆯ·쎠 숨·샹宅·ᄯᅵᆨ土·통

地·띵靈령祇낑·로 子:중母:뭏·를 擁:홍護

·뽕·ᄒᆞ·야 安한樂·락ᄒᆞ·야 利·링益·혁·을 得

·득게·호·니 ·이런 :사ᄅᆞ·미 安한樂·락·을 보

·란·딕 福·복 밍·ㄱ·라 土:통地·띵·를 가·폼·디
어·늘 도른·혀 :산것 주·겨 眷·권属·쏙 되·홀
·씨·이다 人·ㅅ·로 殃향·을 犯:뻠·ㅎ·야 子:중母
:뭏 :다 損:손·ㅎㄴ·니이·다 ·또 閻염浮뿔
提똉·옛 ㅎ·마 命·몡終즁홓 :사른·믈 善:썬
惡·학 :묻·디:말오 ·내 ·이 :사른·믈 惡·학道:똘
·애 뻐·러디·디 아니케·코·져 ·ㅎ노·니 ·ㅎ믈
·며 :제 善:썬根ㄱ 닷·가 내·힘 더으·리ㅅ·니
잇·가 ·이 閻염浮뿔提똉ㅅ 善:썬行혱·ㅎ
던 :사른·미 ㅎ·마 命·몡終즁홓제·도 百·빅

## 126a~126b

千천惡·학道:똘鬼:귕神씬·이 시·혹 變·변
·ㅎ·야 父:뿡母:뭏·며 眷·권属·쏙·들·히 드
외·야 亡망人신·을 引:인接·접·ㅎ·야 惡·학
道:똘·애 뻐·러디·게·ㅎㄴ·니 ·ㅎ믈·며 本:본
来링 :모딘·일 :짓더·니 ㅼ·니잇·가 世·솅尊
존·하 ·이 ㄱ티 閻염浮뿔提똉ㅅ 男남子
:중女:녕人신·이 ㅎ·마 命·몡終즁홓제 神
씬識·식·이 ·어즐·ㅎ·야 善:썬惡·학·을 글·히
·디:몯·ㅎ·야 ·눈귀·예 듣:보·미:업거·든 眷·권
属·쏙·들·히 모·로·매 ·큰 供공養·양 밍·ㄱ·라

132

尊존經경·을 닑·고 佛·뿛菩뽕薩·삻ㅅ 일

·후·믈 念·념·홀·디·니 ·이런 :됴ᄒᆞᆫ 緣원·으·로

亡망者:쟝 惡·학道:똘·ᄅᆞᆯ 여·희·며 魔망

鬼:귕神씬·ᄃᆞᆯ·히 :다 믈·러 흐·터 가·리이·다

## 127a~127b

世·솅尊존·하 一·ᅙᅵᇙ切·촁衆·즁生ᄉᆡᆼ·이 ᄒᆞ

·마 命·명終즁·홀제·ᄒᆞ다·가 ᄒᆞᆫ 부텻 일·훔

·미어·나 ᄒᆞᆫ 菩뽕薩·삻ㅅ 일·훔·미어·나 大

·땡乘씽經경典:뎐一·ᅙᅵᇙ句·궁一·ᅙᅵᇙ偈·꼥

어·나 드르·면 ·내 :보·딕 ·이 ᄀᆞᆮ흔·무·렛 :사ᄅᆞ

·미 五:옹無뭉間간殺·삻害·ᄒᆡᆼ·ᄒᆞ던 罪:쬥

·ᄅᆞᆯ :덜·며 효·근 惡·학業·업·이 惡·학趣·츙·에

ᄣᅥ·러딇거·슬 ·즉재 버·서나·리이·다 부:톄

主:즁命·명鬼:귕王왕ᄃᆞ·려 니ᄅᆞ·샤·딕 :네

大·땡慈쫑ᄒᆞᆯ·씨 能늉·히 ·이 ᄀᆞᆮ흔 大·땡願

·원·을 發·벓·ᄒᆞ·야 生ᄉᆡᆼ死:ᄉᆞᆼ中듕·에 諸졍

衆·즁生ᄉᆡᆼ·을 擁:홍護·뽕·ᄒᆞᄂᆞ·니 ·ᄒᆞ다·가

未·밍来링世·솅中듕·에 男남子:중女:녕

人신·이 生ᄉᆡᆼ死:ᄉᆞᆼ·홀제 다ᄃᆞᆮ거·든 :네 ·이

## 128a~128b

願·원·을 므르·디:말오 :다 버·서·나기·리 安

한樂·락·을 得·득·게ᄒ·라 鬼:귕王왕·이 부

텨·끠 ᄉᆞᆯ·ᄫ·ᄃᆡ 願·원·호ᇙ·ᄃᆞᆫ 分분別·볋 :마ᄅ

쇼셔 ·내 ·이 얼굴 ᄆᆞᆺ·ᄃᆞ·록 念·념念·념·에 閻

염浮뽕衆·즁生ᄉᆡᆼ·ᄋᆞᆯ 擁:ᅙᅩᆼ護·ᅘᅩᆼᄒ·야 生

ᄉᆡᆼ時씽死:ᄉᆞᆼ時씽·예 :다 安한樂·락·ᄋᆞᆯ 得

·득·게ᄒ·오리·니 오·직 願·원·ᄒ·오ᄃᆡ 衆·즁生ᄉᆡᆼ

·ᄃᆞᆯ·히 生ᄉᆡᆼ死:ᄉᆞᆼ호ᇙ제 내 :마ᄅᆞᆯ 信·신受:ᅀᅮᇢ

·ᄒ·야 버·서나디 :몯ᄒ·리:업서 ·큰 利·링益

·력·을 :얻과·뎌 ·ᄒ·노이·다 그·ᄢᅴ 부:톄 地·띵

藏·짱菩뽕薩·삻ᄃᆞ·려 니ᄅ·샤ᄃᆡ ·이 大·땡

鬼:귕王왕 목:숨ᄀᆞᆷ:아ᄂᆞ·니·ᄂᆞᆫ ᄒ·마 百

·ᄇᆡᆨ千쳔生ᄉᆡᆼ中듕·을 :디·내·야 大·땡鬼:귕

王왕·이 ᄃᆞ외·야 生ᄉᆡᆼ死:ᄉᆞᆼ中듕·에 衆·즁

## 129a~129b

生ᄉᆡᆼ·을 擁:ᅙᅩᆼ護·ᅘᅩᆼᄒ·ᄂᆞ·니 ·이·ᄀᆞ른ᄒ 大·땡

士:ᄊᆞᆼ 慈쫑悲빙願·원·으·로 大·땡鬼:귕

王왕 ·모·ᄆᆞᆯ 現·현ᄒ·다·ᄫᅵ 實·씷·엔 鬼:귕 아

·니·라 ·이 後:ᅘᅮᇢ·에 一·ᅙᅵᇙ百·ᄇᆡᆨ七·칧十·씹劫

·겁 :디·나 부:톄 ᄃ외·야 號ᅘᅡᇢ 無뭉相·샹
如�“셩来링·오 劫·겁 일·후·믄 安한樂·락·이
·오 世·솅界·갱ㅅ 일·후·믄 淨·쪙住뜡리
·라 그 부텻 목:수·믄 :몯ᄒᆞᇙ 劫·겁·이·라 地·띵
藏·짱菩뽕薩·삻아 ·이 大·땡鬼·귕王왕·이
:이·리 ·이·ᄀᆞᆮ·ᄒᆞ·야 不·붏可:캉思ᄉᆞᆼ議·읭·며
濟·곙度·똥·혼 天텬人ᅀᅵᆫ·도 ·ᄯᅩ 그·지 업·스
리·라 그·ᄢᅴ 地·띵藏·짱菩뽕薩·삻摩망訶
항薩·삻·이 부텨·씌 :ᄉᆞᆲ·ᄫᅣ샤·ᄃᆡ 世·솅尊존
·하 ·내 ·이제 未·밍来링衆·즁生싱爲·윙·ᄒᆞ

## 130a~130b

·야 利·링益·혁홀 :이·를불·어 生싱死:ᄉᆞᆼ中
듕·에 ·큰 利·링益·혁·을 得·득게·호리·니 願
·원ᄒᆞᆫ·ᄃᆞᆫ 世·솅尊존·이내:말 드르·쇼·셔 부
:톄 地·띵藏·짱菩뽕薩·삻ᄃᆞ·려 니ᄅᆞ·샤·ᄃᆡ
:네 ·이제 慈ᄍᆞᆼ悲빙·를 니ᄅᆞ와·다 一·ᅙᅵᇙ切
·쳉罪:쬉苦:콩六·륙道:똘衆·즁生싱·을 救
·귷·ᄒᆞ·야 ·쌔·혫:내·야 不·붏思ᄉᆞᆼ議·읭·옛 :이
·를 부르·고·져 ·ᄒᆞᄂᆞ·니 ·이제 正·졍·히 時씽
節·젌·이·니 ᄲᆞᆯ·리 니ᄅᆞ·라 ·내 ·곧 涅·넗槃빤
·ᄒᆞ·야 네 ·이 願·원·을 어셔 못·게·호리·니 나

·도 現·현在·징未·밍来링一·힗切·촁衆·즁
生싱·을 시·름아·니·호리·라 地·띵蔵·짱菩
뽕薩삻·이 부텨·씌 :슬·ᄫᅡ샤·딕 世·솅尊존
·하 過·광去·컹無·뭉量·량阿항僧숭祇낑

## 131a~131b

劫·겁·에 부:톄 世·솅間간·애 ·냇·더시·니 號
·ᅘᅭᇦ 無·뭉邊변身신如ᅀᅧ来링·러시·니
·ᄒᆞ다·가 男남子:중女:녕人신·이 ·이 부텻
일·훔 듣:ᄌᆞᆸ·고 :ᄌᆞᆷ간 恭공敬·경 ᄆᆞᇫ·ᄆᆞᆯ :내
·면 ·즉재 四·ᄉᆞᆼ十·씹劫·겁生싱死:ᄉᆞᆼ重:뜡
罪:쬥·ᄅᆞᆯ :걷:내ᄲᅱ·리·니 ·ᄒᆞᄆᆞᆯ·며 形ᅘᅧᆼ像:썅
·ᄋᆞᆯ 塑·송畫·ᅘᅫᆼ·ᄒᆞ·야 供공養·양讃·잔歎·탄
·ᄒᆞ·면 그:사ᄅᆞ·미 福·복·어두·미 無·뭉量·량
無·뭉邊변ᄒᆞ·리이·다 ·ᄯᅩ 過·광去·컹恒ᅘᅬᆼ
河ᅘᅡᆼ沙상劫·겁·에 부:톄 世·솅間간·애 ·냇
·더시·니 號·ᅘᅭᇦ 寶:봏勝·싱如ᅀᅧ来링·러
시·니·ᄒᆞ다·가 男남子:중女:녕人신·이 ·이
부텻 일·훔 듣:ᄌᆞᆸ·고 혼 彈딴指:징호 싸·ᅀᅵ
·나 發·벓心심歸귕依힁ᄒᆞ·면 ·이 :사ᄅᆞ·미

136

## 132a~132b

無뭉上·썅道:똘·애 기·리 退·튕轉:둳·티 아

·니호·리이·다 ·坐 過·광去·컹에 부:톄 世·솅

間간·애 ·냇·더시·니 號·홓 波방頭뚷摩

망勝·싱如셩来링·러시·니 호다가 男남

子:중女:녕人신·이 ·이 부텻 일·훔 듣즈·바

耳:싱根간·에 :디:내면 ·이:사루·미 一·힗千

쳔버·늘 六·륙欲·욕天텬中듕·에 나리·니

·호물·며 至·징極·끅혼 무슨·므·로 稱칭念

·념호·미쓰·니잇·가 ·坐 過·광去·컹不·붏可

:캉說·쉃不·붏可:캉說·쉃阿항僧승祇낑

劫·겁·에 부:톄 世·솅間간·애 ·냇·더시·니 號

·홓 師승子:중吼:훟如셩来링·러시·니

·호다가 男남子:중女:녕人신·이 ·이 부텻

일·훔 듣:줍·고 혼 念·념·을 歸귕依힁호·면

## 133a~133b

·이 :사루·미 無뭉量·량諸졍佛·뿛·을 맛·나

소·바 머·리무·녀 授·쓯記·긩호시·리이·다

·坐 過·광去·컹에 부:톄 世·솅間간·애 ·냇·더

시·니 號·홓 拘궁留륳孫손佛·뿛·이·러

시·니·ᄒ다·가 男남子:중女:녕人신·이 ·이

부텻 일·훔 듣:ᄌᆞᆸ·고 至·징極·끅혼 ᄆᆞᅀᆞᆷ·ᄆᆞ

·로 ·ᄇ라·져ᄒᆞᆸ·거·나 시·혹 ·ᄯᅩ 讚·잔歎탄ᄒᆞ

·면 ·이 :사ᄅᆞ·미 賢현劫·겁千쳔佛·뿛會·ᅌᆑ

中·듕·에 大·땡梵·뻠王왕·이 ᄃᆞ외·야 上·쌍

記·긩 심·기샤·ᄆᆞᆯ 得·득ᄒᆞ·리이·다 ·ᄯᅩ 過·광

去·컹·에 부:톄 世·솅間간·애 ·냇·더시·니 號

·ᅘᅭᇦ 毗삥婆빵尸싱佛·뿛·이러시·니·ᄒ

다·가 男남子:중女:녕人신·이 ·이 부텻 일

·훔·믈 듣ᄌᆞᇦ·면 기·리 惡·학道:똘·애 ᄢᅥ·러

## 134a~134b

디·디 아·니·ᄒ·야 샹·녜 人신天텬·에·나 勝

·싱妙·묳樂·락·을 受:쓯ᄒᆞ·리이·다 ·ᄯᅩ 過·광

去·컹無뭉量·량無뭉數·숭恒ᅘᅥᆼ河항沙

상劫·겁·에 부:톄 世·솅間간·애 ·냇·더시·니 號

·ᅘᅭᇦ 多당寶:봏如셩来링·러시·니·ᄒ다

·가 男남子:중女:녕人신·이 ·이 부텻 일·훔

듣ᄌᆞᇦ·면 乃:냉終즁·내 惡·학道:똘·애 ᄢᅥ

·러디·디아·니·ᄒ·야 샹·녜 天텬上·쌍·애 이

·셔 勝·싱妙·묳樂·락·을 受:쓯ᄒᆞ·리이·다 ·ᄯᅩ

過·광去·컹·에 부:톄 世·솅間간·애 ·냇·더시

·니 號·薆 寶:볼相·샹如셩来링·러시·니

·ᄒ다·가 男남子:ᄌᆞ女:녕人신·이 ·이 부텻

일·훔 듣:ᄌᆞᆸ·고 恭공敬·경心심·을 :내·면 ·이

:사ᄅᆞ·미 아·니오·라 阿항羅랑漢·한果:광

## 135a~135b

·ᄅᆞᆯ 得·득ᄒᆞ·리이·다 ·ᄯᅩ 過·광去·컹無무量

·량阿항僧숭祇낑劫·겁·에 부:톄 世·솅間

간·애 ·냇·더시·니 號·薆 契걍裟상幢뙁

如셩来링·러시·니 ᄒᆞ다·가 男남子:ᄌᆞ女

:녕人신·이 ·이 부텻 일·훔 듣ᄌᆞᇦ·면 一·힗

百·빅大·땡劫·겁生싱死:ᄉᆞᆼ^ 罪:쬥·ᄅᆞᆯ :건

:내ᄲᅱ·리이·다 ·ᄯᅩ 過·광去·컹·에 부:톄 世·솅

間간·애 ·냇·더시·니 號·薆 大·땡通통山

산王왕如셩来링·러시·니 ᄒᆞ다가 男남

子:ᄌᆞ女:녕人신·이 ·이 부텻 일·훔 듣ᄌᆞᆸ·ᄫᆞᆫ

:사ᄅᆞ·ᄆᆞᆫ 恒薆河행沙상佛·뿛·을 맛·나ᅀᆞ

·ᄫᅡ 녀·비 爲·윙·ᄒᆞ·야 說·슗法·법·ᄒᆞ·야시·ᄃᆞᆫ

반·ᄃᆞ기 菩뽕提똉·ᄅᆞᆯ 일·우·리이·다 ·ᄯᅩ 過

·광去·컹·에 淨·쪙月·윓佛·뿛山산王왕佛

## 136a~136b

·뿛智·디勝·싱佛·뿛淨·쪙名명王왕佛·뿛

智·딩成쎵就·쯯佛·뿛無뭉上·썅佛·뿛妙

·뮿聲셩佛·뿛滿:만月·윓佛·뿛月·윓面·면

佛·뿛 ·이러·틋흔 不·붏可:캉說·쉃佛·뿛世

·솅尊존·이 :겨·시더·니 現·현在·찡未·밍来

링一힗切·촁衆·즁生싱·이 天텬·이어·나

人신·이어·나 男남·이어·나 女:녕어·나

오·직 흔부텻 일·훔·믈 念·념·흐·ᅀᄫᅡ도 切

功德·득이 그·지:업·스리·니 ·흐믈·며 한일

·훔·미ᄯ·니잇·가 이 衆·즁生싱·들·히 生싱

時씽死:숭時씽·예 :제 ·큰 利·링·를 得·득·흐

·야 乃:냉終즁:내 惡·학道똫·애 ᄠᅥ·러디·디

아니흐·리·니 ·흐다·가 흐·마 命·명終즁홀

:사ᄅᆞ·미 지·빗 眷·권属·쇽이 흔 :사ᄅᆞ·미·나


## 137a~137b

·이 病·뼝흔:사ᄅᆞᆷ 爲·윙·흐·야 :된소·리·로 흔

부텻 일·훔·믈 念·념·흐·ᅀᄫᆞ면 ·이 命·명終

즁홀 :사ᄅᆞ·미 五:옹無뭉間간 ·큰 罪:쬥를

:덜·오·녀 나·ᄆᆞᆫ 業·업報·봉·들흔 :다 消숗滅

·멿ㅎ·리·니 ·이 五:옹無뭉間간 ·큰 罪:쬉 비

·록 至·징極·끅重:뜡·ㅎ·야·들면 億·흑劫·겁

·을 :디:내·야 :잢간·도 나디 :몯·건마·른 ㅎ·마

命·명終즁홇제 ·ᄂ·미 爲·윙·ㅎ·야 부텻 일

·훔 稱칭念·념·ㅎ·ᅀᆞ·봃다·ᄉ·로 ·이 罪:쬉中

듕·에 ·쏘 漸:쪔漸:쪔消숗滅멿ㅎ·리·니 ·ᄒ

ᄆᆞᆯ·며 衆·즁生싱·이 :제 일훔ᄌ·ᄫᆞ·며 :제 念

·념·호·미ᄊ·니잇·가 福·복:어두·미 그·지:업

서 그·지:업슨 罪:쬉·를 滅·멿ㅎ·리이·다 그

·쁴 地·띵藏·짱菩뽕薩·삻摩망訶항薩·삻

## 138a~138b

·이 부텻 威휭神씬·을 받ᄌᆞ·바 座·쫭로·셔

니·러 ·ᄭ러 合·합掌:쟝·ㅎ·야 부텻·긔 :ᄉᆞᆲ·ᄫᆞ

·샤·디 世·솅尊존·하 ·내 業·업道:똫衆·즁生

싱·을 ·보아 布·봉施싱·를 :혜아·리건·댄 輕

켱ㅎ·니잇·고 重:뜡ㅎ·니이·셔 一·힔生싱

受:쓩福·복ㅎ·리·도 이시·며 十·씹生싱受

:쓩福·복ㅎ·리·도 이시·며 百·빅生싱千쳔

生싱·을 ·큰 福·복利·링受:쓩ㅎ·리·도 잇ᄂ

·니 ·이 :이·리 :엇·뎨잇·고 願·원흔·든 世·솅尊

존이 :날 爲·윙·ㅎ·야 니ᄅ·쇼·셔 그·쁴 부:톄

地·띵藏·쨩菩뽕薩·삻드·려 니른·샤딕 ·내
·이제 忉돌利·링天텬宮궁—·릻切·쳉衆
·즁會·휑·예 閻염浮뿔提뗑布·봉施싱·ᄒ
논 功공德·득輕켱重:뜡 :혜아·료·ᄅ 니른

## 139a~139b

·노·니 :네 슬·펴드르·라 ·내 너 爲·윙·ᄒ·야 닐
·오리·라 地·띵藏·쨩·이 부텨·쁴 :ᄉᆞᆯ·ᄫᅡ샤딕
·내 ·이:이·ᄅᆞᆯ 疑읭心심·ᄒ노·니 願·원혼·ᄃᆞᆫ
들:즙고·져·ᄒ·노이·다 부:톄 地·띵藏·쨩菩
뽕薩·삻드·려 니른·샤딕 南남閻염浮뿔
提뗑·예 諸졍國·귁王왕宰:ᄌᆡᆼ輔·뽕大·땡
臣씬大·땡長:댱者:쟝大·땡利·찷利·링大
·땡婆빵羅랑門몬等:등·이 ·믓솟가·ᄫᆞᆯ 貧
뼌窮꿍ᄒ ·ᄒᆞᆫ :사른·미어·나 癃륭殘짠ᄒ·며
·입버·우·며 ·귀버·그·며 ·눈:멀·며 ·이·ᄀᆞ티 種
:죵種:죵 ᄀᆞᆺ·디:몯ᄒ ·ᄒᆞᆫ :사른·ᄆᆞᆯ 맛·나 ·이 大·땡
國·귁王왕等:등·이 布·봉施싱·코·져 홇제
能능·히 ·큰 慈쭝悲빙 ᄀᆞ·자 ᄆᆞᅀᆞᆷ·ᄆᆞᆯ ᄂᆞ즈
기·ᄒ·야 우·숨머·거 ·손소 :다 布·봉施싱

142

## 140a~140b

커·나 :사룸·ᄒ·야주거·나 보·ᄃ라·ᄫᆞᆯ :말로

慰·휭勞·롱·ᄒ·야 알·외·면 ·이 國·귁王왕等

:등·의 :어·둔 福·복利·링百·빅恒ᅘᅱᇰ河ᅘᅡᇰ沙

상佛·뿛·ᄭᅴ 布·봉施·싱·ᄒᆞᆫ 功공德·득利·링

·ᄀᆞ·ᄐᆞ리·니 :엇·뎨 어·뇨 ᄒᆞ·란·ᄃᆡ ·이 國·귁王

왕等:등·이 ᄆᆞᆺ 艱간難난ᄒᆞᆫ 눗가·ᄫᆞᆯ :사룸

·과 ᄀᆞᆺ·디:몯ᄒᆞᆫ :사·ᄅᆞ·미게 ·큰 慈ᄍᆞᆼ悲빙心

심·을 發·벓홀·ᄊᆡ 福·복利·링·이 ᄀᆞ·ᄅᆞᆫ 報·봄

|이·셔 百·빅千쳔生ᄉᆡᇰ中듕·에 샹·녜 七

·칧寶:ᄫᅳᆯᄀᆞ·ᄌᆞ리·니 ᄒᆞ·ᄆᆞᆯ·며 衣ᄒᆡᆼ食·씩

受:ᄊᆑ用·용·호·미ᄯᆞᆫ·녀 ·ᄯᅩ 地·띵蔵·짱아 未

·밍来링世·솅·예 諸졍國·귁王왕·과 婆빵

羅랑門몬等:등·에 니·르·리 부텻 塔·탑寺

·ᄊᆞ어·나 시·혹 부텻 像:썅·이어·나 菩뽕

## 141a~141b

薩·삻聲셩聞문辟·벽支징佛·뿛等:등像

:썅·애 니·르·리 맛·나 ·손소 일·워 供공養·양

布·봉施·싱ᄒᆞ·면 ·이 國·귁王왕等:등·이 :세

劫·겁·을 帝·뎽釋·셕身신·이 ᄃᆞ외·야 勝·싱

妙·묭樂·락·을 受:쓩ᄒ·리·니·ᄒ다·가 能능
·히 ·이 布·봉施싱·혼 福·복利·링·로 法·법界
·갱·예 廻ᅘᅱ向·향ᄒ·면 ·이 大·땡國·귁王왕
等:등·이 十·씹劫·겁中듕·에 샹·녜 大·땡梵
·뻠天텬王왕·이 ᄃ외·리·라 ·ᄯᅩ 地·띵藏·짱
아 未·밍来링世·솅·예 諸졍國·귁王왕·과
婆빵羅랑門몬等:등·에 니·르·리 몬졌 부
텻 塔·탑廟·묳어·나 시·혹 經경像:썅·애
니·르·리 허·러ᄠᅥ·러·디·옛거·든 맛·나 能능
·히 發·벓心심ᄒ·야 修슐補·봉·호·ᄃᆡ ·이 國

## 142a~142b

·귁王왕等:등·이 시·혹 :제 일·우거·나 ·ᄂᆞ·몰
勸·퀀커·나 百·빅千천人ᅀᅵᆫ等:등·에 니·르
·리 布·봉施싱·ᄒ·야 結·겷緣원ᄒ·면 ·이 國
·귁王왕等:등·이 百·빅千천生싱中듕·에
샹·녜 轉:뒨輪륜王왕身신·이 ᄃ외·오 ·이
·ᄀᆞ티 ·녀나ᄆᆞᆫ :사ᄅᆞ·미 흔·ᄃᆡ 布·봉施싱혼
:사ᄅᆞ·ᄆᆞᆫ 百·빅千천生싱中듕·에 ·샹·녜 小
:숗國·귁王왕身신·이 ᄃ외·리·니 ·ᄯᅩ 能능
·히 塔·탑廟·묳ᄆᆞᆯ人 알·ᄑᆡ 廻ᅘᅱ向·향心심·을
發·벓ᄒ·면 ·이·ᄀᆞ티 國·귁王왕·이·며 ·녀나

144

·묜 :사ᄅᆞ·미 :다 佛·뿛道:똘·ᄅᆞᆯ 일·우리·니 ·이

果:광報·보ᇢ 無뭉量·량無뭉邊변홀·씨

니·라 ·ᄯᅩ 地·띵藏·짱아 未·밍来링世·솅中

듕·에 諸졍國·귁王왕·과 婆빵羅랑門몬

## 143a~143b

等:등·이 늘·그·며 病·뻥ᄒᆞ·며 ·아·기나ᄒᆞ :겨

집·들·ᄒᆞᆯ 보·고 ᄒᆞᆫ 念·념쓰·싀·나 大·땡慈쭝

心심·이 ᄀᆞ·자 醫ᅙᅴ藥·약飮:흠食·씩卧·왕

具·꿍·를 布·봉施싱·ᄒᆞ·야 安한樂·락·게 ᄒᆞ

·면 ·이 ᄀᆞ·튼 福·복利·링 못 不·붏思ᄉᆞᆼ議·읭

·라 一·잃百·ᄇᆡᆨ劫·겁中듕·에 샹·녜 浮·쁗居

경天텬主:즁 ᄃᆞ외·오 二·싱百·ᄇᆡᆨ劫·겁

中듕·에 샹·녜 六·륙欲·욕天텬主:즁 ᄃᆞ

외·야 乃:냉終즁·애 부:톄 ᄃᆞ외·야 기·리 惡

·학道:똘·애 ᄠᅥ·러디·디 아니·ᄒᆞ·야 百·ᄇᆡᆨ千

쳔生싱中듕·에 ·귀·예 受:쓩苦:콩ㅅ 소·리

·를 듣·디 아니·ᄒᆞ·리·라 ·ᄯᅩ 地·띵藏·짱아 未

·밍来링世·솅中듕·에 諸졍國·귁王왕·과

婆빵羅랑門몬等:등·이 能능·히 ·이 ᄀᆞᆮᄒᆞ

## 144a~144b

布·봉施싱·를 ᄒ·면 福·복 :어두·미 그·지:업

·스리·니 ·ᄯᅩ 能능·히 廻ᅘᅱᆼ向·향ᄒ·면 하·며

:져구·믈 :묻·디 아니·ᄒ·야 乃:냉終즁·애 부

:톄 ᄃ외·리·니 ·ᄒ·믈·며 釋·셕梵·뻠轉:뒨輪

륜報·봉ᄊᆞ·녀 ·이럴·ᄊᆡ 地·띵藏·짱아 너

·비 衆·즁生싱·ᄋᆞᆯ 勸·퀀·ᄒ·야 ·이 ᄀᆞ티 비·호

·게ᄒ·라 ·ᄯᅩ 地·띵藏·짱아 未·밍来링世·솅

中듀·에 善:쎤男남子:중善:쎤女:녕人신

·이 佛·뿛法·법中듀·에 :죠·고맛 善:쎤根근

·ᄋᆞᆯ 터럭·만 듣글·만 심·거·도 受:쓯·혼 福·복

利·링·를 가줄비·디 :몯ᄒ·리·라 ·ᄯᅩ 地·띵藏

·짱아 未·밍来링世·솅中듀·에 善:쎤男남

子:중善:쎤女:녕人신·이 부텻 像:쌍·과 菩

뽕薩·삻ㅅ 像:쌍·과 辟·벽支징佛·뿛像:쌍

## 145a~145b

·과 轉:뒨輪륜王왕像:쌍·을 맛·나 布·봉施

싱供공養·양ᄒ·면 無뭉量·량福·복·을 :어

더 샹·녜 人신天텬·에이·셔 勝·싱妙·묳樂

·락·을 受:쓯ᄒ·리·니 ·ᄒ다·가 能능·히 法·법

146

界·갱·예 廻휑向·향ᄒᆞ·면 ·이 :사ᄅᆞ·미 福·복

利·링·를 가ᄌᆞᆯ비·디 :몯ᄒᆞ·리·라 ·ᄯᅩ 地·띵藏

·짱아 未·밍来링世·솅中듀·에 善:쎤男남

子:즈善:쎤女:녕人신·이 大·땡乘씽經경

典:뎐·을 맛·나 시·혹 一·힔偈·꼥一·힔句·궁

·를 듣·고 殷ᅙᅳᆫ重:뜡ᄒᆞᆫ ᄆᆞᅀᆞᆷ·ᄆᆞᆯ 發·벓ᄒᆞ·야

殷ᅙᅳᆫ·은 ·클·씨·라 讚·잔歎·탄ᄒᆞ·며 恭공敬·경ᄒᆞ·며

布·봉施싱供공養·양ᄒᆞ·면 ·이 :사ᄅᆞ·미 ·큰

果:광報·봉·ᄫᅳᆯ :어두·미 無뭉量·량無뭉邊변

ᄒᆞ·리·니·ᄒᆞ다·가 能능·히 法·법界·갱·예 廻


## 146a~146b

휑向·향ᄒᆞ·면 그 福·복·을 가ᄌᆞᆯ비·디 :몯ᄒᆞ

·리·라 ·ᄯᅩ 地·띵藏·짱아 未·밍来링世·솅中

듀·에 善:쎤男남子:즈善:쎤女:녕人신·이

부텻 塔·탑寺·ᄊᆞᆼ·와 大·땡乘씽經경典:뎐

·을 맛·나 ·새·란 布·봉施싱供공養·양ᄒᆞ·며

·ᄫᅡ·라 禮:롕數·숭ᄒᆞ·며 讚·잔歎·탄ᄒᆞ·며 恭

공敬·경合·합掌:쟝ᄒᆞ·고 늘·ᄀᆞ니어·나 :허

니·를 맛·나든 修슝補:봉·ᄒᆞ·야 고·툐·디 시

·혹 ᄒᆞ오·ᅀᅡ 發·벓心심커·나 시·혹 한 :사ᄅᆞ

·ᄆᆞᆯ 勸·퀀·ᄒᆞ·야 ᄒᆞᆫ가지·로 發·벓心심ᄒᆞ·면

·이·트렛·무른 三삼十·씹生싱中듕·에 샹
·녜 諸졍小:숗國·귁王왕·이 드외·오 檀딴
越·윓·엣 :사르·미 샹·녜 輪륜王왕·이 드외
·야 도로 善:쎤法·법·으·로 諸졍小:숗國·귁

## 147a~147b

王왕·을 敎·굘化·황ᄒ·리·라 ·쏘 地·띵藏·짱
아 未·밍来링世·솅中듕·에 善:쎤男남子
:중善:쎤女:녕人신·이 佛·뿛法·법中듕·에
심·군 善:쎤根ᄀ·이 시·혹 布·봉施싱供공
養·양·이어·나 시·혹 塔·탑寺·쏭·ᄅᆞᆯ 修슣補
:봉커·나 시·혹 經경典:뎐·을 ·ᅀᅮ·미거·나 ᄒᆞ
터럭 ᄒᆞᆫ드틀 ᄒᆞᆫ몰·애 ᄒᆞᆫ처:듐 만ᄒ야·도
·이·ᄀᆞ튼 善:쎤事·ᄊᆞᆼ·로 오·직 能능·히 法·법
界·갱·예 廻ᅘᅬ向·향ᄒᆞ·면 ·이 :사르·미 功공
德·득·이 百·빅千쳔生싱中듕·에 上·쌍妙
·묳樂·락·을 受:쓯ᄒᆞ·리·니 오·직 제집 眷·권
属·쑉·이어·나 시·혹 제·몸 利·링益·혁·을 廻
ᅘᅬ向·향ᄒᆞ·면 ·이 ᄀᆞ른 果:광·ᄂᆞᆫ ·곧 三삼生
싱樂·락·이·라ᄒᆞ나 得·득·고 一·힔萬·먼報

## 148a~148b

·불리·니 ·이럴·씨 地·띵藏·짱아 布·봉施

싱因인緣원·이 그:이·리 ·이 곹ㅎ·니·라 그

·쁴 堅견牢롤地·띵神씬·이 부텨·씌 슬·ᄫᅩ

·ᄃᆡ 世·솅尊존·하 ·내 :녜브·터 無뭉量·량菩

뽕薩·삻摩망訶항薩·삻·ᄋᆞᆯ ·보ᅀᆞ·ᄫᅡ 頂:뎡

禮·롕·ᄒᆞᅀᆞᄫᅩ·니 :다 大·땡不·붏可:캉思ᄉᆞᆼ

議·읭神씬通통智·딩慧·휑·로 衆·즁生ᄉᆡᆼ

·ᄋᆞᆯ 너·비 濟·졩度·똥·커·신마·ᄅᆞᆫ ·이 地·띵藏

·짱菩뽕薩·삻摩망訶항薩·삻·ᄋᆞᆫ 諸정菩

뽕薩·삻ᄉᆞ·게 誓·쎙願·원·이 深심重:뜡·ᄒᆞ

시·니 世·솅尊존·하 ·이 地·띵藏·짱菩뽕薩

·삻·이 閻염浮뿔提똉·예 ·큰 因인緣원·이

:겨시·니 文문殊쓩普·퐁賢현觀관音흠

彌밍勒·륵·도 百·빅千천身신形혱·을 化

## 149a~149b

·황·ᄒᆞ·샤 六·륙道:똘·ᄅᆞᆯ 濟·졩度·똥·ᄒᆞ샤·ᄃᆡ

그 願·원·이 ·오히·려 ᄆᆞ·ᄎᆞ·미 :겨시·거시·니

·와 ·이 地·띵藏·짱菩뽕薩·삻·ᄋᆞᆫ 六·륙道:똘

一·힔切·쳉衆·즁生ᄉᆡᆼ·ᄋᆞᆯ 教·귤化·황·ᄒᆞ·샤

發·벐·ᄒ샨 誓·쎙願·원劫·겁數·숭 千천
百·빅億·흑恒ᅘᅙ河ᅘ행沙상ᄀ·ᄒ시·니 世
·솅尊존·하 ·내:보·듸 未·밍来링·와 現·현在
·찡衆·즁生싱·이 住·뜡ᄒᆞᆫ 고·대 南남方방
·조ᄒᆞᆫ 짜·해 土:통石·쎡竹·듁木·목·ᄋ·로 龕
캄室·싫 밍·ᄀᆞᆯ·오 그 가온·듸 塑·송畫·ᅘᅫᆼ커
·나 金금銀은銅뚱鐵·텷·로 地·띵藏·짱ᄉ
像:썅·ᄋᆞᆯ 밍·ᄀᆞ습·고 香향ᄀ·퓌·우고 供공
養·양·ᄒᆞ·야 보ᅀᆞᆸ·바 禮:롕數·숭ᄒᆞ·고 讚·잔
歎·탄ᄒᆞ·면 ·이:사ᄅᆞᆷ :사논 짜·해 ·즉재 ·열가

## 150a~150b

·짓 利·링益·혁·을 得·득ᄒᆞ·리·니 ᄒ나ᄒᆞᆫ ·짜
·히 가ᅀᆞ멸·오 :둘혼 지·비 기·리 便뼌安한
ᄒᆞ·고 :세혼 몬져 :업스·니 하ᄂᆞᆯ·해 나고 :네
혼 사랫ᄂᆞ·니 복:슈·비 더으·고 다ᄉᆞᆺ·순 求
ᄭᅮᆯ·ᄒᆞ논 :이·를 ·ᄠᅳ다·비 일·우고 여·스슨 水
:슁火:황災징 :업·고 닐·구븐 虛헝耗·ᅘᅪᆼ
:업·고 여·들븐 :모딘·ᄭᅮ·미 긋·고 아호븐 나
·며 ·드로·매 神씬·이 擁·ᇢ護·ᅘᅮᆼᄒᆞ·고 ·열혼
聖·셩因힌·을 :만·히 맛나·리·니 世·솅尊존
·하 未·밍来링世·솅中듕·과 現·현在·찡衆

150

·즁生싱·이 能눙·히 住:뜡혼·곧 方방面·면
·에 ·이 ᄀᆞ튼 供공養·양·ᄋᆞᆯ ᄒᆞ·면 ·이 ᄀᆞ튼 利
·링益·혁·을 得·득ᄒᆞ·리이·다 ·ᄯᅩ 부텨·씌 ᄉᆞᆯ
·ᄫᅩ·ᄃᆡ 世·솅尊존·하 未·밍來링世·솅中듀ᇰ

## 151a~151b

·에 善:쎤男남子:ᄌᆞ善:쎤女:녕人신·이 住
·뜡혼 고·대 ·이 經겨ᇰ典:뎐·과 菩뽕薩삻像
:썅·ᄋᆞᆯ 두·고 ·이 :사ᄅᆞ·미 ·ᄯᅩ 能눙·히 經겨ᇰ典
:뎐·을 닐·그·며 菩뽕薩삻像:썅·ᄋᆞᆯ 供공養·양ᄒᆞ
·면 ·내 샤ᇰ·녜 日·ᅀᅵᇙ夜·양·애 本:본神씬力·륵
·으·로 ·이 :사ᄅᆞ·ᄆᆞᆯ 衛·웡護·뽕·ᄒᆞ·야 水:숭火
:황盜·똘賊·쯕·이·며 大·땡橫·ᅙᅱᇰ小:숗橫·ᅙᅱᇰ
·이·며 一·ᅙᅵᇙ切·쳉 :모딘 :이·를 :다 消숗滅·멿
·케 ·호·리이·다 부·톄 地·띵神씬ᄃᆞ·려 니ᄅᆞ
·샤·ᄃᆡ 堅견牢롤·야 네 ·큰 神씬力·륵·을 諸
졍神씬·이 미·츠·리 :져그·니 :엇·뎨 어·뇨ᄒᆞ
·란·ᄃᆡ 閻염浮뿔土:통地·띵 :다 네 擁:ᅙᅩᇰ護
·뽕·ᄅᆞᆯ 니·브·며 草:촐木·목·이·며 沙상石·쎡
·이·며 稻:똘麻망竹·듁葦·윙·며 穀·곡米:몡

## 152a~152b

寶:볼貝·뱅·예 니·르·리 ·짜·홀 從쭝·ᄒ·야 잇

ᄂ거·시 :다 네 ·히·믈 브·톗거·늘 ·ᄯᅩ 地·띵藏

·짱菩뽕薩·삻·이 利·링益·혁 :이·ᄅᆞᆯ 稱칭揚

양·ᄒᆞᄂᆞ·니 네 功공德·득·과 神씬通통·괘

常쌍分·뿐地·띵神씬·에·셔 百·ᄇᆡᆨ千쳔·ᄇᆞ

·리 倍:뼝ᄒᆞ·니·라 ᄒᆞ다·가 未·밍来링世·셰

中듕·에 善:쎤男남子:중善:쎤女:녕人ᅀᅵᆫ

·이 菩뽕薩·삻·ᄋᆞᆯ 供공養·양ᄒᆞ·며 ·이 經경

·ᄋᆞᆯ 닐·구·디 오·직 地·띵藏·짱本:본願·원經

경·이·ᄅᆞᆯ브·터 修슈行행호 :사ᄅᆞ·미라

·도 네 本:본神씬力·륵·으·로 擁:홍護·뽕·ᄒ

·야 一·힗切·쳉災ᄌᆡᆼ害·행·와 如셩意·ᄒᆡᆼ·티

:몯훈 :이·리 귀·예 들·이·디 아·니·케ᄒ·라 ·ᄒ

믈·며 受:쓩·케·호·미ᄯ녀 오·직 :네 ᄒᆞ오·ᅀᅡ

## 153a~153b

·이 :사ᄅᆞ·믈 擁:홍護·뽕홀 ᄯᆞ·ᄅᆞ·미 아니·라

·ᄯᅩ 釋·셕梵·뼘眷·권属·쑉·과 諸졍天텬眷

·권属·쑉·이 ·이 :사ᄅᆞ·믈 擁:홍護·뽕ᄒᆞ·리·니

:엇던 젼·ᄎᆞ·로 ·이·ᄀᆞ튼 聖·셩賢현·이 擁:홍

護·흫·호·ᄆᆞᆯ 得·득ᄒᆞᄂᆞ뇨 :다 地·띵藏·짱像
:썅·ᄋᆞᆯ ·ᄇᆞ라 ·절ᄒᆞ·며 ·이 本:본願·원經경 닐
·곤 젼·ᄎᆞ·로 自·쫑然션·히 乃:냉終즁·애 苦
:콩海:ᄒᆡᆼ·ᄅᆞᆯ 여·희여 涅·넗槃빤樂·락·ᄋᆞᆯ 證
·징ᄒᆞ·리·니 ·이런 젼·ᄎᆞ·로 ·큰 擁·홍護·흫·ᄅᆞᆯ
得·득ᄒᆞ·ᄂᆞ니·라 그·ᄢᅴ 世·솅尊존·이 頂:뎡
門몬上·썅·ᄋᆞ로·셔 百·빅千쳔萬·먼億·흑
大·땡毫ᅘᅭᆯ相·샹光광·ᄋᆞᆯ ·펴시·니 白·삑毫
ᅘᅭᆯ相·샹光광 大·땡白·삑毫ᅘᅭᆯ相·샹光광
瑞·쓍毫ᅘᅭᆯ相·샹光광 大·땡瑞·쓍毫ᅘᅭᆯ相

## 154a~154b

·샹光광 玉·옥毫ᅘᅭᆯ相·샹光광 大·땡玉·옥
毫ᅘᅭᆯ相·샹光광 紫:중毫ᅘᅭᆯ相·샹光광 大
·땡紫:중毫ᅘᅭᆯ相·샹光광 青쳥毫ᅘᅭᆯ相·샹
光광 大·땡青쳥毫ᅘᅭᆯ相·샹光광 碧·벽毫
ᅘᅭᆯ相·샹光광 大·땡碧·벽毫ᅘᅭᆯ相·샹光광
紅뽕毫ᅘᅭᆯ相·샹光광 大·땡紅뽕毫ᅘᅭᆯ相
·샹光광 綠·록毫ᅘᅭᆯ相·샹光광 大·땡綠·록
毫ᅘᅭᆯ相·샹光광 金금毫ᅘᅭᆯ相·샹光광 大
·땡金금毫ᅘᅭᆯ相·샹光광 慶·켱雲운毫ᅘᅭᆯ
相·샹光광 大·땡慶·켱雲운毫ᅘᅭᆯ相·샹光

광 千천輪륜毫뽛光광 大·땡千천輪륜

毫뽛光광 寶:봄輪륜毫뽛光광 大·땡寶

:봄輪륜毫뽛光광 日·싏輪륜毫뽛光광

大·땡日·싏輪륜毫뽛光광 月·윓輪륜毫

## 155a~155b

뽛光광 大·땡月·윓輪륜毫뽛光광 宮궁

殿·뗸毫뽛光광 大·땡宮궁殿·뗸毫뽛光

광海:힁雲운毫뽛光광 大·땡海:힁雲운

毫뽛光광 頂:뎡門몬上·썅·애 ·이·트렛 毫

뽛相·썅光광·을 ·펴시·고 微밍妙·뮳音흠

·을 :내·샤 大·땡衆·즁天텬龍룡八·밣部:뽕

人신非빙人신等:등·의게 니ᄅ·샤ᄃᆡ ·내

오·ᄂᆞᆯ·날 忉돌利·링天텬宮궁·에·셔 地·띵

藏·짱菩뽕薩·삻이 人신天텬中듀·에 利

·링益·역·ᄒᆞ논 :일·돌·과 不·븛思ᄉᆞ議·읭·옛

:일·와 聖·셩因ᅙᅵᆫ·에 :건:내뛴:일·와 十·씹地

·띵證·징·혼 :일·와 乃:냉終즁 :내 阿항耨·녹

多당羅랑三삼藐·막三삼菩뽕提똉·예

므르·디 아·니·ᄒᆞᄂᆞᆫ :이·ᄅᆞᆯ 稱칭揚양讚·잔

## 156a~156b

歎·탄커·든 드르·라 ·이:말 니르·실쩨 會·휑
中듕·에 흔 菩뽕薩·삻摩망訶항薩·삻·이
일·후·미 觀관世·솅音흠·이러시·니 座쫭
·애·셔 :니르·샤 ·쑤러 合·합掌·쟝·ᄒᆞ·샤 부텻
·긔 :ᄉᆞᆯ·ᄫᆞ샤·ᄃᆡ 世·솅尊존·하 ·이 地·띵藏·짱
뽕菩薩·삻摩망訶항薩·삻·이 ·큰 慈쫑悲
빙ᄀᆞ·자 罪:쬥苦:콩衆·즁生ᄉᆡᆼ·ᄋᆞᆯ :어엿·비
너·기·샤 千쳔萬·먼億·흑世·솅界·갱·예 千
쳔萬·먼億·흑 ·모·몰 化·황·ᄒᆞ·샤·두:겨신 功
공德·득·과 不·붏思ᄉᆞᆼ議·읭威휭神씬力
·륵·을·내 ᄒᆞ·마 世·솅尊존·이 十·씹方방無
뭉量·량諸졍佛·뿛·와·로 다ᄅᆞᆫ ·이·비샤·ᄃᆡ
흔소·리·로 地·띵藏·짱菩뽕薩·삻·ᄋᆞᆯ 讚·잔
歎·탄·커시·ᄂᆞᆯ 듣ᄌᆞ·ᄫᆞ·니 :엇·뎨 過·광去·컹

## 157a~157b

現·현在·찡未·밍来링諸졍佛·뿛·이 功공
德·득·을 니르·샤·도 ·오히·려 :다:몯·ᄒᆞ시·리
잇·고 :아·리 ·ᄯᅩ 世·솅尊존·이 大·땡衆·즁·의
게 너·비 니르·샤·ᄃᆡ 地·띵藏·짱利·링益·혁

等:둥事:쏭·를 稱칭揚양·코져 ·ᄒ노·라 ·ᄒ

시·니 願·원혼·ᄃᆫ 世·솅尊존·이 現·현在:찡

未·밍來링一·잃切·쳉衆·즁生싱爲 ·윙·ᄒ

·샤 地·띵藏·짱不·붏思ᄉᆞ議·읭事·쏭·를 稱

칭揚양·ᄒ·샤 天텬龍룡八·밣部·뽕 ·저

ᄉᆞ·바 福·복 :얻·게 ·ᄒ쇼·셔 부:톄 觀관世·솅

音흠菩뽕薩·삻ᄃᆞ·려 니ᄅᆞ·샤·ᄃᆡ :네 娑상

婆빵世·솅界·갱·예 ·큰 因힌緣원·이 이·셔

天텬·이어·나 龍룡·이어·나 男남·이어·나

女:녕어·나 神씬·이어·나 鬼:귕어·나 六

**158a~158b**

·륙道:뚤罪:쬉苦:콩衆·즁生싱·애 ·니르·리

네 일·훔 드르·니·와 네 양·ᄌᆞ 보·니·와 너 ·그

·리ᄂᆞ·니·와 너 讚·잔歎·탄·ᄒ·ᄂᆞ니·와 ·이 衆

·즁生싱·ᄃᆞᆯ·히 :다 無뭉上·썅道:뚤·애 반·ᄃᆞ

기 退·툉轉:뒨·티 아니·ᄒ·야 샹·녜 人신天

텬·에 ·나 妙·묳樂·락·을 ᄀᆞ·초 受·쓯·ᄒ·야 因

힌果:광 쟝·ᄎᆞ 니·그·면 부텻 授·쓯記·긩

·를 맛나·리·니 :네 ·이제 ·큰 慈ᄍᆞ悲빙ᄆᆞ·자

衆·즁生싱·과 天텬龍룡八·밣部:뽕·를 :어

엿·비 너·겨 내·이 地·띵藏·짱菩뽕薩·삻ᄉᆞ

156

不·붏思ᄉ議·읭利·링益·혁 :이·를 ·펴니르

거·든 듣·고져·ᄒᄂ·니 :네 슬·펴드르·라 ·내

·이제 닐·오리·라 觀관世·솅音흠·이 :솔·ᄫ

샤·ᄃᆡ 唯·윙然쎤世·솅尊존·하 願·원ᄒᆞᆫ·든

## 159a~159b

듣:줍고·져·ᄒ·노이·다 부:톄 觀관世·솅音

흠菩뽕薩·삻ᄃᆞ·려 니ᄅᆞ·샤·ᄃᆡ 未·밍来링

現·현在·찡諸졍世·솅界·갱中듕·에 天텬

人신·이 天텬福·복·이다·아 五:옹衰쉉相

·샹·이 現·현커·나 시·혹 惡·학道:똘·애 ᄲ러·러

디·리이·셔 ·이 ᄀᆞᆫᄒᆞᆫ 天텬人신·이 男남·이

어·나 女:녕어·나 相·샹現·현ᄒᆞᆯ저·긔 시

·혹 地·띵藏·짱菩뽕薩·삻ᄉ 形형像:쌍·ᄋᆞᆯ

·보거·나 시·혹 地·띵藏·짱菩뽕薩·삻ᄉ 일

·후·믈 듣거·나 一·ᅙᅵᆶ瞻졈一·ᅙᅵᆶ禮·롕ᄒᆞ·면

瞻졈·은 볼·씨·라 ·이 天텬人신·이 天텬福·복·이 더

·어 ·큰 快·쾡樂·락·ᄋᆞᆯ 受:쓩·ᄒ·야 기·리 三삼

惡·학道:똘報·볼·애 :디나·디 아니ᄒᆞ·리·니

·ᄒᆞᆷᆞ·며 菩뽕薩·삻·ᄋᆞᆯ 보·며 듣·고 여·러가

## 160a~160b

·짓 香향花황衣힁服뽁飮:흠食·씩寶:볼

貝·뱅瓔형珞·락·ᄋ·로 布·봉施싱供공養

·양·호·미쑨·녀 :어둔 功공德·득福·복利·링

無뭉量·량無뭉邊변ᄒ·리·라 ·쏘 觀관世

·솅音흠아 ·ᄒ다가 未·밍来링現·현在·찡

諸졍世·솅界·갱中듕·에 六·륙道:똘眾·즁

生싱·이 ᄒ·마 命·몡終즁홀쩨 地·띵藏·짱

菩뽕薩·삻ㅅ 일·후·를 드·러 ᄒ소·리 耳:싱

根근·에 :디나·면 ·이 眾·즁生싱·들·히 기·리

三삼惡·학道:똘苦:콩·애 :디나·디 아·니ᄒ

·리·니 ·ᄒ믈·며 ᄒ·마 命·몡終즁홀쩨 父:뿡

母:뭏眷·권屬·쑉·이 ·이 命·몡終즁홀 :사ᄅ

·미 지·비·며 財찡物·뭃·이·며 寶:볼貝·뱅·며

衣힁服·뽁ᄋ·로 地·띵藏·짱像:쌍·을 塑·송

## 161a~161b

畫·뤵커·나 시·혹 病·뼝人·신·이 죽·디 아·니

ᄒ제 眷·권屬·쑉·이 지·비·며 寶:볼貝·뱅·들

ᄒ·로 제·몸 爲·윙·ᄒ·야 地·띵藏·짱菩뽕薩

·삻ㅅ 像:쌍·을 塑·송畫·뤵·ᄒ옳 시·혹 ·눈귀

·예보·며 드·러 :알·면 ·이 :사ᄅ·미 ·ᄒ다·가 業

·업報·ᄫᅳᆯ 重:뜡호 病·뼝·을 호ᇙ :사ᄅ·미라

·도 ·이 功공德·득·으·로 ·즉재 :됴하 목:수·미

더으·리·며 ·이 :사ᄅ·미 ·ᄒ다·가 業·업報·ᄫᅳᆯ

·로 命·명·이 다·아 一·힗切·쳉罪:쬥障·쟝業

·업障·쟝·ᄋ·로 惡·학趣·츙·에 ·뻐·러딣 :사ᄅ

·미라·도 ·이 功공德·득·으·로 命·명終즁호

後:ᅘᅮᇢ·에 ·즉재 人신天텬·에 ·나 勝·싱妙·묠

樂·락·ᄋᆯ 受·쓩·ᄒ·야 一·힗切·쳉罪:쬥障·쟝

·이 :다 消숗滅·멿·ᄒ·리·라 ·ᄯᅩ 觀관世·셍


## 162a~162b

音흠菩뽕薩·삻아 ·ᄒ다·가 未·밍来링世

·셍·예 男남子:중女:녕人신·이 시·혹 ·졋머

·ᄀᆞᆷ·제·어·나 시·혹 三삼歲·쉥五:옹歲·쉥十

·씹歲·쉥아·래 父:뽕母:뭏·를 일커·나 兄훵

弟:똉姊:중妹·밍·를 일커·나 姊:중·ᄂᆞᆫ 믇누:의·오 妹·밍·ᄂᆞᆫ

아ᅀᆞ누:의·라 ·이 :사ᄅ·미 ·나히·즈·라 父:뽕母:뭏

·와 眷·권属·쑉·들·홀 思ᄉᆞᆼ憶·흑·ᄒ·야 :아모

趣·츙·에 ·뻐·러디·며 :아모 世·솅界·갱·예 나

·며 :아모 天텬中듕·에 ·냇·ᄂᆞᆫ·돌 :몰·라 ·이 :사

ᄅ·미 ·ᄒ다·가 能능·히 地·띵蔵·짱菩뽕薩

·샹ㅅ 像:쌍·올 塑·송畫·휑커·나 일·홈 듣·고

一·잃瞻쳠—·잃禮·롕·호·매 니·르어·나 —

·잃日·싏로 七·칧日·싏至·징·히 ·첫 ᄆᆞᆺ·ᄆᆞᆯ

므르·디 아니·ᄒᆞ·야 일·홈 드르·며 양ᄌᆞ ·보

## 163a~163b

아 瞻쳠禮:롕·ᄒᆞ·야 供공養·양ᄒᆞ·면 ·이 :사

ᄅᆞ·미 眷·권属·쭉·이 비·록 業·업다ᄉᆞ·로 惡

·학趣·츙·에 떠·러딣 :사ᄅᆞ·미 劫·겁數·숭·를

:혜·리라·도 ·이 男남女:녕兄형弟:똉姊:징

妹·밍 地·띵蔵·쨩像:쌍·올 塑·송畫·휑·ᄒᆞ·야

瞻쳠禮·롕·혼 功공德·득·으·로 ·즉재 버·서

·나 人신天텬中듕·에·나 勝·싱妙·묳樂·락

·을 受:쓯ᄒᆞ·리·니 ·이 :사ᄅᆞ·미 眷·권属·쭉·이

·ᄒᆞ다·가 福·복力·륵·이 이·셔 볼·쎠 人신天

텬·에·나 勝·싱妙·묳樂·락·을 受:쓯홇 :사ᄅᆞ

·ᄆᆞ ·즉재 ·이 功·공德·득다ᄉᆞ·로 聖·셩因힌

·이더·어 無뭉量·량樂·락·을 受:쓯ᄒᆞ·리·니

·이 :사ᄅᆞ·미 ·또 能늉·히 三삼七·칧日·싏中

듕·에 一·잃心심·으·로 地·띵蔵·쨩像:쌍·올

## 164a~164b

瞻쳠禮·례·ᄒ·야 일·후·를 念·념·ᄒ·야 一·힗

萬·먼 버·니 ·ᄎ·면 반·ᄃ기 菩뽕薩·삻·이 無

뭉邊변身신·을 現·현·ᄒ·야 ·이 :사른·믜게

眷·권属·쏙·이 난·ᄯ·ᄒ홀 :다 니른·리·며 시·혹

夢·몽中듕·에 菩뽕薩·삻·이 ·큰 神씬力·륵

나·토아 ·이 :사른·믈 親친·히 더·브러 諸졍

世·솅界·갱·예 眷·권属·쏙·들·홀 :뵈리·니 ·ᄯ

能능·히 每:밍日·싏菩뽕薩·삻ㅅ 일·후·믈

一·힗千쳔버·늘 念·념·ᄒ·야 千쳔日·싏·에

니·를·면 ·이 :사른·ᄆ 당다이 菩뽕薩·삻·이

잇는·딧 土:통地·띵鬼:귕神씬·을 ·ᄒ·야 죽

·ᄃ·록 衛·윙護·ᅟᅘᅩᆼ·케·ᄒ·며 現·현世·솅·예 ·옷

·바·비 ᄀ득·ᄒ·며 여·러가·짓 疾·짏苦:콩

:업스·며 머·즌:이·리 門몬·에 ·드·디 아·니·케

## 165a~165b

·ᄒ·리·니 ·ᄒ·믈·며 모·매 미·추·미·ᄽ·녀 ·이 :사

른·미 ᄆ·ᄎ·매 菩뽕薩·삻·이 머·리ᄆ·녀 授

·ᄲᅮᆼ記·긩·호·믈 得·득·ᄒ·리·라 ·ᄯ 觀관世·솅

音흠菩뽕薩·삻아 ·ᄒ다·가 未·밍来링링世

·셍·예 善:쎤男남子:중善:쎤女:녕人신·이

廣:광大·땡慈쭝心심·을 發벓·ᄒᆞ·야 一·힗

切·쳉衆·즁生싱·ᄋᆞᆯ 救·궇度·똥·코져홇 :사

·룸·과 無뭉上·썅菩뽕提똉 닷·고져 홇 :사

·룸·과 三삼界·갱·예 여·희여 나·고져 홇 :사

ᄅᆞ·미 ·이 :사룸·ᄃᆞᆯ히 地·띵蔵·짱像·썅·ᄋᆞᆯ 보

·며 일·홈 드른 :사ᄅᆞ·미 至·징極·끅ᄒᆞᆫ ᄆᆞᅀ

·ᄆᆞ·로 歸귕依힁커·나 시·혹 香향華ᅘᅪᆼ衣

힁服·뽁寶:봉貝·뱅飮:흠食·씩·ᄋᆞ·로 供공

養·양瞻졈禮:롕ᄒᆞ·면 ·이 善:쎤男남女:녕

## 166a~166b

·ᄃᆞᆯ·히 願·원·ᄒᆞ논 :이·리 쎨·리 이·러기·리마

·ᄅᆞᆫ·딕 :업·스리·라 ·ᄯᅩ 觀관世·솅音흠아 ·ᄒᆞ

다가 未·밍来링世·솅·예 善:쎤男남子:중

善:쎤女:녕人신·이 現·현在·찡未·밍来링

百·빅千쳔萬·먼億·흑等:등願·원·과 百·빅

쳔千萬·먼億·흑等:등事·쌍·ᄅᆞᆯ 求꿀·코져

·ᄒᆞ거·든 오·직 地·띵蔵·짱菩뽕薩삻ᄉ 像

:썅·ᄋᆞᆯ 歸귕依힁瞻졈禮:롕·ᄒᆞ·야 供공養

·양讃·잔歎·탄홇·디·니 ·이 ᄀᆞ티 願·원·ᄒᆞ논

:일·와 求꿀·ᄒᆞ논 :이·리 :다 :일리·라 ·ᄯᅩ 願·원

162

·호·딕 地·띵蔵·짱菩뽕薩·삻이 ·큰 慈쫑悲
빙ᄀᄌ·샤 :나·를 기·리 擁·훙護·뽛·ᄒ시·과
·뎌ᄒ·면 ·이 :사ᄅ·미 夢·몽中뜡·에 菩뽕薩
·삻이 머·리ᄆ·녀 授·쓯記·긩·호·믈 得·득ᄒ

## 167a~167b

·리·라 ·쏘 觀관世·솅音흠菩뽕薩·삻아 ·ᄒ
다가 未·밍来링世·솅·예 善:쎤男남子:중
善:쎤女:녕人신·이 大·땡乘씽經경典:뎐
·에 ᄀ·장 珎딘重:뜡·히 너·겨 不·붏思ᄉ議
·읭心심·올 發·벓·ᄒ·야 닑·고져ᄒ·며 외·오
고·져·ᄒ·야 비·록 블·근 스승·을 맛·나 ᄀᄅ
·쳐 닉·게·ᄒ야·도 닐·그·며 미조·차니·저 年
년月·윓·이 :디:나딕 讀·똑誦·숑 :몯훓 :사ᄅ
·ᄆ ·이 善:쎤男남女:녕等:둥·이 :아릿 業·업
·장障·이 이·셔 :더·디 :몯훓 전·ᄎ·로 大·땡乘
씽經경典:뎐·에 닐·거 외·옳 性·셩·이 :업스
·니 ·이ᄀᆞᆮᆞ흔 :사ᄅ·미 地·띵蔵·짱菩뽕薩·삻
ᄉ 일·후·믈 드르·며 地·띵蔵·짱菩뽕薩·삻
ᄉ 像:썅·올 ·보아 :다 本:본来링ᄉ ᄆᄋ·ᄆ

## 168a~168b

·로 恭공敬·경·ᄒ·야 :숩·고 다시 香향花황

衣ᄒᆡ服·뽁飮:흠食·씩一·ᇙ切·쳉玩·완具

·꿍·로 菩뽕薩·샳·ᄋᆞᆯ 供공養·양ᄒ·고 淨·쪙

水:쉉ᄒᆞ 盞:잔·ᄋᆞ·로 一·ᇙ日·싏一·ᇙ夜·양

·ᄅᆞᆯ :디나·게 菩뽕薩·샳ㅅ 알·ᄑᆡ 노혼 後:ᅘᅮᇢ

·에 合·ᅘᅡᆸ掌·쟝·ᄒ·야 머·거·지이·다 請:청·ᄒ

·야 머·리두르·혀 向·향南남·ᄒ·야 이·베·듥

제 至·징極·끅혼 ᄆᆞᅀᆞᆷ·ᄋᆞ·로 重:뜡·히 너·겨

·를:다먹·고 五:옹辛신·과 五:옹辛신·ᄋᆞᆫ 葱총·과 薤·ᅘᅢᆼ·와 韭

:굴·와 蒜·솬·과 興흥蕖껑·왜·라 興흥蕖껑·ᄂᆞᆫ 烏총茶땅婆빵他탕那낭國·

귁·에·셔

·나ᄂᆞ·니 불·휘댓무수 ·ᄀᆞᆮᄒ·니·라 酒:즇肉·육·과 邪썅婬음

妄:망語:엉·와 ·녀나·믄 殺·샳害·ᅘᅢᆼ·를 삼가

一·ᇙ七·칧日·싏·이어·나 三삼七·칧日·싏

·이어·나ᄒ·면 ·이 善:쎤男남子:중善:쎤女

## 169a~169b

:녕人신·이 夢·몽中듕·에 地·띵藏·짱菩뽕

薩·샳·이 無뭉邊변身신·ᄋᆞᆯ 現·현·ᄒ·야 ·이

:사ᄅᆞ·미게 灌·관頂:뎡水:쉉 심·기ᄂᆞᆫ·들 :다

164

보·리·니 그 :사른·미 ·숨·씨·면 ·곧 聰총明명
·을 :어·더 ·이 經경典:뎐·을 흔번 耳:싱根근
·에 :디:내·면 ·즉재 기·리 므슨·매 가·져 다시
一·잃句·궁一·잃偈·꼥·도 닛·디 아·니호·리
·라 ·또 觀관世·솅音흠菩뽕薩·삻아 ·호다
·가 未·밍来링世·솅·예 :사름·들·히 衣힁食
·씩·이 不·붏足·죡호·야 求꿀호·논 :이·리 願
·원·에 어·긔어·나 시·혹 病·뼝·이 ·하거·나 시
·혹 凶흉衰쉉호 :이·리 하·며 지·비 便뼌安
한·티 :몯호·며 眷·권属·쑉이 흐·터나·며 시
·혹 ·녀나·믄머·즌 :일·들·히 모·매 :만호오·며

## 170a~170b

·꾸·메 두·리븐 :이·리 :만커·든 ·이·트렛 :사른
·미 地·띵蔵·짱 일·후·믈 듣거·나 地·띵蔵·짱
양·주·를 ·보거·나 至·징極·끅흔 므슨·무·로
恭공敬·경·호·야 一·잃萬·먼버·늘 念·념호
·면 여·러가·짓 ·뜯·곧·디 아·니혼 :이·리 漸:쪔
漸:쪔消숄滅·멾·호·야 ·즉재 安한樂·락호
·야 衣힁食·씩·이 フ·독호·며 夢·몽中듕·이
:다 安한樂·락호·리·라 ·또 觀관世·솅音흠
菩뽕薩·삻아 ·호다·가 未·밍来링世·솅·예

善:쎤男남子:중善:쎤女:녕人신·이 시·혹

治띵生싱·을 因힌커·나 治띵生싱·은 사·롤·일 다스릴·씨

·라 시·혹 公공私승·를 因힌커·나 시·혹 生

싱死:승·를 因힌커·나 시·혹 時씽急·급혼

:이·를 因힌커·나 山산林림中듕·에 ·들어

## 171a~171b

·나 河행海:힝어·나 大:땡水:슁·를 :건나거

·나 시·혹 險:험道:똘·를 :디나거·나 ·이 :사·른

·미 몬져 地·띵蔵·짱菩뽕薩·삻ᄉ 일·후·를

一·힔萬·먼버·늘 念·념ᄒ·면 :디나가는 土

:통地·띵·옛 鬼:귕神씬·이 衛·윙護·홍·ᄒ·야

行행住·뜡坐:쫭臥·왕·애 기·리 安한樂·락

ᄒ·며 虎:홍狼랑師ᄉ子:중·ᄅ·며 一·힔切

·쳉毒·똑害·행·를 맛·나도 損·손:히 오·디 :몯

ᄒ·리·라 부:톄 觀관世·솅音흠菩뽕薩·삻

ᄃ·려 니르·샤·딕 ·이 地·띵蔵·짱菩뽕薩·삻

·이 閻염浮뿔提똉·예 ·큰 因힌緣원·이 잇

ᄂ·니 諸졍衆·즁生싱·이 보·며듣·고 利·링

益·혁혼 :일·들·흘 닐·옳·뎬 百·빅千쳔劫·겁

中듕·에 :몯·다 니르·리·라 ·이럴·씨 觀관世

## 172a*~172b

·셍音흠아 :네 神씬力·륵·으·로 ·이 經경·을

流륳布·봉·ᄒᆞ·야 娑상婆빵世·솅界·갱衆

·즁生싱·이 百·빅千쳔萬·먼劫·겁·에 기·리

安한樂·락·을 受:쓩·케ᄒᆞ·라 그·ᄢᅴ 世·솅尊

존·이 偈·꼥·를 니ᄅᆞ·샤·ᄃᆡ ·내 地·띵藏·짱威

횡神씬力·륵·을 :보·니 恒ᅘᅥᆼ河행沙상劫

·겁·에 :다 닐·우·미 어·렵도·다 ᄒᆞᆫ 念·념 ᄉᆞ·ᅀᅵ

·를 보·며 듣·고 瞻졈禮:롕ᄒᆞ·면 人ᅀᅵᆫ天텬

·을 無뭉量·량事·ᄊᆞ·를 利·링益·혁ᄒᆞ·ᄂᆞ·니

·라 男남·이어·나 女:녕ㅣ어·나 龍룡神씬

·이어·나 報·봉ㅣ 다아 惡·학道:똫·애 ᄢᅥ·러

디·리 至·징極·끅흔 ᄆᆞᅀᆞ·ᄆᆞ·로 大·땡士:ᄊᆞᆼ

ㅅ 모·매 歸귕依힁ᄒᆞ·면 목:수미 더·어 罪

:쬥障·쟝·이 :덜리·라 져·머셔 父:뿡母:뭏ㅅ

## 173a~173b

恩ᅙᅳᆫ愛·ᅙᆡᆼ 일·코 魂ᅘᅩᆫ神씬·이 :아·모 趣·츙·에

잇는·ᄃᆡ 모·ᄅᆞ·며 兄형弟:똉姉:중妹·밍·와 ·녀

---
* 무량굴판에는 결락.

나ᄆᆫ 親친·ᄋᆞᆯ ·ᄌ란 後:ᅘᅮ·에 :다 :몰라 大·땡士

:쏭ᄼ ·모·믈 塑·송커·나 畵·ᅙᅪᆼ·ᄒᆞ·야 슬·허·그려

瞻졈禮·렝·ᄒᆞ·야 :잢간도 ᄇ·리·디 아니·ᄒᆞ·야

三삼七·칧日·ᅀᅵᆶ中듀ᇰ·에 일·후·믈 念·념ᄒᆞ·면

菩뽕薩·삻이 반·ᄃᆞ기 無뭉邊변體·톙·를 現

·현·ᄒᆞ·야 眷·권属·쑉의 난·짜ᄒᆞᆯ :뵈리·니 비·록

惡·학趣·츙·에 ᄠᅥ·러·디여 이·셔·도 ·즉재 여·희

여 나리·라 ·ᄒᆞ다가 能느ᇰ·히 ·첫 ᄆᆞᅀᆞ·믈 므르

·디 아니ᄒᆞ·면 ·즉재 머·리ᄆᆞ·녀 聖·셔ᇰ記·긩心심

·교·믈 :어·드리·라 無뭉上·쌰ᇰ菩뽕提똉·를 닷

·고져 ᄒᆞᇙ :사ᄅᆞᆷ·과 三삼界·갱苦·콩·애 여·희여

나고져 ᄒᆞᇙ :사ᄅᆞ·미 ᄒᆞ·마 大·땡悲빙心심·을 發

## 174a~174b

·벓·ᄒᆞᇙ·딘·댄 몬져 大·땡士:쏭ᄼ 像:쌰ᇰ·ᄋᆞᆯ 瞻

졈禮·렝·ᄒᆞᇙ·디·니 一·ᅙᅵᆶ切·쳉願·원·이 샬·리

이·러 기·리 業·업障·쟈ᇰ·이 能느ᇰ·히 가·리·리

:업·스리·라 :아모 :사ᄅᆞ미·나 發벓心심·ᄒᆞ

·야 經겨ᇰ典:뎐·을 念·념·ᄒᆞ·야 여·러 迷몡惑

·ᅙᅯᆨ·을 度·또ᇰ脱·퇋·ᄒᆞ·야 ·뎌:ᄀᆞ·새:건·나고·져

·ᄒᆞ·야 비·록 ·이 願·원不·붏思ᄉᆞᆼ議·의·를 :셰

여·도 닐·그·며미조·차 니·저 廢·볭失·싏·이

:만ᄒᆞ니ᄂᆞᆫ 廢·뼁·ᄂᆞᆫ 노·하ᄇ·릴·씨·오 失·싫은 일·흘·씨·라 ·이 :사ᄅᆞ

·미 業·업障·쟝惑·획·이 잇·ᄂᆞᆫ 젼·ᄎᆞ·로 大·땡

乘·씽經·경·을 能능·히 ᄆᆞᅀᆞ·매 가·지·디 :몯

·ᄒᆞᄂᆞ·니 香향華ᅘᅪᆼ衣힁服·뽁飮:흠食·씩

玩·완具·꿍·로 地·띵藏·짱·ᄋᆞᆯ 供공養·양ᄒᆞ

·고 ·조흔 ·믈·로 大·땡士:쌍ᄉ 알·픠 노·하 一

·잃日·싫一·잃夜·양·애 먹·고져·ᄒᆞ·야 慇흔

重:뜡흔 ᄆᆞᅀᆞ·믈 發·벓·ᄒᆞ·야 五:옹辛신·과

酒:즇肉·슉邪썅婬음妄·망語:엉·를 삼·가

·며 三삼七·칧日·싫內·ᄂᆡᆼ·예 殺·삻害·ᄒᆡᆼ 아

·니·ᄒᆞ·야 至·징極·끅흔 ᄆᆞᅀᆞ·ᄆᆞ·로 大·땡士

:쌍ᄉ 일·후·를 念·념ᄒᆞ·면 ·곧 夢·몽中듕·에

無뭉邊변·을 ·보아 ·셰야 ·곧 利·링根근耳

:싱·를 得·득·ᄒᆞ·야 經경教·꿃 耳:싱根근

·에 :디나·면 千쳔萬·먼生싱中듕·에 기·리

닛·디 아·니ᄒᆞ·리·니 ·이 大·땡士:쌍·이 不·붏

思ᄉᆞ議·읭·로 能능·히 ·이 :사ᄅᆞ·미 ·이런 慧

·휑·를 :얻ᄂᆞ·니·라 貧삔窮꿍衆·즁生싱·과

病·뼝ᄒᆞ·니·와 지·비 凶흉衰쉉ᄒᆞ·며 眷·권

属·쏙·이 여·희·며 夢·몽中듕·이 :다 便뼌安

## 176a~176b

한·티 아·니ᄒ·며 求·꿀·ᄒ논 :이·리 어·긔여

:이·논:이·리 :업거·든 至·징極·끅흔 ᄆᅀᆞ·ᄆ

·로 地·띵蔵·짱ᄉ 像·썅·을 瞻졈禮·롕ᄒ·면

一·힗切·촁 머·즌 :이·리 :다 消·숗滅·멿·ᄒ·야

夢·몽中듕·에 니·르·리 :다 便·뼌安한ᄒ·며

衣·힁食·씩·이 :만ᄒ·며 神·씬鬼·귕擁·홍護

·홓ᄒ·리·라 山산林림·에 ·들어·나 바·를 :건

·나고·져 ·ᄒ야·도 :모딘 禽·끔獸·슣·와 :모딘

:사름·과 :모딘 神·씬·과 :모딘 鬼·귕·와 :모딘

ᄇ롬·과 一·힗切·촁諸·졍難·난諸·졍苦·콩

惱·놀·를 오·직 地·띵蔵·짱菩·뽕薩·삻大·땡

士·쌍ᄉ 像·썅·을 瞻졈禮·롕ᄒ·며 供공養

·양ᄒ·면 山산林림大·땡海·힝中듕·엣 여

·러 :모딘거·시 :다 消·숗滅·멿ᄒ·리·라 觀관

## 177a~177b

音흠아 至·징極·끅흔 ᄆᅀᆞ·ᄆ·로 내 :말 드

르·라 地·띵蔵·짱無·뭉量·량不·붏思ᄉ議

·읭·를 百·빅千쳔萬·먼劫·겁·에 :몯:다 니ᄅ

·리·니 大·땡士·쌍·이 ·이런 ·히·믈 너·비펴·라

170

地·띵蔵·짱ᄉ 일·후·를 :사ᄅ·미 듣거·나 像

:썅·보아 瞻졈禮:롕홍 :사ᄅ·미 香향華蠁

衣힁服·뽁飮:흠食·씩·ᄋ·로 供공養·양ᄒ

·면 百·빅千쳔·을 妙·묠樂·락·을 受:쓩ᄒ·리

·니 ·ᄒ다·가 能능·히 ·일·로 法·법界·갱·예 廻

蠁向·향ᄒ·면 乃:냉終즁·애 成쎵佛·뿛·ᄒ

·야 生싱死:ᄉᆞ·애 :건·내뼈·리·니 ·이럴·씨 觀

관音흠아 :네 아·라 恒薆沙상諸졍國·귁

土:통·애 너·비 니ᄅ·라 그·쁴 世·솅尊존·이

金금色·ᄉᆡᆨ볼·홀 드르·샤 ·쏘 地·띵蔵·짱菩

## 178a~178b

뽕薩·삻摩망詞항薩·삻ᄉ ·뎡·바기·를 ᄆᆞ

·니시·며 니ᄅ·샤·ᄃᆡ 地·띵蔵·짱地·띵蔵·짱

아 ·네 神씬力·륵·이 不·붏可:캉思ᄉᆞ議·읭

·며 ·네 慈쭝悲빙不·붏可:캉思ᄉᆞ議·읭·며

·네 智·딩慧·쀓不·붏可:캉思ᄉᆞ議·읭·며 ·네

辯:변才찡不·붏可:캉思ᄉᆞ議·읭·니 正·졍

·히 十·씹方방諸졍佛·뿛·이 ·네 不·붏思ᄉᆞ

議·읭·옛 :이·를 讚·잔歎·탄·ᄒ·야 ·펴 닐·어·도

쳔千萬·먼劫·겁中듕·에 能능·히 :다·몯 니

ᄅ·리·라 地·띵蔵·짱地·띵蔵·짱아 ·내 오·ᄂᆞᆯ

·날 忉돌利·링天텬中듕·에 이·셔 百·빅千
쳔萬·먼億·흑不·붏可:캉說·솅不·붏可:캉
說·솅一·힗切·촁諸졍佛·뿛菩뽕薩·삻天
텬龍룡八·밦部:뽕大·땡會·휑中듕·에 다

## 179a~179b

·시 人신天텬諸졍衆·즁生싱等:등·이 三
삼界·갱·예 :몯·나 火:황宅·뙤中듕·에 잇ᄂ
·니·로 네게 付·붕嘱·죡호·ᄃᆞᆯ ᄆᆞᅀᆞ·매 ·두어
·이 衆·즁生싱·ᄃᆞᆯ히 惡·학趣·츙中듕·에 一
·힗日·싏一·힗夜·양·도 ᄠᅥ·러디·디 아니·케
ᄒᆞ·라 ·ᄒᆞᄆᆞᆯ·며 五:옹無뭉間간과 阿항鼻
·뼁地·띵獄·옥·애 ᄠᅥ·러·디여 ·든다:마다 千
쳔萬·먼億·흑劫·겁·을 :디·내·야ᄂᆞᆳ 그·지:업
수·미쓰·녀 地·띵蔵·짱아 ·이 南남閻염浮
뿧提똉衆·즁生싱·이 志·징性·셩·이 一·힗
定·뗭·티 아니·ᄒᆞ·야 :모딘 :일 니·기리:만ᄒᆞ
·야 비·록 善:쎤心심·을 發·벓ᄒᆞ야·도 아니
한·더·데 ·즉재 므르ᄂᆞ·니 ·ᄒᆞ다가 惡·학縁
원·을 맛나면 念·념念·념·에 더:기ᄂᆞ·니 ·이

172

## 180a~180b

런 다·ᄉ·로 ·내 ·이·모·ᄆᆞᆯ 百·빅千쳔億·흑·에

分분·ᄒᆞ·야 根근性·셩·을 조차 度·똥脫·퇋

·ᄒᆞ노·니 地·띵藏·짱아 ·내 오·늘 브즈러니

天텬人신衆·즁·으·로 네게 付·붕囑·죡·ᄒᆞ

노·니 未·밍来·링世·솅·예 ·ᄒᆞ다·가 天텬人

신·과 善·쎤男남子·즹善·쎤女·녕人신·이

佛·뿛法·법中듕·에 :져·고 맛 善·쎤根근·을

심·고·딘 ᄒᆞ터럭 ᄒᆞᆫ드틀 ᄒᆞᆫ몰·애 ᄒᆞᆫ·처딘

·믈·만ᄒᆞ야도 :네 道·똘力·륵·으·로 ·이 :사ᄅᆞ

·믈 擁·홍護·뽕·ᄒᆞ·야 漸:쪔漸·쪔無뭉上·썅

·을 닷·가 므르·디 아·니·케ᄒᆞ·라 ·ᄯᅩ 地·띵藏

·짱아 未·밍来링世·솅中듕·에 天텬·이어

·나 人신·이어·나 業·업報·봏·를 조·차 惡·학

趣·츙·에 ᄲᅥ·러디·리 시·혹 門몬·의 다ᄃᆞ·라

## 181a~181b

이·셔·도 ·이 衆·즁生싱·ᄃᆞᆯ히 ·ᄒᆞ다·가 ᄒᆞᆫ 부

텻 일·훔 ᄒᆞᆫ 菩뽕薩삻ᄉ 일·훔 一·힗句·궁

一·힗偈·꼥大·땡乘씽經경典:뎐·을 念·념

ᄒᆞ·면 ·이 衆·즁生싱·ᄃᆞᆯ·ᄒᆞᆯ :네 神씬力·륵·ᄋ

·로 方방便·뼌·ᄒ·야 救·굴·ᄒ·야 ᄲ·혀:내·야

·이 :사ᄅ·미게 無뭉邊변身신·을 :뵈·야 地

·띵獄·옥·을 벗·아ᄇ·려 하ᄂᆞᆯ·해·나 勝·싱妙

·묠樂·락·을 受:쓩·케·ᄒ·라 그·쁴 世·솅尊존

·이 偈·꼥·를 니ᄅ·샤·디 現·현在·찡未·밍来

링天텬人신衆·즁·을 ·내 ·이제 브즈러니

네게 付·붕屬·쑉·ᄒ노·니 大·땡神씬通통

方방便·뼌·ᄋᆞ·로 濟·졩度·똥·ᄒ·야 諸졍惡

·학趣·츙·에 ᄠ·러·디·여 잇·디아·니·케·ᄒ·라

그·쁴 地·띵藏·짱菩뽕薩·삺摩망訶항薩

## 182a~182b

·삺·이 ·ᄭ러 合·합掌:쟝·ᄒ·야 부텨·ᄭᅴ :슬·ᄫ

샤·디 世·솅尊존·하 願·원ᄒᆞᆫ·ᄃᆞᆫ 世·솅尊존

·이 分분別·볋:마ᄅᆞ쇼·셔 未·밍来링世·솅

다ᄃᆞᆷ·에 ·ᄒ다·가 善:쎤男남子:중善:쎤女

:녕人신·이 佛·뿛法·법中듕·에 一·ᅙᇙ念·념

恭공敬·경ᄒᆞ·면 ·내 ·ᄯ 百·ᄇᆡᆨ千천方방便

·뼌·ᄋᆞ·로 ·이 :사ᄅ·ᄆᆞᆯ 度·똥脱·퇋·ᄒ·야 生싱

死:ᄉᆞ中듕·에 ᄲᆞᆯ·리 버·서나·게·호리·니 ·ᄒ

ᄆᆞᆯ·며 :됴ᄒᆞᆫ:일 듣·고 念·념念·념修슐行ᄒᆡᆼ

·ᄒ·야 自·쭝然션·히 無뭉上·썅道:똫·애 기

·리 退·툉轉:둰·티 아·니ᄒᆞ·리ᄯᆞ·니잇·가 ·이
:말 니ᄅᆞ·싏제 會·ᅘᅬᆼ中듕·에 ᄒᆞᆫ 菩뽕薩·삻
일·후·미 虛헝空콩藏·짱·이·러시·니 부텨
·ᄭᅴ :ᄉᆞᆯ·ᄫᆞ샤·ᄃᆡ 世·솅尊존·하 ·내 忉돌利·링

## 183a~183b

·예·와 如ᅀᅧᆼ来링地·띵藏·짱菩뽕薩·삻威
ᅙᅱᆼ神씬勢·솅力·륵不·붏可:캉思ᄉᆞᆼ議·잉
·ᄅᆞᆯ 讚·잔歎·탄·커시·늘 듣ᄌᆞ·보·니 未·밍来
링世·솅中듕·에 ·ᄒᆞ다·가 善:쎤男남子:ᄌᆞᆼ
善:쎤女:녕人ᅀᅵᆫ·과 一·ᅙᅵᇙ切·촁天텬龍룡
·이 ·이 經경典:뎐·과 地·띵藏·짱ㅅ 일·후·믈
듣거·나 像:썅·ᄋᆞᆯ 瞻졈禮:롕ᄒᆞ·면 ·몃가·짓
福·복利·링·ᄅᆞᆯ :어드·리잇·고 願·원ᄒᆞᆫ·ᄃᆞᆫ 世
·솅尊존·이 未·밍来링現·현在·찡一·ᅙᅵᇙ切
·촁衆·즁爲·윙·ᄒᆞ·샤 ·어·둘 니ᄅᆞ·쇼·셔 부:톄
虛헝空콩藏·짱菩뽕薩·삻ᄃᆞ·려 니ᄅᆞ·샤
·ᄃᆡ ᄉᆞᆯ·펴드르·라 ·내 너 爲·윙·ᄒᆞ·야 ᄀᆞᆯ·ᄒᆡ·야
닐·오리·라 ·ᄒᆞ다·가 未·밍来링世·솅·예 善
:쎤男남子:ᄌᆞᆼ善:쎤女:녕人ᅀᅵᆫ·이 地·띵藏

## 184a~184b

·쨩ㅿ 像:썅·을 ·보거·나 ·이 經경·을 듣거·나

닐·거 외·오·며 香향華ᅘᅪ飮:흠食·씩衣ᄒᆡᆼ

服·뽁珎딘寶:봄·로 布·봉施싱供공養·양

ᄒᆞ·며 讚·잔歎·탄瞻졈禮:롕·ᄒᆞ·매 니·를·면

·스·믈여·듦가·짓 利·링益·혁·을 得·득ᄒᆞ·리

·라 ᄒᆞ나·흔 天텬龍룡·이 護·ᅘᅮ念·념·호미

·오 :둘흔 善:쎤果:광 ·날·로 더·우미·오 :세

흔 聖·셩上·썅因힌·을 모·도미·오 :네흔 菩

뽕提똉·예 므르·디 아·니·호미·오 다·ᄉᆞᆺ

·옷·바·비 足·죡·호미·오 여·ᄉᆞᆺ 病·뼝·이 臨

림·티 아·니·호미·오 닐·구븐 水:쉉火:황災

징·를 여·희요·미·오 여·들븐 盗·똥賊·쯱厄

·ᅙᅴᆨ :업·수미·오 아·호븐 :사ᄅᆞ·미 보·고 恭공

敬·경·호미·오 ·열흔 鬼:귕神씬·이 도·ᄫᅡ 護

## 185a~185b

·ᅘᅮ持띵·호미·오 ·열ᄒᆞ나·흔 :겨지·비 남지

·늬·몸 ᄃᆞ외·요미·오 ·열:둘흔 王왕臣씬女

:녕 ᄃᆞ외·요미·오 ·열:세흔 端돤正·졍相·샹

好:홈·호미·오 ·열:네흔 天텬上·썅·애 :만·히

176

:나미·오 ·열다ᄉᆞᆫ 시·혹 帝·뎽王왕ᄃᆞ외
·요미·오 ·열여·스슨 宿·슉智·딩命·명·이 通
통·호미·오 ·열닐·구븐 求꿀·ᄒᆞ논 :이·리 :다
從쭁·호미·오 ·열여·들븐 眷·권属·쑉·이 歡
환樂·락 호미·오 ·열아·호븐 諸졍橫·ᄒᆡᆼ·이
消숄滅·몒·호미·오 ·스·믈혼 業·업道·똫·ᄅᆞᆯ
永:윙·히 더·루미·오 ·스·믈ᄒᆞ나훈 :간·싸·히
:다 通통·호미·오 ·스·믈:둘혼 ·쑤·미 安한樂
·락·호미·오 ·스·믈:세혼 몬져 :업스·니 苦·콩
여·희요·미·오 ·스·믈:네혼 :녯福·복·ᄋᆞ·로 受


## 186a~186b

:ᄉᆡᆼ生싱·호미·오 ·스·믈다ᄉᆞᆺ슨 諸졍聖·셩
·이 讚·잔歎·탄·호미·오 ·스·믈여·스슨 聰총
明명利·링根군·호미·오 ·스·믈닐·구븐 慈
쭝愍·민心심·이 :만·호미·오 ·스·믈여·들븐
乃:냉終즁·애 成쎵佛·뿛·호미·라 ·쏘 虛헝
空콩藏·짱菩뽕薩·삻아 ·ᄒᆞ다·가 現·현在
:찡未·밍来링天텬龍룡鬼:귕神씬·이 地
·띵藏·짱菩뽕薩·삻ᄉᆞ 일·후·믈 듣거·나 地
·띵藏·짱菩뽕薩·삻ᄉᆞ 像:썅·ᄋᆞᆯ ·절커·나 시
·혹 地·띵蔵·짱菩뽕薩·삻ᄉᆞ 本:본願·원 :일

·들 듣·고 修슣行혱·ᄒ·며 讚·잔歎·탄瞻졈
禮:롕ᄒ·면 닐·굽가·짓 利·링益·혁·을 得·득
ᄒ·리·니 ᄒ나ᄒᆞᆫ 셜·리 聖·셩地·띵·예 :건:내
ᄲᅱ·유미·오 :둘흔 惡·학業·업·이 消숗滅·멿

## 187a~187b

·호미·오 :세흔 諸경佛·뿛·이 擁:횽護·홍·ᄒ
·야 臨림·ᄒ·샤미·오 :네흔 菩뽕提똉·예 므
르·디 아·니·호미·오 다·ᄉᆞᆫ 本:본力·륵·을
增증長:댱·호미·오 여·스슨 宿·슉命·명·을
:다 通통·호미·오 닐·구븐 乃:냉終즁·애 成
쎵佛·뿛·호미·라 그·쯰 十·씹方방一·힗
切·쳉·예·셔 ·오신 不·붏可:캉說·쉃不·붏可
:캉說·쉃一·힗切·쳉諸경佛·뿛·와 大·땡菩
뽕薩·삻·와 天텬龍룡八·밣部:뽕 釋·셕
迦강牟뭏尼닝佛·뿛·이 地·띵藏·짱菩뽕
薩·삻ㅅ 大·땡威휭神씬力·륵不·붏可:캉
思ᄉᆞ議·읭·를 稱칭揚양讚·잔歎·탄·커시
·늘 듣:줍·고 :녜:업던 :이·리로·다 讚·잔歎·탄
·ᄒ·더시·니 그제 忉돌利·링天텬·에 無뭉

## 188a~188b

量·량香향華ᅘᅪᆼ·와 天텬衣ᅙᅴᆼ珠즁瓔ᅙᅧᆼ

비·허 釋·셕迦강牟뭏尼닝佛·뿌ᇙ·와 地·띵

藏·짱菩뽕薩·사ᇙ·ᄋᆞᆯ 供공養·양·ᄒᆞᄉᆞᆸ·고 一

·ᅙᅵᇙ切·쳉衆·즁會·ᅘᅬᆼ :다 ·ᄯᅩ 瞻졈禮:롕·ᄒᆞᄉᆞᆸ

·고 合·ᅘᅡᆸ掌:쟝·ᄒᆞ·야 므르·니·라

其끵四·ᄉᆞᆼ百·ᄇᆡᆨ十·씹八·ᄇᆞᇙ

世·솅尊존·이 아·니·오실·ᄊᆡ 優ᅙᅮᇢ填뗜

王왕波방斯ᄉᆞᆼ匿·닉王왕·이 檀딴香

향紫:ᄌᆞᆼ金금像:쌍·ᄋᆞᆯ 이ᄅᆞᅀᆞ·ᄫᆞ·니

世·솅尊존·이 ·오·시릴·ᄊᆡ 帝·뎽釋·셕·이

鬼:귕神씬·ᄋᆞ·로 七·칧寶:봉黃ᅘᅪᆼ金금

階갱·ᄅᆞᆯ ᄆᆡᆼ·ᄀᆞᅀᆞ·ᄫᆞ·니

其끵四·ᄉᆞᆼ百·ᄇᆡᆨ十·씹九:궁

ᄂᆞ·려·오싫 부텨·는 寶:봉階갱·ᄅᆞᆯ ·타·오

## 189a~189b

·거시·ᄂᆞᆯ 天텬王왕·이 조ᄍᆞ·ᄫᆞ·니

마·조·가싫 부텨·는 白·ᄈᆡᆨ象:썅·ᄋᆞᆯ ·타·가

·거시ᄂᆞᆯ 國·귁王왕·이 조ᄍᆞ·ᄫᆞ·니

其끵四·ᄉᆞᆼ百·ᄇᆡᆨ二·ᅀᅵᆼ十·씹

忉돌利·링天텬四·승衆·즁이 모·다 ·오
·습거·늘 부텻 우·희 곳·비 ·오더·니
閻염浮뿔提똉四·승衆·즁이 모·다 잇
거·늘 부텻 아래 ·쏘 곳·비 오·니
其끵四·승百·빅二·싱十·씹一·힗
金금像:쌍이 禮:롕數·숭커시·늘 世·솅
尊존이 合·협掌:쟝·ᄒ신·대 百·빅千쳔
化·황佛·뿛이 ·쏘 合·협掌:쟝·ᄒ시·니
金금像:쌍이 佛·뿛事·쑹·ᄒ싫·둘 世·솅
尊존이 讚·잔歎·탄·ᄒ신·대 百·빅千쳔

## 190a~190b

化·황佛·뿛이 ·쏘 讚·잔歎·탄·ᄒ시·니
其끵四·승百·빅二·싱十·씹二·싱
乾건闥·탏婆빵이 아ᄃᆞᆯ·이 늘·애·를 블
·라 七·짏寶:볼琴끔·을 :노녀·니이·다
世·솅尊존ㅅ 三삼昧·밍力·륵·에 苦:콩
空콩無뭉常썅·ᄋᆞᆯ 닐·아 大·땡千쳔界
·갱 드르·니이·다
其끵四·승百·빅二·싱十·씹三삼
聲셩聞문辟·벽支징佛·뿛이 ·즐·겨 ·춤
·을 ·츠·며 十·씹方방衆·즁生싱·이 孝·흏

180

養·양·을 :아·ᄉᆞᆸ·니

須슝彌밍山산·이 ·즐·겨 ·즘ᄋᆞ·며 소·ᄉ
·며 十·씹方방衆·즁生싱·이 大·땡會·ᅘᅬᆼ
·예 ·오·ᄉᆞᆸ·니

## 191a~191b

其끵四·ᄉᆞ百·빅二·ᅀᅵᆼ十·씹四·ᄉᆞ
寶:봉塔·탑·이 소·ᄉ·시·니 七·칧寶:봉
ᄀᆞᆺ·더시·니 彌밍勒·륵·이 :묻ᄌᆞᆸ·시·니
寶:봉塔·탑因ᅙᅵᆫ緣원·을 衆·즁心심·이
疑읭心심·터·니 世·솅尊존·이 니ᄅᆞ·시
·니

○ 그·ᄢᅴ 人ᅀᅵᆫ間간·애 이·셔 부텨 :몯·보·ᅀᆞᆸ
·반·디 오·라더·니 大·땡目·목提똉連련·이
神씬力·륵·이 第·똉一·힗·이로·ᄃᆡ 神씬力
·륵·을 :다 뼈 十·씹方방·애 求꿀·ᄒᆞ·ᅀᆞ보·ᄃᆡ
모·ᄅᆞ·며 阿항那낭律·륧陁땅 天텬眼
:안·이 第·똉一·힗·이로·ᄃᆡ 十·씹方방三삼
千천大·땡千쳔世·솅界·갱·를 :다 ·보다·가
:몯 ·보·ᅀᆞᆸ·며 五:옹百·빅大·땡弟:똉子:ᄌᆞᆼ

## 192a~192b

·애 나·르·리 如셩来링 :몯·보ᅀᆞ·바 시·름·ᄒᆞ
·야 ·ᄒᆞ더·니 優ᅙᅮᇢ填뗜王왕·ᄃᆞᆯ히 阿항難
난·ᄋᆡ그에·가 무·로·ᄃᆡ 優ᅙᅮᇢ填뗜·ᄋᆞᆫ 나·랏일·후미·라 如
셩来링 어·듸 :겨시·니잇·고 阿항難난·이
ᄉᆞᆯ·ᄫᅩ·ᄃᆡ 大·땡王왕·하 나·도 如셩来링 :겨
신·ᄃᆡ·ᄅᆞᆯ 모·ᄅᆞᅀᆞ·바이·다 優ᅙᅮᇢ填뗜王왕
·이 世·솅尊존 ·그·리ᅀᆞ·바 病·뼝·을 ·ᄒᆞ·야 나
·라·해 ·어딘 匠·쨩人ᅀᅵᆫ 뫼·호·아 匠·쨩人ᅀᅵᆫ·ᄋᆞᆫ 자·ᄇᆞᆫ것
ᄆᆡᆼ·ᄀᆞᄂᆞᆫ :사·ᄅᆞ미·라 牛ᅌᅮᇢ頭뚜ᇢ栴젼檀딴香향·ᄋᆞ
·로 世·솅尊존ㅅ 像:쌍·ᄋᆞᆯ ᄆᆡᆼ·ᄀᆞᅀᆞ·바 노·ᄑᆡ 다·ᄉᆞᆺ
·자·히러·라 供공養·양·ᄒᆞ·ᅀᆞᆸ더·니 波방斯ᄉᆞᆼ匿
·닉王왕·도 그:말 듣·고 紫:ᄌᆞᆼ磨망金금·으
·로 如셩来링ㅅ 像:쌍·ᄋᆞᆯ ᄆᆡᆼ·ᄀᆞᅀᆞ·ᄫᆞ·니 ·이·도
노·ᄑᆡ 다·ᄉᆞᆺ·자·히러·라 閻염浮뿧提똉ㅅ 內·뇡·예 ᄆᆡᆼ

## 193a~193b

·ᄀᆞᅀᆞ·ᄫᆞᆫ 부텻 像:쌍·이 ·이 :둘·히 始:싱作·작
·이시·니·라 ○ 그·ᄢᅴ 優ᅙᅮᇢ填뗜王왕·이 六
·륙師ᄉᆞᆼ·ᄃᆞᆯ 블·러 무·로·ᄃᆡ 如셩来링 어·듸
:겨시·뇨 六·륙師ᄉᆞᆼ ·즉재 ᄉᆞᆯ·ᄫᅩ·ᄃᆡ 大·땡

王왕·하 :아·ᄅ쇼·셔 瞿꿍曇땀沙상門몬
·이 正·정·히 幻·뤈術·쓩·의 ᄃ욀쏘·ᄅ·미·니
幻·뤈化·황·의 法·법·은 真진實·씷흔 體·톙
:업스·니 大·땡王왕·하 :아·ᄅ쇼·셔 ·우리 ·그
레 :네 圍윙陁땅典:뎐·에 닐·오·딕 韋윙陁땅·ᄂ 智
·딩論·론·이·라 혼 :마리·니 ·처서·믜 梵·뻠天텬·이 흔 韋윙陁땅·ᄅᆯ 밍·ᄀ
라·ᄂᆯ버·거 白
·삥淨·쪙·이·라 홀 仙션人ᅀᅵᆫ·이 ᄒ나흘 고·텨 :네·헤 밍·ᄀ·니 흔일·후·
ᆫ 讀·똑誦·쏭·이
·오 :두일·후·ᆫ 祭·졩祀:ᄉᆞᆼ·오 :세일·후·ᆫ 歌강詠·윙·이·오 :네일·후·
ᆫ 禳샹灾징·라
歌강詠·윙·은 놀·애·오 禳샹灾징·ᄂ 灾징變·변·을 方방禳샹홀·씨·라 千쳔
年년二·ᅀᅵᆼ千쳔年년·에 당다이 흔 幻·뤈

## 194a~194b

人ᅀᅵᆫ·이 世·솅間간·애 나·리·라 ·ᄒ·얫ᄂ·니
瞿꿍曇땀沙상門몬·이 正·졍·히 그:사ᄅ
·미·니이·다 그·쁴 阿항那낭律·릏陁땅 王
왕·의 ·가 슬·ᄫᆞ·딕 如셩来링 ·요ᄉᆞ·싀·예 忉
돌利·링天텬·에 :겨·시더·니 後:휳ᄉ·닐·웨
·예 閻염浮뿔提똉·예 도·라 오시·리이·다
王왕·이 듣·고 깃·거 나·라·해 出·츓令·령·ᄒ

·야 ·믈쓰·려 ·쓸·며 香향 퓌·우·며 :깁·과 幡펀
盖·갱·를 ·들·며 난겻 모·다 한 供공養·양 밍
·フ·라 種·종種·종·앳 ·차·바니·며 花황香향
伎·끵樂·악·이러·니 그·쁴 六·륙師상 보
·고 무·로·디 너:희 ·이 供공養·양 밍·フ·라 國
:귁王왕·을 請·청·ᅙᆞ·ᅀᆞᆸ보·려 ·ᄒᆞᄂᆞ·다 王왕
子:중·를 請·청·ᅙᆞ·ᅀᆞᆸ보·려 ·ᄒᆞᄂᆞ·다 大·땡臣

## 195a~195b

씬·을 請:청ᅙᆞ·다 婆빵羅랑門몬居겅士
:씅·를 請:청ᅙᆞ·다 아·ᅀᆞ·믈 모·도·다 對·됭答
·답·ᄒᆞ·디 부텨 請·청·ᅙᆞ·ᅀᆞᆸ보·려 ·ᄒᆞ노·라 六
·륙師상 무·로·디 부:톄 ·누·고 對·됭答·답
·ᄒᆞ·디 一·힗切·쳉智·딩人신·이시·니·라 ·ᄹᅩ
무·로·디 一·힗切·쳉智·딩人신·이 ·누·고 對
·됭答·답·ᄒᆞ·디 大·땡慈쭝悲빙父:뿡시
·니·라 :네 모·ᄅᆞ던·다 白·삑淨·쪙王왕種:종
·이시·니 豪ᅘᅩᇢ尊존·이 第·똉一·힗·이시·니
劫·겁初총브·터 믈아·ᄃᆞ·리 서르니·어 轉
:둰輪륜王왕·이 ᄃᆞ외·시ᄂᆞ·니 ·요ᄉᆞ·싀 :두
:뉘·를 轉:둰輪륜王왕·이 아·니ᄃᆞ외·샤·도
閻염浮뿔提똉王왕·이 ᄃᆞ외·시·니 淨·쪙

飯·뻔王왕 몬아·ᄃ·님 悉·싫達·딿太·탱子

## 196a~196b

:쟝 城쎵밧·긔·나 老:롤病·뼝死:ᄉᆞᆼ ·보시

·고 시·름·ᄒᆞ·샤 人신生ᄉᆡᆼ·올 슬·피너·기·샤

貴·귕ᄒᆞ·며늘·아봇·니 :업·시 얼굴잇ᄂᆞᆫ거

·시 ·이 시·름 免:면ᄒᆞ·리 :업도·다ᄒᆞ·샤 바·민

宮궁城쎵 :나ᄆᆞ·샤 菩뽕提똉樹·쓩 아래

苦:콩行·ᅘᅵᆼ六·륙年년·ᄒᆞ신 後:ᅘᅮᇢ·에 一·잃

切·쳉智·딩·를 일·우실·씨 號·ᅘᅩᇢ·를 一·잃切

·쳉智·딩人신·이시·다·ᄒᆞᄂᆞ·니 ᄒᆞ오·ᅀᅡ아

·라 成쎵佛·뿛·ᄒᆞ·샤 十·씹力·륵과 四·ᄉᆞᆼ無

뭉畏·휭·와 十·씹八·밣不·붏共·꽁法·법·과

一·잃切·쳉種:죵智·딩·예 니·르·리 :다ᄆᆞᄌᆞ

·시니·라 ·나신 닐·웨·예 ·어마:니·미 命·명終

즁·ᄒᆞ·샤 忉돌利·링天텬·에 ·나시·니 부:톄

·어마:님 爲·윙·ᄒᆞ·샤 說·쉃法·법·ᄒᆞ·샤 아ᄒᆞᆫ

## 197a~197b

·나·를 :디:내시·니 ·이 後:ᅘᅮᇢㅅ 닐·웨·엔 閻염

浮뿔提똉·예 도·라·오·시리·라 그·쁴 六·륙

師상 ·이:말 듣·고 새·옴ᄆ스·믈 :내·야 시

·름ᄒ·며 怒:농ᄒ·며 :셜·버 即·즉時씽·예 六

·륙師승·이 ·무·리 모·다 議·읭論론·호·딗 瞿

꿍曇땀沙상門몬·이 ·ᄒ다·가 閻염浮뿔

提똉·예 도·라·오·면 一·힗切·쳉人신民민

·이 :다 당다이 ·우리·를 ᄇ·리·고 瞿꿍曇땀

·이·를 供공養양ᄒ·리·라ᄒ·고 六·륙師승

한:사ᄅ·미게 셜·리·가 닐·오·딗 모·다 아

·라ᄉ·라 瞿꿍曇땀沙상門몬·이 實·씷·로

:아논·일 :업·슨 黃ᅘ口:쿻小:숗兒싱·라

口:쿻·는 ·이비·오 小:숗兒싱·는 아·히라 釋·셕氏:씽宮궁·에·셔

·나 菩뽕提똉樹쓩 아·래 :제 닐·오·딗 一·힗

## 198a~198b

切·쳉種:죵智·딩·를 得·득ᄒ·라 ·ᄒ·건마·른

·이 :거·즛:마리·라 阿항闍꼉達딿王왕·이

·와 瞿꿍曇땀·이·를 請:청ᄒ·야 供공養양

·ᄒ·논거·시 오·직 馬:망麥·믹·이어·늘 馬:망麥·믹

·은 :귀·밀·이·라 瞿꿍曇땀·이 구·즌들 :몰·라 請:청

·을 바·ᄃ·니 一·힗切·쳉智·딩 아·닌·들 :알·라

난 닐·웨·예 ·어·미 命·명終즁ᄒ·니 薄·빡相

·샹·앳 :사·ᄅᆞ미·며 薄·빡·ᄋᆞᆫ 열·블·씨·라 至·징極·끅 :모
·딘 :사·ᄅᆞ미·라 ·밤·나재 供공養·양·홇·디어
·늘 ᄇᆞ·리·고 深심山산·애 ·드·러가·니 恩ᅙᅳᆫ
分·뿐:업·슨 :사·ᄅᆞ미·라 父:뿡王왕·이 爲·윙
·ᄒᆞ·야 瞿꿍夷잉·ᄅᆞᆯ ·드려·늘 乃:냉終즁 :내
婦:뿌ᇹ人ᅀᅵᆫ禮:롕·ᄅᆞᆯ 行ᅘᆡᇰ·티 아·니·ᄒᆞ·야 婦:뿌ᇹ
人ᅀᅵᆫ·ᄋᆞᆫ :겨·지비·라 憍교ᇹ曇땀彌밍 ᄀᆞ·장 :셜버·케

## 199a~199b

ᄒᆞ·니 恩ᅙᅳᆫ惠·ᅘᅰᆼ모·ᄅᆞ·며 恩ᅙᅳᆫ惠ᅘᅰᆼ念·념
·티 아·니·ᄒᆞᄂᆞᆫ·ᄃᆞᆯ :알·라 瞿꿍曇땀·ᄋᆡ ·무·리
尊존卑빙:업·서 五:옹百·ᄇᆡᆨ弟:뗑子:ᄌᆞᆼ
各·각各·각第·뗑一·ᅙᅵᇙ·이로·라 일ᄏᆞᆮᄂᆞ·니
스승·이 ᄒᆞ·마 法·법:업·고 弟:뗑子:ᄌᆞᆼ ·ᄯᅩ
修슈ᇹ行ᅘᆡᇰ·ᄒᆞ·논 業·업·이 :업스·며 訥·ᄂᆞᇙ鈍
·똔ᄒᆞᆫ 訥·ᄂᆞᇙ·은 :말구·들·씨·라 槃빤特·뜩比·삥丘크ᇹ
그中듕·에 ·드·러이시·며 舍·샹衛·윙城쎵
中듕·엣 婬음亂·롼ᄒᆞᆫ 蓮련花황色·ᄉᆡᆨ女
:녕 ·ᄯᅩ 그中듕·에 ·드·러이시·며 至·징極
·끅ᄂᆞᆯ·아ᄫᆞᆫ 王왕舍·샹城쎵中듕·엣 ᄯᅩᆼ:메
·던 :사ᄅᆞ·미 ·ᄯᅩ 그中듕·에 ·드·러잇ᄂᆞ·니 ·이
럴·씨 瞿꿍曇땀法·법中듕·엔 猥:욍雜·짭

·이 ᄃ·토·아 모·다 ·드·러 :다 尊존卑빙:업스

## 200a~200b

·니 猥:휭·는 :더러·ᄫᆞᆯ·씨·라 恭공敬·경 :몯홇거·시·라 너

회·ᄃᆞᆯ·히 :엇·뎨 瞿꿍曇땀·이·ᄅᆞᆯ 請·청·호려

·ᄒᆞᄂᆞ·다 모·ᄃᆞᆫ :사·ᄅᆞ·미 비·록 六·륙師ᄉᆞᆼ·이

:마·ᄅᆞᆯ 드·러·도 大·땡地·띵 :뮈·디 아니·ᄒᆞᆺ·ᄒᆞ

·야 ᄆᆞᅀᆞ·미 金금剛강 ᄀᆞ·ᄐᆞ·야 如셩來링

·ᄅᆞᆯ 渴·칧望·망·ᄒᆞ·야 :울·워ᅀᆞᆸ·ᄫᅩ·미 목ᄆᆞᆯ·라

·믈먹·고져 홈 ᄀᆞᆮ더·니 ○ 그·쁴 世·솅尊존

·이 忉돌利·링天텬·에 :겨·샤 한:사ᄅᆞᆷ 爲·윙

·ᄒᆞ·야 너·비 說·쉂法·법·ᄒᆞ·샤 ᄀᆞ·장 利·링益

·혁게 ·ᄒᆞ시·고 :석·ᄃᆞ·리 다ᄋᆞ거·늘 쟝·ᄎᆞ 도

로 ᄂᆞ·려:오리·라·ᄒᆞ·샤 鳩궇摩망羅랑·ᄅᆞᆯ

·브리·샤 鳩궇摩망羅랑·ᄂᆞᆫ 하ᄂᆞᆳ大·땡将·쟝軍군·이·라 閻염浮

뿧提똉·예 ᄂᆞ·려·와 닐·오·ᄃᆡ 如셩米링 아

·니오·라 涅·넗槃빤·애 ·드르시·리·라 그제

## 201a~201b

衆·즁生ᄉᆡᆼ·이 ·이:말 듣·고 닐·오·ᄃᆡ ·우리·ᄃᆞᆯ

·히 ·요ᄉᆞ·ᅀᅵ·예 大·땡師ᄉᆼ :겨신 ·ᄡᅡ·홀 모·ᄅᆞ

다·니 忉돟利·링天텬·에 :겨·시닷·다 ·ᄯᅩ 涅

·녫槃빤·애 ·드로·려 ·ᄒᆞ시·니 ·이리·ᄃᆞ·록 :셜

ᄫᅳᆯ·쎠 世·솅間간·앳 ·누·니:업·스려·다 ·우리

·ᄂᆞᆫ 罪:쬥지·슨 ·모미·라 하·ᄂᆞᆯ·해 :몯·가노·니

願·원ᄒᆞᆫ·ᄃᆞᆫ 仁ᅀᅵᆫ者:쟝 請:청·ᄒᆞᅀᆞ·바 閻

염浮뿧提똉ᄉ :사ᄅᆞ·ᄆᆞᆯ :어엿·비 너·기·샤

어셔 ᄂᆞ·려·오시·게 ·ᄒᆞ쇼·셔 鳩궁摩망羅

랑 올·아·가 ᄉᆞᆯ·바·ᄂᆞᆯ 世·솅尊존·이 드르

·시·고 五:옹色·ᄉᆡᆨ光광明명·을 ᄇᆞᅀᆞ와 ·ᄆᆡ

에 ·펴신·대 天텬帝·뎽釋·셕·이 부텨 ᄂᆞ·리

ᄉᆞᆶ·ᄃᆞᆯ :아ᅀᆞᆸ·고 ·즉재 鬼:귕神씬·브려 :세·ᄫᆞᆫ

寶:봉階갱·를 지·ᅀᆞ·니 階갱·ᄂᆞᆫ ᄃᆞ:리·라 가·온·ᄃᆡ 閻

## 202a~202b

염浮뿧檀딴金금·이·오 :왼녀·긘 瑠륳璃

링·오 ·올ᄒᆞᆫ녀·긘 瑪:망瑙:놓러·라 부:톄

摩망耶양·ᄭᅴ :ᄉᆞᆯ·ᄫᆞ샤·ᄃᆡ 죽사·릿 法·법·은

모·댓다·가 :모·ᄃᆡ여·희ᄂᆞ·니이·다 ·내 ·이제

ᄂᆞ·려·가아·니오·라 涅·녫槃빤·호·리이·다

摩망耶양 :우·르시·고 偈·꼥지·ᅀᅥ ᄉᆞᆯ·바

시·ᄂᆞᆯ 그제 世·솅尊존·이 辭쏭別·볋·ᄒᆞ시

·고 그 寶:뽕階갱·로 ᄂ·려·오·더시·니 梵·뻠

天텬·이 盖·갱자·바 四·ᄉ天텬王왕·과 :두

녀·긔 ·셔슬·고 四·ᄉ部·뽕大·땡衆·즁·이 歌

강唄·뺑·로 讚·잔嘆·탄·ᄒ·ᅀᆞᇦ·며 **歌강·ᄂᆞᆫ 놀·애·오**

**唄·뺑·ᄂᆞᆫ 偈·꼥·로 讚·잔嘆·탄홀·씨·라** 無뭉量·량百·빅千천

諸졍天텬·이 조:ᄍᆞᆸ더·니 如여来ᄅᆡᆼ ·큰 光

광明명·펴·샤 神씬力·륵·으·로 感:감動:똥

# 203a~203b

·ᄒ·샤 하ᄂᆞᆳ 풍류 百·빅千천萬·먼種:죵·ᄋᆞᆯ

·ᄒ·야 虛헝空콩·애 ᄀᆞ득·ᄒ·야 곳비ᄒᆞ·며

香향ᄑᆔ·우·며 一·ᅙᆶ切·쳉天텬·과 一·ᅙᆶ切

·쳉龍룡鬼:귕神씬乾껀闥·탏婆빵緊:긴

那낭羅랑摩망睺·薨羅랑伽꺙人ᅀᅵᆫ非

빙人ᅀᅵᆫ等:등·이 :다모·다 길잡:슙거·니미

조:ᄍᆞᆸ거·니 ·ᄒ·야 ᄂᆞ·려·오·시더·라 閻염

浮뿔提똉ᄉ 王왕 優ᅙᇦ塡떤王왕 波방斯ᄉ

ᇰ匿·닉王왕等:등 一·ᅙᆶ切·쳉大·땡衆·즁

·이 寶:뽕階갱 미·틔 모·다가 머리:조ᅀᅡ·바

부텨·를 마:ᄍᆞᆸ더·니 ○ 優ᅙᇦ塡떤王왕·이

밍·ᄀᆞᅀᆞᆫ·ᄫᆞᆫ 金금像:썅·ᄋᆞᆯ 象:썅·애 :실ᄌᆞ·ᄫᅡ

·가 마:ᄍᆞᆸ더·니 金금像:썅·이 象:썅 우·희 오

르·락ㄴ·리·락 ·ᄒ·샤 生싱佛·뿛·이 ·긷·ᄒ시

## 204a~204b

·며 虛헝空콩·애 :거·르시·니 ·발아·래·셔 곳
·비오·며 ·또 放·방光광·ᄒ·시더·라 그 金금
像:썅·이 世·솅尊존 ·보ᅀᆞᆸ시·고 合·ᅘᅡᆸ掌
:쟝·ᄒ·야 禮·롕數·숭·ᄒ·시거·늘 世·솅尊존
·도 ·꾸르·샤 合·ᅘᅡᆸ掌:쟝·ᄒ시·니 虛헝空콩
·애 :겨·신 百·븽千쳔化·황佛·뿛·도 :다 合·ᅘᅡᆸ
掌:쟝·ᄒ·야 金금像:썅向·향·ᄒ·야 ·꾸·르시
·니·라 그·쁴 世·솅尊존·이 金금像:썅·ᄭᅴ 니
르·샤·ᄃᆡ :네 ·오·ᄂᆞᆫ :뉘·예 佛·뿛事·쏭·를 ᄀᆞ·장
ᄒ·리·니나 滅·몛度·똥ᄒᆞᆫ 後:ᅘᅮᇢ·에 ·내 弟:똉
子:ᄌᆞ·들·ᄒᆞᆯ 네게 付·붕嘱·쪽·ᄒ노·라 ·ᄒ·야
시·늘 空콩中듕·엣 化·황佛·뿛·이 ᄒᆞᆫ소·리
·로 니르·샤·ᄃᆡ 衆·즁生싱·이 부텨 :업스·신
後:ᅘᅮᇢ·에 부텻 像:썅 밍ᄀᆞᅀᆞ·바 種:죵種죵

## 205a~205b

供공養·양·ᄒ·리·옷이시·면 그 :사르·미 ·오

·는 :뉘·예 당다이 念·념佛·뿛清청淨·쪙三

삼昧·밍·를 得·득ᄒ·리·라 ᄒ·더시·다 ○ 世

·솅尊존·이 ᄂ·려·오·싫제 四·ᄉ衆·즁八·밣

部·뽕 :다 空콩界·갱·예·가 마·쫍더·니 蓮

련花황色·ᄉᆡᆨ比·삥丘쿨尼닝 너·교·ᄃᆡ·나

·는 ·즁·의 ·모밀·씨 당다이 大·땡僧승後·흏

·에 부텨·를 ·보ᅀ·ᄫ리·니 神씬力·륵·을 ·ᄡᅥ

轉:둰輪륜聖·셩王왕·이 ᄃᆞ외·야 千천子

:중 圍윙繞·ᅀᅭᇂ·ᄒ·야 ·ᄆᆞᆺ·처섬 부텨 ·보ᅀ

·ᄫᅡ 願·원치·ᄋᆞ니·만ᄒ·니 :업·다 ᄒ·야·ᄂᆞᆯ 世

·솅尊존·이 ᄀᆞᆺ·보시·고 구·지·즈샤·ᄃᆡ 蓮련

花황色·ᄉᆡᆨ比·삥丘쿨尼닝 :네 :엇·뎨 大·땡

僧승:건·너 :날 ·보ᄂᆞ·다 :네 비·록 내 色·ᄉᆡᆨ身

## 206a~206b

신·을 ·보아·도 내 法·법身신·을 :몯·보ᄂᆞ·니

須슝菩뽕提똉 바·횟:소·배 便뼌安ᅙᅡᆫ·히

안자·셔·ᅀᅡ 도ᄅᆞᆨ·혀 내 法·법身신·을 ·보ᄂᆞ

·니·라 그·쁴 六·륙師ᄉᆞᆼ·이 ·무·리 모·다 ·쏘 너

·교·ᄃᆡ ·우리 ·이제 衰쇠ᄒᆞᆫ 災징禍·ᅘᅪ ᄒ

·마 ·오·노소·니 災징禍·ᅘᅪ·ᄂᆞᆫ 머·즌·이리·라 비·록 한:사ᄅᆞ

·미 中듕·에 닐·어·도 고·디 듣·디 아·니·ᄒᆞᄂ

192

·니 ·이제 ·쏘 天텬人신大·땡衆·즁中듕·에

·가 出·츓슈·령·을 이·ᄀ티 ᄒ·면 어·루 淸쳥

白·ᄤ·을 :알·리·라ᄒ·고 제·믈 八·밣千쳔 :사

ᄅᆷ 더·블·오 大·땡衆·즁 모·ᄃᆫ·ᄃᆡ ·가 ᄒ·녀·긔

안ᄌ·니·라 그·ᄢᅴ 흔 乾건闥·탏婆빵·이 아

·ᄃᆞᆯ 일·후·미 闥·탏婆빵摩망羅랑·라 호

·리 七·칧寶·ᄫᅩᆯ琴끔·을 :노더·니 如셩来링

### 207a~207b

·ᄢᅴ ·가 머·리조·ᅀᅡ 禮·롕數·숭ᄒ습·고 ᄒ·녁

面·면·에 믈·러 住뜡ᄒ·야 七·칧寶·ᄫᅩᆯ琴끔

:놀·오 놀·애 블·러 微밍妙·묳흔 소·리·를 :내

·니 그소·리 和ᅘᅪ雅·ᅌᅡᆼᄒ·야 모·ᄃᆫ ᄆᆞᅀᆞ·미

·즐·겁더·니 聲셩聞문辟·벽支징佛·ᄤ·ᄃᆞᆯ

·히 ·모·미 :뮈ᄂᆞᆫ·ᄃᆞᆯ :몰·라 니·러 ·춤·츠며 須슝

彌밍山산·도 소·ᅀᆞ·락·ᄌᆞᆷ·락수·기·락·울

월·락ᄒ더·니 그제 如셩来링有·울相·샹

三삼昧·밍·예 ·드·르시·니 三삼昧·밍力·륵

·으·로 그 琴끔ᅀ 소·리 三삼千쳔大·땡千

쳔世·솅界·갱·예 들·이·게 ᄒ시·니 그소·리

苦·콩空콩無뭉常썅不·붏淨·쪙無뭉我

:앙·를 ᄀᆞ·초 불·어 니르·니 放·방逸·잀衆·즁

生싱·이 放·방·은 노흘·씨·오 逸·잃·은 便뼌安한홀·씨·니 제 便뼌安한홀
:야

## 208a~208b

·으·로 므슴 マ·장·펴노·하 :조심 아·니홀·씨·라 ·이 微밍妙·묠혼 소
·리듣·고 マ·초불·어 닐·오·딕 如성来링恩
혼惠·휑·를 :아른·샤 恩혼惠·휑·를 가프·샤
無뭉量·량阿항僧승祇낑劫·겁·에 父·뿡
母:물孝·흉養·양·ᄒ·시닷·다ᄒ·고 一·잃切
·쳉衆·즁生싱·이 :다소·리조·차 閻염浮뿔
提똉·예·와 부텨·씌 머·리조·사 禮:롕數·숭
·ᄒ습·고 ᄒ녀·긔 안즈·니 그·쁴 天·텬衆·즁
·이 如성来링·를 :울·워ᅀᆞ·바 ·누·늘 다른·딕
아·니가·져·갯더·니 如성来링 그·쁴 三삼
昧·밍·예 ·드러 괴외·ᄒ·야 :겨실·씨 一·잃切
·쳉大·땡衆·즁·도 :다 즘즘·ᄒ·얫거·늘 大·땡
衆·즁中듕·에 七·칧寶:볼塔·탑·이 짜·해·셔
소·사·나 空콩中듕·에 머·므·러이시·니 無

194

## 209a~209b

뭉數·숭幢똉幡펀·이 그우·희들·이고 百

·빅千쳔寶:볼鈴령·이 절·로 :울어·늘 鈴령·은 바

·오리·라 ᄀᄆᆞᆫᄒᆞᆫ ᄇᆞᄅᆞ·미 :부니 微밍妙·묳ᄒᆞᆫ

소·리·나더·라 그·쁴 大·땡衆·즁·이 ·이 寶:볼

塔·탑·을 보·고 疑읭心심·ᄒᆞ·야 :엇·던 因인

緣원·으·로 ·이 寶:볼塔·탑·이 싸·해·셔 소·사

·나거·뇨 ·ᄒᆞ더·니 諸졍聲셩聞문衆·즁솔

·샹利·링弗·붏等·등·이 ᄆᆞᇝᄀᆞ·장 ᄉᆞ랑·ᄒᆞ

야·도 ·ᄯᅩ ·모ᄅᆞ·며 娑상婆빵世·솅界·갱·예

:네브·터 住·뜡·ᄒᆞ신 菩뽕薩·삺摩망訶항

薩·삺·이 彌밍勒·륵菩뽕薩·삺·애 니·ᄅᆞ·리

·ᄯᅩ 모·ᄅᆞ·더시·니 그·쁴 六·륙師ᄉᆞᆼ 녀교

·딕 ·ᄯᅩ :엇·던 因인緣원·으·로 ·이 寶:볼塔·탑

·이 잇거·뇨 ·ᄒᆞ다가 무·르·리이시·면 ·내 모

## 210a~210b

·ᄅᆞ·려시·니 :몰·롫·뎬 :엇·뎨 ·ᄯᅩ 일·후·믈 一·힗

切·쳉知딩見·견·이로·라 ᄒᆞ·려·뇨 ·ᄯᅩ 녀교

·딕 瞿꿍曇땀·이 :엇·뎨 샬·리 大·땡衆·즁爲

·윙·ᄒᆞ·야 ·이 :이·를 ·펴 니·ᄅᆞ·디 아니커·뇨 ·ᄒᆞ

더·니 그·쁴 如셩来링三삼昧·밍·로·셔 ·나

·거시·늘 忉돌利·링天텬王왕·이 天텬衣

휭·로 師ᄉᆞᆼ子:즈座·쫭·애·싟·ᆞ밨·ᄂᆞᆯ 如셩

来링 ·즉재 올·아 結·겷加강趺붕坐·쫭·ᄒᆞ

시·니 須슝彌밍山산王왕·이 大·땡海:힝

·예 잇ᄂᆞᆫ·ᄃᆞᆺ·ᄒᆞ·시더·니 그·쁴 彌밍勒·륵菩

뽕薩·삻·이 모·ᄃᆞᆫ 므ᅀᆞ·미 疑읭心심·ᄋᆞᆯ 보

·며 ·ᄌᆞ개·도 모·ᄅᆞ·샤 ·즉재 座·쫭·애·셔 니·러

부텻 알·픠 나ᅀᅡ·드르·샤 머·리조·ᅀᅡ 禮:롕

數숭·ᄒᆞᆸ·고 合·ᄒᆞᆸ掌:쟝·ᄒᆞ·야 :ᄉᆞᆯ·ᄫᅡ샤ᄃᆡ

## 211a~211b

世·솅尊존·하 :엇·던 因힌緣원·으·로 ·이 寶

:ᄫᅩᆯ塔·탑·이 따·해·셔 소·사나·니잇·고

其끵四·ᄉᆞ百·빅二·ᅀᅵᆼ十·씹五:옹

阿항僧승祇낑前쪈劫·겁·에 波방羅

랑捺·냉王왕·이 太·탱子:ᄌᆞ·ᄅᆞᆯ 求꿀·ᄒᆞ

■■■

■■■■■ 第·똉一·힔夫붕人신■

■■■ 나쏘·ᄫᆡ시·니

■■四·ᄉᆞ百·빅二·ᅀᅵᆼ十·씹六·륙

■■子:ᄌᆞㅣ 性·셩 :고ᄫᆞ·샤 怒:농·호·ᄆᆞᆯ

196

모·ᄅᆞ·샤 布·봉施싱·를 ·즐기·더시·니

大·ᄈᆡᆼ臣씬·이 :모디·라 德·득·을 새·오ᅀᆞ

·ᄫᅡ :업·스시·긔 ·쇠·를 ·ᄒᆞ더·니

其끵四·ᄉᆞ百·빅二·싱十·씹七·칧

## 212a~212b

아·바:님 病·뼝重:뜡·ᄒᆞ·샤 藥·약·을 :몯·ᄒᆞ

·ᅀᆞ거·늘 목:숨ᄇᆞ·려 救·굴·ᄒᆞᄉᆞ·ᄫᆞ시·니

아·바:님 슬ᄒᆞ·샤 檀딴香향·ᄋᆞ·로·ᄉᆞᄉᆞ

·ᄫᅡ 寶:봉塔·탑 일·어 供공養·양·ᄒᆞ시·니

其·끵四·ᄉᆞ百·빅二·싱十·씹八·밣

■■■■ᄉ 일·훔·은 忍:ᅀᆫ辱·쇽·이·러

■■■■■·애 如셩来링ᇙ시·니

■■■■■■王왕·은 閱·윓頭뜡檀

■■■■■■人ᅀᅵᆫ·이 摩망耶양

■■

■■四·ᄉᆞ百·빅二·싱十·씹九·굴

前쪈劫·겁·에 布·봉施싱·즐겨 父:뿡母

:뭏孝·흉道:똘·ᄒᆞ실·씨 菩뽕提똉·를 일

·우시·니

## 213a~213b

·이 싸·해 寶:볼塔·탑:셰·야 太·탱子·중供
공養·양·이실·씨 世·솅尊존ᄉ ·긔 소·사
:뵈·ᅀᆞᇦ·니
부:톄 彌밍勒·륵菩뽕薩·삻ᄃᆞ·려 니ᄅᆞ·샤
■■■■■■可:캉思ᄉᆞᆼ議·읭阿항僧
■■■■■·에 毗삥婆빵尸싱如셩来
■■■■■中듕·에 나·라·히 이·쇼·ᄃᆡ
■■■■■■■러·니 波방羅랑
■■■■■■■■·샤 正·졍法·법
■■■■■■■·샤 百·빅姓·셩 보·차
·디 아·니·ᄒᆞ·더시·니 ■:쉰 小:숗國·귁·이·오
八·밞百·빅 무슬·훌 가·졧·더시·니 王왕·이
아ᄃᆞ·리 :업·스실·씨 ·손소 神씬靈령·을 셤
·기·샤 ·열:두·히·를 누·굻·디 아·니·ᄒᆞ·샤 子:ᄌᆞ

## 214~222

(결락)

[원전] 광흥사 초간본 월인석보 권21
月印釋譜

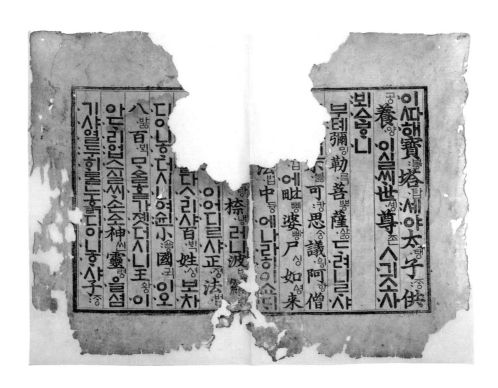

供공養양ᄒᆞᅀᆞᄫᆞᆯ 일ᄫᅳ실씨 世솅尊존ㅅ긔ᄉᆞᆯ
빗ᄉᆞᆸ고

이ᄡᅡ행寶ᄫᅩᆯ塔탑셰야 太태子ᄌᆞ供공

부톄彌밍勒ᄅᆨ菩뽕薩ᄉᆞᆯᄃᆞ려니ᄅᆞ샤ᄃᆡ

不붏可캉思ᄉᆞ議ᅌᅴ阿ᅙᅡᆼ僧ᄉᆞᇰ

ㅂ에眡ᄬᅵᆼ婆ᄬᅡᆼ尸싱如ᅀᅧ來ᄅᆡ

法법中ᄃᆔᇰ에ᄂᆞ랑이슐

당ᄂᆞᇰ더시니現ᅘᅧᆫ小숄國귁이오

八밣百ᄇᆡᆨ무ᄉᆞᆯᄒᆞᆯ가젯더시니王ᅌᅪᇰ이

이어듸ᅀᅡ正저ᇰ法법

ᄃᆞ려샤百ᄇᆡᆨ姓셔ᇰ보차

檍려니波ᄫᅪ羅

안리업ᄉᆡᆯ씨손ᅀᅩᆷ神씬靈련ᅙᅳᆯ셤

八밣百ᄇᆡᆨ무ᄉᆞᆯᄒᆞᆯ가젯더시니王ᅌᅪᇰ이

기샤열ᄒᆞ니둘ᄒᆞᆯ다낳ᄉᆞᆃ子ᄌᆞ

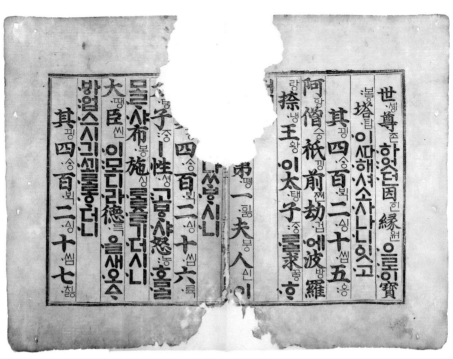

世尊하야던因緣으로이寶
塔이다해ㅅ소사나옷고
其四百二十五
阿僧祇前劫에波羅
捺王이太子를求호
라

子一性이恭敬怒호
대
大臣이모디라德을새오
몸을布施호몰더니
其四百二十六
其四百二十七

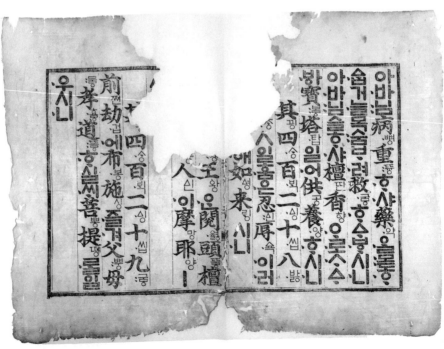

아바님病重호샤藥오
술거늘教호샤
아바님을供養호리라
寶塔이어供養호샤
其四百二十八
人일을忍厚호
王이闕頭檀
人이摩耶ㅣ
如來시니

前劫에布施호샤父母
孝道호샤善提를일
其四百二十九
오시니

數·숭幢똥幡펀·이ᄀ·후·희·룰·리·이·고百
千쳔寶·ᄫᅩᆯ鈴령·이·절로·울·어·늘·라오리ᄀ·ᄆᆞᆺᄆᆞᆯ·ᄆᆡ·니·微뮝妙·묠·호은·바
소·리·나·더·라ᄀ·삥大·땡衆·즁·이·이寶·ᄫᅩᆯ
塔·탑·ᄋᆞᆯ·고疑읭心심·ᄒᆞ·야·엇·던因
緣원·ᄋᆞ·로寶·ᄫᅩᆯ塔·탑·이사해·엿·ᄉᆞ·ᄫᆞ
나거늘·더·니諸졍聲셩聞문衆·즁合

·샹利링弗·붏等:ᄃᆞᆼ·이수·에·쌍·ᅌᅡᆼ·ᄒᆞ
·야·ᄭᅮᆯ·모·ᄋᆞ며娑상婆빵世·솅界·갱예
별터住:뜡·ᄒᆞ·신菩뽕薩·�摩망訶항
薩·삻·이彌밍勒·륵菩뽕薩·삻·애니·ᄅᆞ·리
·ᄭᆞ·ᄅᆞᆯ·더·시ᄂᆞ六·륙師ᄉᆞ-:너·고
·딛:엇·던因힌緣원·으·로寶·ᄫᅩᆯ塔·탑
·이ᄒᆡ거·ᄂᆞᆯ·다·ᄀᆞ·ᄆᆞᆯ·리·ᄉᆞ·면·ᄃᆞᆯ

려러·ᄉ·니·ᄃᆞᆯ·볼·리·엇·뎌·신·ᄒᆞ·ᄫᅮᆯ·ᄒᆞ·ᄂᆞ-ᄒᆞ
切·쳉知딩見·견으·로·랑·ᄒᆞ·련·ᄂᆞᆫ·ᄯᆞ·니
·딛躍·콩·曇땀·이·엇·뎨·셜·리·아·니·거·늘
·ᄒᆞ·야·이·ᄫᅮᆯ·펴·니·루·디·아·니·거·늘
·더·닌그·삥如셩來링·大·땡衆·즁·爲·윙
·ᄒᆞ·샤·신·니그·삥·삥刀·띻利·링天텬王·이天텬衣·ᅙᅵᆼ
·럴로師ᄉᆞ子:ᄌᆞ座·쨍·애안·ᄶᆞ·바·ᄂᆞᆯ如

·셩來링須슝彌밍山산王·이大·땡海:ᄒᆡᆼ
·예·ᅌᅵᆺ·ᄂᆞᆼ·ᄃᆞᆺ·시·니그·삥彌밍勒·륵菩뽕
薩·삻·이모·ᄃᆞᆫ:ᄆᆞᅀᆞ·미心심·ᅙᅴᆼ·疑읭心심·ᄋᆞᆯ·보
·딛·개·도·ᄒᆞᆯ·샤·ᄌᆡ座·쨍·애·셔·니·ᄅᆞ
·부·텼·알·ᄑᆡ나·ᅀᅡ·ᄃᆞᆯ·ᅀᅳ·머·리·조·ᅀᆞ禮롕
數·슈·ᄒᆞ·ᅀᆞᆸ·고合·ᄒᆞᆸ掌·쟝·ᄒᆞ·야·ᄒᆞ·ᅌᅡ·샤

싱·구·머리·조ᅀᅡ禮·롕數·숭·호ᅀᆞᆸ·호ᅌᅥᆨ

面·면에·드·러佳·갱·호·야七·칧寶·ᄫᅭᆸ琴·끔
·닛·소·리和·ᅘᅪ雅·ᅌᅡᇰ·호·야모·ᄃᆞᆫ소·리·예·대
·호·더라聲·셔ᇰ聞·문辟·벽支·징佛·ᄤ·에·須·슝
·호·모·ᄃᆞᆫ·믈·ᅀᆞᆯᄫᅡ·라·러衆·즁生·ᄉᆡᆼ·애·須·슝

彌·밍山·산·도·소·락·즈·믄·밧·수·기·락·을
얼·홍·더·니그·제如·셔ᇰ來·링有·ᅌᅮᇢ相·샤ᇰ
三·삼昧·밍·예·드·르시·니三·삼昧·밍·ㅅ·힘
·으·로그琴·끔·ㅅ소·리三·삼千·천大·땡千·쳔
世·솅界·갱·예·들이게·호·시·니그·소·리
苦·콩空·콩無·뭉常·쌰ᇰ不·붏淨·쪄ᇰ無·뭉我·앙
·호·ᄃᆞᆯ·초·믈·어·ᄂᆞ·리·ᄃᆞᆯ放·바ᇰ逸·잀銀·ᅌᅳᆫ
生·ᄉᆡᆼ·이安·ᅙᅡᆫ放·바ᇰ·ᄒᆞᆫ누·흘·ᄡᅥ·니便·뼌安·ᅙᅡᆫ·ᄒᆞᆯ·야

으·로ᇝ·숨·긠·하ᅙᆞ조ᇝ심·아·ᄂᆞ·로라·노·ㅣ微·밍妙·묠·호소
·리·를·그·초·믈·어·ᄂᆞ·ᅌᅥ如·셔ᇰ來·링恩·ᄒᆞᆫ
惠·ᅘᆐ·를·ᄀᆞᆯ·아·사恩·ᄒᆞᆫ惠·ᅘᆐ·를·가·ᅀᆞ
無·뭉量·랴ᇰ阿·항僧·승祇·낑劫·겁·에·아·ᄎᆞᆷ父·ᄤ
母·뭉孝·효養·야ᇰ·호·시ᄃᆞ·ᄒᆞ고一·ᅙᅵᆶ切·촁
衆·즁生·ᄉᆡᆼ·이·다소·리·조ᅀᅡ·ᄒᆞ고一·ᅙᅵᆶ切·촁

提·폐衆·즁·예·와·부·텨·머·리·조ᅀᅡ禮·롕數·승
·호ᅙᆞ·호·ᄂᆞ·라그·제如·셔ᇰ來·링大·땡報·보ᇢ
·이·如·셔ᇰ來·링·를·ᄵᅳ·러·숨·기·놀·ᄃᆞ·다·니·그·몌三·삼
昧·밍·예·ᄃᆞ·러그·외·야·겨·실·씽一·ᅙᅵᆶ
報·보ᇢ大·땡衆·즁·도·다조ᅀᅡ양·을·겨·실·씽一·ᅙᅵᆶ大·땡
報·보ᇢ衆·즁中·듀ᇰ·에七·칧寶·ᄫᅭᆸ塔·탑·이ᄵᅢᆨ·
소·사나空·콩中·듀ᇰ·에·어·멀·어아·ᄉᆞ·니無·뭉

御製禪宗王　二十五

供養ᄒ리니ㅅ면그ᅳ살ㅁ오
누련당다ᇰ念념佛뿛淸쳥淨쪙三삼
昧ᄆᆡᆼ이다得득ᄒ리라ᄒ시니世솅
尊존이다ᇰ인려오실제第똉四ᄉᆞ衆즁八밣
部뽕ㅣ다空콩界갱예가마ᄃᆞ니大땡僧ᄋᆞ
花황色ᄉᆡᆨ比삥丘쿻尼닝通ᄂᆞ
ㄴᄉᆞᇰ의몸ᄭᆞ두ᅀᅡ다ᅌᅵ大땡僧ᄋᆞ後흫

어ᄂ터를모ᄉᆞᇰ리리神씬力륵으로
轉둰輪륜聖ᄉᆞᇰ王왕ᄋᆞᆫ올야千쳔子ᄌᆞ
一ᅙᅵᆯ圓윈統통ᄒ야앗쳐셜텨보ᇰ
尊존ᄋᆞᆫ이ᄉᆞ보시ᄀᆞ두지샤ᄃᆞ遠원
ㅂᆢ額원치오니만ᄒᆞ니업당야ᄆᆞᆯ世솅
花황色ᄉᆡᆨ比삥丘쿻尼닝넷뎌大땡
僧ᄂᆞᆯ건널보ᄂ다네ᄫᅵ를내色ᄉᆡᆨ身신

御製禪宗王　二十六

신ᄂᆞ로아ᄃᆞ내法법身신ㅅᄆᆞᆯ보ᄂ니
須슝善쎤提똉밧ᄉᆞᆷ배便뼌安한히
앗ᄉᆞᆺ쇼ᄃᆞᆯᄒ야내法법身신을보ᄂ니
니락ᄒᆞᆫ六륙師ᄉᆞᆼ이우리모다쇼ᄃᆞ
공ᄃᆞ운이졔養ᅌᅣᇰ호ᇰ쒖禍ᅘᅪᇰ호
마ᄋᆞ논소니ᄆᆞ즌의리리니비ᄫᅳ한살
미中듀ᇰ에ᄂᆞᆯ언둑ᄂᆞᆫ비ᄫᅳ를다ᅌᅵ녕

니제쏘ᄂᆞ天텬人ᅀᅵᆫ신大땡衆즁中듀ᇰ에
가出츓令ᄅᆡᇰ옳이ᄃᆞᇰ연니ᇰ淸쳥
白ᄈᆡᆨ이옳ᄃᆞ럇ᄒ려로고제ᅙᅵᆯ八밣千쳔사
ㅂᆢ더를ㅂᆢ報ᄫᅳ를모ᄃᆞᆫ긍녕ㄱ
안수니락ᄀᆞ乾껀闥탏婆빵아
ᅙᅵᇢ울미闥탏婆빵摩망羅랑ㅣ락호
리七쳛寶봏琴끔을ᄃᆞᆫ더니如ᅀᅧᆼ來링

（上）

호샤 하ᄂᆞᆯ로 百빅千쳔萬먼種죵 옛

香향 虛헝空콩애 ᄀᆞ 호야 ᄆᆞ며

龍룡鬼귕神씬乾껀闥탏婆빠緊긴

那낭羅랑摩망睺훟羅랑伽꺙人신非

人신等ᄃᆡᆼ이 담다라 ᄉᆡᆼ거ㅣ라 閻염浮뿔

조ᄎᆞᆷ거늘 ᄒᆞ야 이담다잡ᄉᆞᆫ거ㅣ니

提똉人왕優ᄒᆞᆼ塡띤王왕波방斯

匿닉王왕等ᄃᆞᆼ이 一힔切쳉大땡衆ᄌᆔᇰ

이 寶봉階갱옛 미틔 모다 가머리즈ᅀᆞ며

부텨ᄅᆞᆯ마ᄌᆞ며 디ᄂᆞ니 優ᄒᆞᆼ塡띤王왕이

디ᅌᅳᆫ金금像썅을 象썅ᄋᆡ 실ᄉᆞ방

가ᄆᆞ로ᄃᆞᆫ 金금像썅이 象썅ᄋᆡ우희오

ᄅᆞᆨ누리랗 호샤 生ᄉᆡᆼ佛뿙이 곧ᄒᆞ시

（下）

머虛헝空콩애 거르시 날아래ㅅ 듯

비ᄋᆞ며 쏘放방光광 ᄒᆞ시더라ㄱ金금

像썅이 이世솅尊존ᄋᆞ로 禮롕數ᇙ호ᅀᆞᄫᆞ며

道ᄃᆢᆼ를 샤 千쳔化황佛뿙이 虛헝空콩

애 가ᄃᆞᆨ호야金금像썅向향 ᄒᆞ야ᄉᆞᄫᆞ시

掌쟈ᇰ호ᅀᆞ시거늘 世솅尊존이

合합掌쟈ᇰ호ᅀᆞ시고合합

니ᄅᆞ샤ᄃᆡ國귁世솅尊존이 金금像썅을 셰니

로샤ᄃᆡ 네오ᄂᆞᆫ늦예佛뿙이 滅ᄜᅞᆶ度똥後ᅘᅮᇢ에 내弟똉

子ᄌᆞ를 둘ᄒᆞ네게 付붕囑죡 ᄒᆞ노라 야

ㅣ신ᄒᆞᆯ空콩中듀ᇰ엣化황佛뿙이 ᄒᆞ노소리

로니ㅣ 샤디衆즁生ᄉᆡᆼ이 이부텨ᆞᆯ ᄉᆡᆫ

後ᅘᅮᇢ에부텻像썅 ᄆᆡᇰ ᄀᆞ샤種죵種죵

衆生이 이 말 ᄀᆞ들 듣ᄌᆞᄫᅡ 우리ᄃᆞᆯ히 오ᄉᆞᆷ예 大師ㅣ 거신 ᄯᆞ로 ᄒᆞᆯ다니 忉利天에 겨시닷다 ᄒᆞ시니 涅槃애 드려 ᄒᆞ시니 이런ᄃᆞ로 ᄡᅥ 世間애 드려 ᄒᆞᄂᆞ니 엄슬려 ᄒᆞ우리 罪 지은 모라 ᄒᆞ놀햇 믈 간노니 額ᄒᆞ는 仁者ㅣ 請ᄒᆞ수ᄫᅡ間

浮提ㅅ 사ᄅᆞᆷ로 어엿비 너기샤 어쎤 려오시게ᇰ소셔 鳩摩羅 ㅣᆯ 아가 ᄉᆞᆯᄫᅡ 누ᇇ世尊이ᄃᆞᆯ 시고 五色ㅅ 光明을 수와 에 ᄧ신대 天帝釋이 부텻긔 실ᄫᅩ아 ᄒᆞᆯ 곧 재鬼神 브려세좋 寶階ᄅᆞᆯ 지스니 두리라 ᄀᆞ온 ᄒᆞᆫ間

浮檀金 이오 왼녀긘 瑠璃오 摩耶ㅣᆯ 오ᄒᆞᆯ 녀긘 瑪瑙ㅣ라 부톄 摩耶 ㅣ ᄉᆞᆯ오 ᄋᆞ을 시고 偈ᄅᆞᆯ 지ᄉᆞᄫᅡ 신 고 이제 世尊이 辭ᄒᆞ야 別ᄒᆞ시 신 고

摩耶ㅣ ᄉᆞᆯ오 ᄋᆞ을 시고 偈ᄅᆞᆯ 지ᄉᆞᄫᅡ 누려아 오라 涅槃 ᄒᆞ리다 모ᄃᆞᆺ다 ᄀᆞ목 여ᄒᆞᆫ 닝다 내 제 法은

寶階로 ᄂᆞ려오더시니 楚 天이 盖ᄒᆞᆸ고 四部大衆이 며 녀긔 셔오고 四 天王이 곧두 唄로 讚嘆ᄒᆞ며 歌노래오 며 嘆ᄒᆞᄂᆞᆫ 偈讚ᄒᆞ야 無量百千 諸天이 조ᄍᆞ팅더니 如來ㅣᆯ큰光 明天이 ᄌᆞ쫑神力을 으로 感動ᄒᆞ

한恩ᅙᆫ惠ᅘᆒ 모다 恩ᅙᆫ惠ᅘᆒ念념
호ᄃᆡ호ᄃᆞᆫ주근后ᅘᅮᆼ瞿ꟁᆼ曇땀ᄋᆞ로리
尊존卑빙業ᅌᅥᆸ서五ᅌᅩᆼ百ᄇᆡᆨ弟똉子ᄌᆞ
各각各각第똉一ᅙᅵᆳ이니ᄒᆞ라ᄒᆡᆯ씨
ᄉᆞᆼ訥늟이마法법연子ᄌᆞ
修슈行ᅘᆡᆼ호논業ᅌᅥᆸ이라호미脉빼特뜩比삥丘쿻
ᄒᆡ구들씨라脉빼特뜩比삥丘쿻 1

그中듀ᇰ엣 孀ᅙ운이이시며 舍샹衛ᅌᅱᆼ城쎠ᇰ
中듀ᇰ엣婦孀ᅙᆞ런 蓮련花황色ᄉᆡᆨ女녕
녕쓰그中듀ᇰ엣 舍샹衛ᅌᅱᆼ城쎠ᇰ中듀ᇰ엣
놀ᅌᅡᆸ보토 舍샹城쎠ᇰ中듀ᇰ엣ᄃᆡ
딘샤ᄅᆞᆯ 미쓰그中듀ᇰ에 엣ᄃᆞ러ᄂᆞ니
럴씨瞿ꟁᆼ曇땀法법中듀ᇰ에 나雜짭
인ᄐᆞ호ᄆᆞ다ᄃᆞ러나라 尊존卑빙業ᅌᅥᆸ서

니러ᄲᅥᆯ씨라 恭고ᇰ敬경ᄒᆞᄾᆞᆸ오ᄉᆞ리
히드라ᅙᅵᆺ뎨瞿ꟁᆼ曇땀ᄋᆞᆯ請쳐ᇰ호려
ᄒᆞᄂᆞᆫ 다문살ᄆᆞᆯ比삥六륙師ᄉᆞᆼ
ᄆᆞᄅᆞᆯ런다 大땡地띵무더아니ᄃᆞᇰ이
ᅀᆞᆷ須슈彌밍金금剛가ᇰ如ᅀᅥ來ᄅᆡᆼ
믈渴킿望마ᇰ호야 울워ᅀᆞᄇᆞ미목ᄆᆞ라
믈먹고져ᄒᆞᆯ곧ᄃᆞ니ᅌᅳ그 世솅尊존

이ᄢᅥ利링天텬에겨샤한야ᄀᆞᄅᆞᆯ 爲ᅱᆼ
ᄒᆞ야니說ᄉᆑᆯ法법호샤各각利링益ᅙᆞᆨ
게호시고ᄉᆞ리라ᅌᅥᆯ량 天
로나려오리라ᄒᆞ샤 鳩궇摩망羅랑浮뽛
비르샤 大땡鳩궇摩망羅랑鳩궇摩망羅랑浮뽛
브리샤 大땡將쟝軍군이라
提떙예녀려와ᄉᆞᄃᆡ如ᅀᅥ來ᄅᆡᆼ
니오라涅늟樂빠 애ᄃᆞ르시리라그제

六륙師ᄉᆞᆼㅣ 浮뿡提똉예 도라오시리라 ᄒᆞ숩거늘 ᄂᆡ야ᄒᆞ시ᄂᆞᆫ

六륙師ᄉᆞᆼㅣ 이 말 듣고 새옴 ᄋᆞᆯ ᄂᆡ야 즉卽時씨예

師ᄉᆞᆼㅣ 이 우리 모다 議ᅌᅱᆼ論론ᄒᆞ야

曇땀沙상門몬 이ᄒᆞᆼ다가 閻염浮뿡

提똉예 도라오면 一힗切촁人ᅀᅵᆫ民민

이 다 당다ᅌᅵ 우리ᄅᆞᆯ ᄇᆞ리고 瞿꿍曇땀

이ᄅᆞᆯ 供공養�養ᄒᆞ리라ᄒᆞ고 六륙師ᄉᆞᆼ

ᄒᆞᆫ 사ᄅᆞ미 게 닐리 가닐 오ᄃᆡ 모다 아

라ᄉᆞ라 瞿꿍曇땀沙상門몬 이 實씷로

아ᄆᆞᆯ 일 없슨 黃ᅘ와ᇰ口콩小숗兒ᅀᅵᆼㅣ라

ㅁ콩ᄂᆞᆫ 이비오 小숗兒ᅀᅵᆫ 아ᄒᆡ라

나 菩뽕提똉樹쓩 아래 제 닐오ᄃᆡ 一힗

切촁種죠ᇰ智딩ᄅᆞᆯ 得득호라ᄒᆞ거마ᄅᆞᆫ

이 거즈마리라 阿ᅙᅡᆼ耆낑達딿王와ᇰ이

와 瞿꿍曇땀이 ᄇᆞᆯ請쳐ᇰᄒᆞ야 供공養ᅆᅣᇰ

호ᄂᆞᆫ 거ᄉᆞᆼ 馬망麥ᄆᆡᆨ이어ᄂᆞᆯ

이 은 귀 마로 瞿꿍曇땀이 구ᄃᆞᆯ뷔라 請쳐ᇰ

을 받ᄌᆞᄫᆞ니 一힗切촁智딩 아니ᄂᆞᆫ ᄃᆞ라

ᄂᆞᆯ 웨 예어미 命며ᇰ終죠ᇰᄒᆞ니 薄빡相샤ᇰ

一힗切촁種죠ᇰ智딩ᄅᆞᆯ 得득ᄒᆞ라ᄒᆞ거마ᄅᆞᆫ

婦뿌ᇢ人ᅀᅵᆫ禮롕ᄅᆞᆯ 行ᅘᆡᇰᄐᆞ아니ᄒᆞ야 婦뿌ᇢ

ᄒᆞ야 瞿꿍曇땀 ᄅᆞᆯ 해 ᄯᆞᆫ려놀 乃내

分뿐업슨 사ᄅᆞ미라 父뿡王와ᇰ이 爲윙

늘리고 深심山산 애 드러가 恩ᅙᆫ

디사ᄅᆞ미 ᄇᆞᆫᄂᆞ재 供공養ᅆᅣᇰ ᄒᆞ디어

얫사ᄅᆞ미 ᄡᅳ라 百ᄇᆡᆨ 極끅모

納納ᄂᆞ니 憍교ᇢ曇땀彌밍ᄂᆞᆫ 장셔ᇰᄒᆞ

지비라

오請·쳥호·다 婆빠羅랑門몬 居겅士

호·디 부텨 請·쳥호·ᅀᆞ·ᄫᅡ 몰롤·다 對·됭答

答·답 ㅣ 무로·디 부텨 누·고 對·됭答·답·ᄒᆞ·라 六·륙

師ᄉᆞᆼ ㅣ 무로·디 부텨 누·고 對·됭

호·디 一·ᅙᅵᇙ切·촁 智·딩人신·이시·니·라

무로·디 一·ᅙᅵᇙ切·촁 智·딩人신·이시·니·라

ㅣ 答·답호·디 大·땡慈쫑悲빙父·뿡 ㅣ 시

答·답호·디 一·ᅙᅵᇙ

---

飯·뻔王·왕 ᄆᆞᆮ아·ᄃᆞᆯ 悉·싏達·딿太·탱子·ᄌᆞ

閻염浮뿔提똉輪륜王·왕·이ᅀᅡ시·니淨·쪙

·뉘·를 轉·둰輪륜王·왕·이ᅀᅡ시·ᄂᆞ니ᅌᅵᆺ가·도

輪륜王·왕·이ᅀᅡ시·ᄂᆞ니ᅌᅵᆺ가

劫·겁初·총·브터·몬·아·리셔·니ᅀᅥ

·이시·니 夢·몽轉·둰·이 第·똉一·ᅙᅵᇙ·이·시

·니·라·네·모·든·다 白·ᅗᆡᆨ淨·쪙王·왕種·죵

---

·一·ᅙᅵᇙ城쎵 밧·긔 나 老·로ᇢ病·뼝死·ᄉᆞ 보시

·고·이·를호·샤 人신生ᄉᆡᆼ·을 슬·피·너·샤

貴·귕호·며 놀·아·ᄇᆞ·니 잀·을 免·면·ᄒᆞ·리잇·가

ᄉᆡ·이·를 免·면·ᄒᆞ·려·ᄒᆞ·리 이시·며

宮궁城쎵·ᄂᆞᆯ 남·샤 菩뽕提똉樹쓩·아·래

苦·콩行ᅘᆡᇰ 六·륙年년·ᄒᆞ·샤 後·ᅘᅮᇢ·에 一·ᅙᅵᇙ切·촁

切·촁智·딩·를 일·우·시·니 號·ᅘᅭᇢ·ᄅᆞᆯ 一·ᅙᅵᇙ切·촁

---

어·미 ᄃᆞ외·야 ᄒᆞ·샤 說·쉂法·법ᄒᆞ·샤·아 ᄒᆞ

호·샤 忉돌利·링天텬·에 나·시·니 命·명終즁

·시·니·라 나신·긔·웨·예·ᄒᆞ·ᄆᆞ니미 ᄆᆞᄎᆞ·매

·一·ᅙᅵᇙ切·촁種·죵智·딩·를 예·니·르리 ᄃᆞᆫ大

畏·힁와 十·씹八·밣不·붏共·꽁法·법과

라 成쎵佛·뿛ᄒᆞ·샤 十·씹力·륵과 四·ᄉᆞᆼ無뭉

智·딩人신·이시·다호·ᄂᆞ니ᅌᅵᆺ호·샤·아

ㄱ·수·봃·텼像:쌍이·이·긇·희始:씡作·작
·이시·니라·그睡편優薈填명王왕·이六
륙師숭·를블·러블·러:如영來링·어드
·겨시·뇨六·륙師숭ㅣ·즉재솔·뵝디大·땡
王왕·하·하:솨뎌瞿꿍雲운沙상門몬
·이正·졍·히幻·환術·쓣·의·이를·사·로미
幻·환化·황·의法·법·은眞진實·씷호體:톙
:업스·니大·땡王왕·하·하:쇠여우리·그
·레·圖똥陁땅典·뎐·에·늘·오·니·슬
年년二·싱千쳔年년·에·당다·잌호幻·환
千쳔

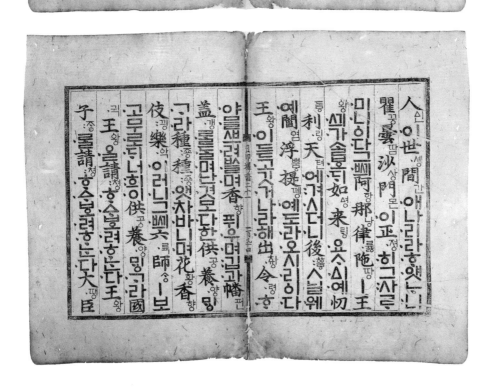

人싄·이世·솅間간·애·나리라·ㅎ얫·노니
瞿꿍雲운沙상門몬·이正·졍·히·그·사·로
·미·이·닥睡편阿항律·륧陁땅·王왕
·식가솔·뵝디如영來링·요샤·애·예·切쳐
링天텬·에·가·삿·다니後·뚱·ㅅ·날·웨
예閻염浮뿔提똉·예·도라·오시·리라
王왕·이·득곳기·라해出·충·令·령·호
·야·드·샐·려블·며·긶과幡편
盖·갱·를블·며·향거모·다흔供궁
·이라種:죵種:죵·엿·ㅊ바·니·며花황香향
伎·끵樂·악·으·러니·긍·빼六·륙師숭ㅣ보
고·무로·디·너희·이供궁養·양:뮝·긇라國·귁
子:중·屬·쏔請:쳥·ㅎ·슨뵝·려·ㅎ·는·다大·땡
王왕·을請:쳥·ㅎ·슨뵝·려·ㅎ·는·다大·땡臣씬

其끵四四百뵉二십十씹四

寶봉塔탑이소ᄉ시니 七칧寶봉ㅣ

ᄌ더시니 彌밍勒륵이 ᄅᆞᆺᄌᆞ오샤ᄭᅵ

寶봉塔탑因힌緣원을 艱간心심이

疑ᅴ心심터니 世솅尊존이니르시

니

으ᇙ쁴 人ᅀᅵᆫ間간애 이셔 부텨ᄃᆞ외ᅀᆞᇦ

밧디ᄫᅳ라ᄒᆞ니 大땡目목捷連련이

神씬力력이ᄅᆞᆯ 第똉一ᅙᅵᆯ라 神씬力력

을다ᄡᅥ十씹方방애 求ᄀᆞᇢ야도

모ᄃᆞ며 阿힝那낭律륳陀땅ㅣ 天텬眼

이 第똉一이라 ᅌᅵ로ᄃᆡ 十씹方방

千쳔大땡千쳔世솅界갱ᄅᆞᆯ 다보다가

몯보ᅀᆞᄫᆞ며 五옹百뵉 大땡弟똉子ᄌᆞ

애니르리 如ᅀᅧ來링ㅅ 몸ᄋᆞᆯ 바시ᄒᆞᆫ

야ᄒᆞ더니 優ᅙᅭ塡띤王왕이 ᄃᆞ히 阿難

인고에 가부로ᄃᆡ 優塡王왕 如ᅀᅧ

來어드러시니잇고 阿難이 如ᅀᅧ

술ᄫᅩᄃᆡ 大땡王왕 하나도 如ᅀᅧ來 겨

신ᄃᆡ를 모ᄅᆞᆸ노ᅌᅵ다 優塡王왕

이 世尊존 그리ᅀᆞᄫᅡ 病뼝ᄒᆞᆯ야ᄂᆞ

라ᄒᆞ야ᄃᆡ 匠人ᅀᅵᆫ을 뫼호아

로 世솅尊존ㅅ 像썅ᄋᆞᆯ 그리ᅀᆞᄫᅡ

닉러자히 供養양ᄒᆞᅀᆞᄫᅩ니 波바斯匿

王왕이 ᄃᆞᆨ똘ᄅᆞᆯ 紫磨망金금으

로 如ᅀᅧ來ㅅ 像ᄋᆞᆯ 밍ᄀᆞ라

자노ᄭᅵ다 ᄒᆞ러라 閻浮提똉ㅅ 內눵예

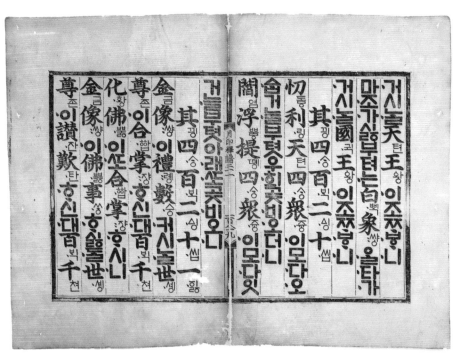

거슬 天텬王왕이 ᄉᆞᆺ옵ᄂᆞ니

맛 가ᇝ부텨는 百ᄇᆡᆨ象샹 ᄋᆞᆯ타가

거슬 國귁王왕이 ᄉᆞᆺ옵ᄂᆞ니

其끵四ᄉᆞ百ᄇᆡᆨ二ᅀᅵᆼ十씹

ᄢ切利링天텬四ᄉᆞ百ᄇᆡᆨ二ᅀᅵᆼ十씹 報ᄇᆞᆯ이모다오

숭거 블부텻우희 天텬ᄆᆡᆼ더니

閻염浮뿔提똉四ᄉᆞ報ᄇᆞᆯ 이모다잇

건ᄂᆞ넷아랜잇ᄠᅳ미니

其끵四ᄉᆞ百ᄇᆡᆨ二ᅀᅵᆼ十씹一

金금像샹이 禮롕數숭커신대 世솅

化황佛뿛이ᄉᆞᆫ 合ᄒᆞᆸ掌쟝ᄒᆞ신대 千쳔

尊존이 合ᄒᆞᆸ掌쟝ᄒᆞ야

金금像샹이 佛뿛事ᄉᆞᄒᆞᄉᆞᆸ더시니 千쳔

化황佛뿛이ᄉᆞᆫ 合ᄒᆞᆸ掌쟝ᄒᆞ신대 世솅

尊존이 讚잔歎탄ᄒᆞ신대 百ᄇᆡᆨ千쳔

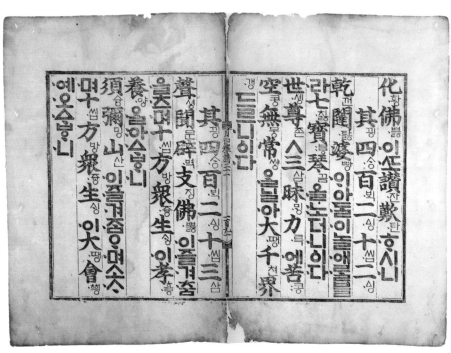

갱 드르니이다

世솅尊존ㅅ 三삼昧밍力륵에 菩뽕

空콩無뭉常썅ᄋᆞᆯ 아 大땡千쳔界갱

其끵四ᄉᆞ百ᄇᆡᆨ二ᅀᅵᆼ十씹二

乾간闥탏婆빵ㅣ 아들이 놀애블러

七칧寶ᄇᆞᆯ琴끔을 노더니ᅀᅵ다

化황佛뿛이ᄉᆞᆫ 讚잔歎탄ᄒᆞ신대

其끵四ᄉᆞ百ᄇᆡᆨ二ᅀᅵᆼ十씹三

聲셩聞문辟벽支징佛뿛이 ᄅᆞᆯ거ᄎᆞ

ᄋᆞ天텬十씹方방 報ᄇᆞᆯ生ᄉᆡᆼ이 孝ᄒᆢ

養ᅇᅣᆼ을 아ᄉᆞᆸᄂᆞ니

須슝彌밍山산이 을겨거즘ᄋᆞᄆᆡ샤ᄉᆞᆺ

며 十씹方방 報ᄇᆞᆯ生ᄉᆡᆼ이 大땡會ᅘᅬᆼ

예오ᅀᆞᆸᄂᆞ니

호미오세호諸졍佛뿛이擁護ᄒᆞ샤

야臨림호샤미호네菩뽕提똉옛

크디아니호며오다ᄉᆞᄉᆞᆫ本본力륵을

增즁長땽호미오여스슨宿슉命명을

通통호미오구본力륵이終즁成쎵애

切쳉佛뿛이호미오신不·可강說셜不可

說셜一一切쳉諸졍佛뿛와大땡菩

薩쏨왓天텬龍룡八部뽕ㅣ一擇

迦강牟뭉尼닝佛뿛이地띵藏찡菩

薩쏨ㅅ大땡威쾡神씬力륵을不可

思食議議을量稱칭揚양讚讚歎탄

호더시니그忉利링天텬에無뭉

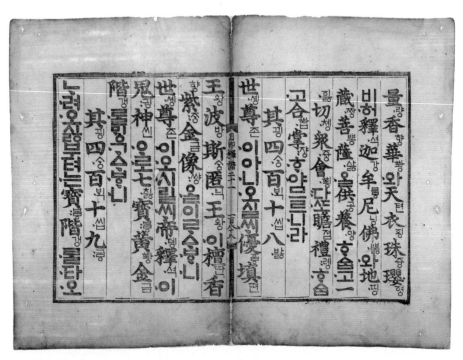

量량香ᅘᅡᆼ華ᅘᅪ와天텬衣ᅙᅵᆼ珠즁瓔ᅙᅧᆼ

比삥釋셕迦강牟뭉尼닝佛뿛와地띵

藏찡菩뽕薩쏨ᄋᆞᆯ供供養양ᄒᆞᅀᆞᆸ고

一切쳉衆즁會ᅘᅬᆼ를瞻쳠禮롕ᄒᆞ숩고

고合ᅘᅡᆸ掌쟝ᄒᆞ야ᄆᆞᆯ를ᄒᆞ니라

世솅尊존其끵四ᄉᆞᆼ百ᄇᆡᆨ十씹八밣

世솅尊존이아ᄋᆞ시ᄆᆞᆯ優ᅙᅮᆼ塡뗜

蒸졍金금像썅ᄋᆞᆯ이ᄅᆞ시ᄂᆞ니

王왕波방斯ᄉᆞᆼ匿닉王왕이栴젼香ᅘᅣᆼ

思食神씬ᄋᆞ로七칧寶ᄇᆞᆯ黃ᅘᅪᆼ金금

階갱를ᄆᆡᇰᄀᆞ라ᄆᆞᆯ를ᄒᆞ니

其끵四ᄉᆞᆼ百ᄇᆡᆨ十씹九굴

ᄂᆞ려오샤ᄆᆞᆯᄠᅦᄂᆞᆫ寶ᄇᆞᆯ階갱를ᄠᅡᄂᆞᆫ오

持띵ᄒᆞ미오 열ᄒᆞ나ᄒᆞᆫ 겨지비 남

진 ᄃᆞ외요미오 열둘흔 王왕臣씬女

녕 ᄃᆞ외요미오 열세ᄒᆞᆫ 端돤正졍相샹

好ᄒᆞᇂ ᄒᆞ미오 열네ᄒᆞᆫ 天텬上샹애 만히

나미오 열다ᄉᆞᄉᆞᆫ 시혹 帝뎽王왕 ᄃᆞ외

요미오 열여스ᄉᆞᆫ 宿슉智딩命명이 通

통ᄒᆞ미오 열닐구븐 求끃ᄒᆞ논 이리 다

月印釋譜 二十一　一百八十五

從쭁ᄒᆞ미오 열여듦븐 眷권屬쑉이 歡

환樂락ᄒᆞ미오 열아호ᄇᆞᆫ 諸졍橫ᅘᅬᇰ이

消숗滅멿ᄒᆞ미오 스믈흔 業업道ᄃᆞᇢ ᄅᆞᆯ

永ᅌᅯᇰ히 더루미오 스믈ᄒᆞ나ᄒᆞᆫ 가ᄂᆞᆫ ᄯᅡ히

다 通통ᄒᆞ미오 스믈둘흔 ᄭᅮ미 安한樂

락ᄒᆞ미오 스믈세ᄒᆞᆫ 몬졋 업스니 苦콩

여희요미오 스믈네ᄒᆞᆫ 녯 福복으로 受

生ᄉᆞᇰ ᄒᆞ미오 스믈다ᄉᆞᄉᆞᆫ 諸졍聖셩

이 讚잔歎탄ᄒᆞ미오 스믈여스ᄉᆞᆫ 聰총

明명利링根근ᄒᆞ미오 스믈닐구븐 慈쭝

愍민心심이 만ᄒᆞ미오 스믈여들븐

乃냉終즁애 成쎵佛뿛ᄒᆞ미라 虛헝

空콩藏짱菩뽕薩삻아 ᄒᆞ다가 現현在

쬥未밍來링天텬龍룡鬼귕神씬이 地

月印釋譜 二十一　一百八十六

띵藏짱菩뽕薩삻ㅅ 일훔 듣거나 地

띵藏짱菩뽕薩삻ㅅ 像쌍ᄋᆞᆯ 저ᅀᆞᄫᅥ나 시

혹 地띵藏짱菩뽕薩삻ㅅ 本본願원 일

훔 듣고 修슐行ᅘᆡᇰ ᄒᆞ며 讚찬歎탄ᄒᆞ며 瞻졈

禮롕ᄒᆞ면 닐굽 가짓 利링益혁을 得득

ᄒᆞ리니 ᄒᆞ나ᄒᆞᆫ ᄲᆞᆯ리 聖셩地띵예 건내

ᄠᅱ유미오 둘흔 惡학業업이 消숗滅멿

예와 如來 地藏菩薩 威
神 勢力 不可思議
讚歎 거시ᄂᆞᆯ ᄉᆞᆯ오디 未來
世中에 ᄒᆞ다가 善男子
善女人이 ᄒᆞ다가 一切 天龍
이 이 經典과 地藏ㅅ일ᄒᆞ고
이 像ᄋᆞᆯ 瞻禮ᄒᆞ면 뎃가짓

男子 善女人이 地藏
ᄋᆞ리라 ᄒᆞ다가 未來世 善
뎌슬펀들라내 녀爲ᄒᆞ야ᄒᆞ야
虛空藏菩薩ᄃᆞ려 니ᄅᆞ샤ᄃᆡ
尊이 未來現在 一切
福利ᄅᆞᆯ 어리ᄉᆞ고願흔世

像ᄋᆞᆯ 보거나 이 經을 듣거나
니르거오며 香華 飲食 衣
服 珍寶로 布施 供養ᄒᆞ야
ᄒᆞ며 讚歎 瞻禮ᄒᆞ면
ᄉᆞᄅᆞᆯ가짓 利益을 得ᄒᆞ리
랑ᄒᆞ며 善果ᆯ 날더우미오세
聖上因흘 을두미오네흔善
提ᄅᆞᆯ 으로두미오다ᄉᆞᆫ
옷바비오흔로디아ᄂᆞ호미오다ᄉᆞᆫ
타아니ᄒᆞ오며ᄃᆞᆨᄉᆞᆫ病이臨
들여희요며오ᄃᆞᆯ盜水火災
업수미오안흐ᄉᆞᆯ미보고恭
敬ᄒᆞ미오열흔鬼神이도받護

이 선ᄂᆞᆫ이 衆生ᄋᆞᆯ 濟渡ᄒᆞ다가ᄒᆞ부
德을 모도아 善薩ㅅ 일홈 一句ㅣ
一偈 大乘経典을 念호미
호면 衆生ᄋᆞᆯ 濟渡ᄒᆞ야 神力ᄋᆞ로
이 사ᄅᆞ미게 無邊호야 地
方便 호야 救호야 神力으로
獄ᄋᆞᆯ 勝妙

네게 付囑ᄒᆞ노니 大神通
天人衆ᄋᆞᆯ 現在 未來
이 偈ᄅᆞᆯ 닐오ᄃᆡ라 世尊
樂ᄋᆞᆯ 受호려 諸惡
몸ᄋᆞᆯ 내 이제 ᄌ리니

方便ᄋᆞ로 濟度호야 諸惡
趣 어버러ᇰᄋᆞᆯᄃᆞᆯ아 ᄒᆞ켕라
그 地藏菩薩 摩訶薩

삼ᄋᆞᆯ 合掌ᄒᆞ야 부텨ᄭᅴ
살 世尊하 願혼ᄃᆞᆫ 世尊
이 分別 마ᄅᆞ쇼셔 未來 世
中엣 善男子 善女
人이 佛法中에 一念
恭敬호면 나도 百千 方便
으로 이 사ᄅᆞᄆᆞᆯ 度脫호야 生

死中에 에셀리버서나게 ᄒᆞ리니
ᄒᆞ야 自然히 無上 道애
ᄅᆞ 念호면 念 修行
리退 ᄒᆞᆫᄃᆞ 轉ᄒᆞ야 노니 이애
말며 說혈 會中에 ᄒᆞᄃᆞ녀 善薩
이 虛空藏 이러시니부텨

人신天텬諸졍報·보生ᄉᆡᆼ等등이三
界·갱·예·믈·나·火황宅·됙中듕·에·잇ᄂ
·니·로·네·게付·부囑·쵹ᄒᆞ·노·니
ᄒᆞᄅᆞᆷ日·ᅀᅵᆯ一·ᅙᅵᆯ夜·양·도·ᄀᆞ·러·디·아·니·케
·이衆·즁生ᄉᆡᆼ·이·히惡·학趣·츙中듕·에
地·띵獄·옥·애·ᄠᅥ·러·디·여·든·다·ᄆᆞ·다千
ᄒᆞ·로ᄒᆞ·로·ᄆᆞ·며五·용無뭉間간·과阿항鼻

萬·먼億·흑劫·겁·을·디·내·야·ᄂᆞᆯ·그·지·업
·수·미六·ᄂᆡ地·띵藏·짱·아·이南남閻염浮뿔
提똉衆·즁生ᄉᆡᆼ·이志·징性·셩·이一·ᅙᅵᆯ
定·띵·티·아·니·ᄒᆞ·야·모·딘·일·ᄒᆞ·리·ᄅᆞ·만ᄒᆞ
·야·비·록善·쎤心심·을散·산·ᄒᆞ·야·도·아·니
·한·덛·데·즉·재·므·르·ᄂᆞᆫ·다·가惡·학緣원
·을·맛·나·면念·념念·념·에·더·기·ᄂᆞ·니·이

·런·다·ᄉᆞᆯ·로·내·이·모·ᄃᆞᆫ百·빅千쳔億·흑·에
分분·ᄒᆞ·야根·ᄀᆞᆫ性·셩·을·조·차度·똥脫·ᇙ
·ᄒᆞ·노·니地·띵藏·짱·아·내·오·ᄂᆞᆯ·ᄃᆞ·려
天텬人신衆·즁·으·로·네·게付·부囑·쵹ᄒᆞ
·노·니未·밍來ᄅᆡᆼ世·솅·예·다·가天텬人신·이
·과善·쎤男남子·ᄌᆞ善·쎤女·녕人신·이
佛·뿛法·법中듕·에·져·고·맛善·쎤根·ᄀᆞᆫ·을

나人신·이·이·나業·업報·봉·ᄋᆞᆯ·조·차惡·학
·심·고·ᄃᆞ·흐·며·ᄂᆞᆯ·맛·ᄒᆞᆫ·ᄠᅳ·들·ᄒᆞᆯ·애·운·쳔·딘
·ᄃᆞᆯ擁·ᅙᅮᆼ護·ᅘᅩᆼ·ᄒᆞ·야·도道·똥力·륵·으·로·ᄆᆞᆯ
·올·ᄋᆞᆺ·감·ᄃᆞ·를·디·아·니·케·ᄒᆞ·란·ᄃᆡ地·띵藏
·짱·아未·밍來ᄅᆡᆼ世·솅中듕·에天텬·이·어
趣·츙·에·ᄠᅥ·러·디·리·시·혹門몬·의·단·라

音ᅙᆞᆷ至징極끅ᄒᆞ샤ᄆᆞᅀᆞᄆᆞ로大땡
르라 地띵藏짱ᄋᆞᆫ 無뭉量량 不붏思ᄉᆞ議ᅌᅴ
왕 百ᄇᆡᆨ千쳔萬먼劫겁에 웃다가
地띵藏짱ᄉᆞ이ᄅᆞᆯ 살ᄋᆞᆯ 미ᄃᆞᆯ거사
쌍ᄇᆞᆯ 瞻쳠禮롕ᄒᆞ야 供공養양ᄒᆞ

衣ᅙᆞᆼ服뽁 飮ᅙᆞᆷ食씩 ᄋᆞ로 供공養양ᄒᆞ
百ᄇᆡᆨ千쳔 妙ᄆᆞᆯ樂락ᄋᆞᆯ 受쓩ᄒᆞ리
ᄂᆞᆼ다 餘영ᄒᆡᆯ 法법界갱ᅌᅦ 廻ᅘᆑ
向ᅙᆞᆼ면方방 終즁ᄒᆞ야 成쎵佛뿛ᄒᆞ
生ᄉᆡᆼ死ᄉᆞ애 건나ᄡᅮ리니 ᄆᆞᄎᆞᆷ내 觀관
音ᄋᆞᆷ아니아라 恒ᅘᅥᆼ沙상 諸졍國귁
土통애 ᄆᆡᄆᆞ다가 坐쫭 地띵藏짱菩뽕
金금色ᄉᆞᆨ몸ᄋᆞ로

뽕薩ᇙ 摩망訶항薩ᇙ ᄉᆞᆼ마ᄀᆞ릴ᄊᆡ
니 ᄉᆞᄆᆞᆮ니ᄉᆞ며 地띵藏짱地띵藏짱
아니 神씬力륵ᄆᆞ이 不붏可캉思ᄉᆞ議ᅌᅴᆼ
ᄆᆞ며 慈ᄍᆞ悲빙 不붏可캉思ᄉᆞ議ᅌᅴᆼ
네 慧ᅘᆒᆼ 不붏可캉思ᄉᆞ議ᅌᅴᆼ ᄒᆞ며
辯변才ᄍᆡᆼ 不붏可캉思ᄉᆞ議ᅌᅴᆼ니 正졍
ᄒᆞ시 方방 諸졍佛뿛이 네 不붏思ᄉᆞ思

議ᅌᅴᆼ 쎵을 讚잔歎탄ᄒᆞ야 펴며 어
千쳔萬먼劫겁中듕에 能ᄂᆞᆼ히 다ᄒᆞ니
디 地띵藏짱地띵藏짱ᄒᆞ아내오이다
嘗ᄊᆡᆼ劫겁 利링天텬中듕에 이셔 百ᄇᆡᆨ千쳔
萬먼億흑 不붏可캉說훓 不붏可캉
說ᅘᅯᆳ 一힗切촁 諸졍佛뿛善쎤薩ᇙ天텬
龍룡八밣部뿡大땡會ᅘᅬᆼ中듕에다

無뭉邊변·히·ᄒᆞ야비·로소地·띵藏·짱·ᄋᆡ利·링根군ᄂᆡ耳
人ᅀᅵᆫ一·힗心심念·념ᄒᆞ면夢:몽中듕·에
닝야至·징極·끅ᄒᆞᆫ믈大·땡士:쌍
며三삼七·칧日·ᅀᅵᆯ內·뇡예殺·샳害·ᄒᆡᆼ·ᄅᆞᆯᄉᆞ아
酒:쥽肉·ᅀᅲᆨ邪썅婬ᅇᅵᆷ妄·망語:엉·ᄅᆞᆯ삼가
重:뜡·히슈믈·왫ᄒᆞ야五:옹辛신과
日·ᅀᅵᆷ一·힗夜:얫애먹·고져ᄒᆞ야殷·ᅙᆫ

屬·쑉·이여夢:몽中듕·이·다便뼌安
病·뼝·이여·ᄒᆞ며·와·지·믜衰쇠衰쇠春춘과
思ᄉᆞ議·ᅌᅴᆼᄒᆞ면ᄒᆞ리·니라貪탐窮꿍衆·즁生ᄉᆡᆼ·과
닉·디아·니ᄒᆞ리·니大·땡士:쌍·이不·붏
·어·다·면千쳔萬·먼生ᄉᆡᆼ中듕·에
讀·듁得·득ᄒᆞ야經경教·ᣠ一·힗耳:ᅀᅵᆼ根군

夢:몽中듕·에니·르리·다消쇼滅·멿ᄒᆞ야
衣ᅙᅵᆼ食·씩·이만ᄒᆞ며神씬鬼:귕擁護·ᅘᅩᆼᄒᆞ며
一·힗切·쳉머·즈·이리·다消쇼滅·멿ᄒᆞ며
로地·띵藏·짱人ᅀᅵᆫ像:썅·ᄋᆞᆯ瞻졈禮:롕ᄒᆞᆷ수믈
·이·ᄂᆞᆫ·이리·업거·든至·징極·끅ᄒᆞ면수믈
한·퉁아·닝ᄆᆞᆯ求ᆯ·ᄒᆞᄂᆞᆫ·이리어·긔·여

·러·ᄆᆞᆯ닉·거·시나消쇼滅·멿ᄒᆞ리라觀관
·ᄒᆞ면山산林림大·땡海:ᄒᆡᆼ中듕·들·여
士:쌍人ᅀᅵᆫ像:썅·ᄋᆞᆯ瞻졈禮:롕ᄒᆞ며供공養:양
惱:놀·믈오·직地·띵藏·짱菩뽕薩·ᅒᆞᆯ大·땡
·사믈·과모·ᄃᆞᆫ神씬과모·ᄃᆞᆫ鬼:귕왜모·ᄃᆞᆫ
·나고졍·ᄒᆞ야도모·ᄃᆞᆫ禽끔獸:쓯·왜모·ᄃᆞᆫ

ᄒᆞ리라山산林림·에·이·셔나마·ᄅᆞ려·거나

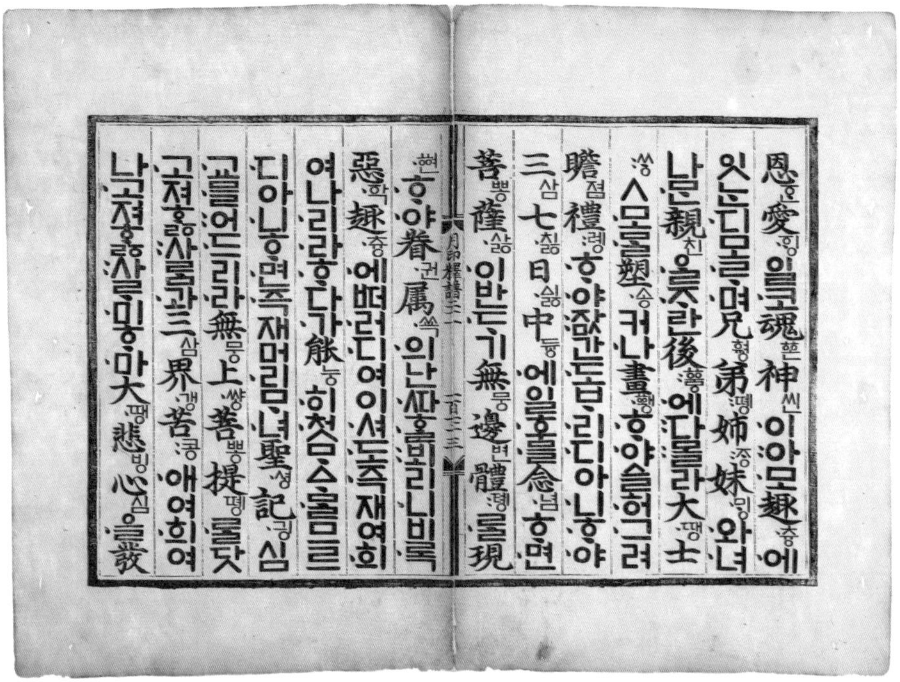

恩ᅙᅳᆫ愛ᄒᆡᆼ 일코 魂혼神씬이 아모 趣츙에
잇ᄂᆞᆫ디 몰ᄅᆞ며 兄훵弟똉 姊ᄌᆞᆼ妹ᄆᆡᆼ와 녀
나ᄆᆞᆫ 親친ᄋᆞᆯ 흣란 後ᅘᅳᇢ에 달ᄫᆞ라 大땡士
ᄊᆞᆼㅅ 모ᄆᆞᆯ 塑송ᄒᆞ거나 畫ᅘᅫᆼᄒᆞ야 ᄉᆞᆯᄫᅥ 그려
瞻졈禮롕ᄒᆞ야 잢간 ᄂᆞᆫ 흠리디 아니ᄒᆞ야
三삼七칧日ᅀᅵᇙ中듕에 일후믈 念념ᄒᆞ면
菩뽕薩삻이 ᄀᆞᆺ 업슨 無뭉邊변體톙를 現

月印釋譜 二十一 百二十三

현ᄒᆞ야 眷권屬쑉의 난 ᄯᅡᄒᆞᆯ 뵈리니 비록
惡학趣츙에 ᄢᅥ러디여 이셔도 즉재 여희
여 나리라 ᄒᆞ다가 能능히 처ᅀᅥᆷ ᄆᆞᅀᆞᄆᆞᆯ
디니디 아니ᄒᆞ면 즉재 머리 녀 聖셩記긩 ᄉᆞᆷ
고ᄅᆞᆯ 어드리라 無뭉上썅菩뽕提똉를 닷
고져 ᄒᆞᇙ 사ᄅᆞᆷ과 三삼界갱苦콩애 여희여
나고져 ᄒᆞᇙ 사ᄅᆞ미 ᄆᆞᆯ 마 大땡悲빙心심을 發

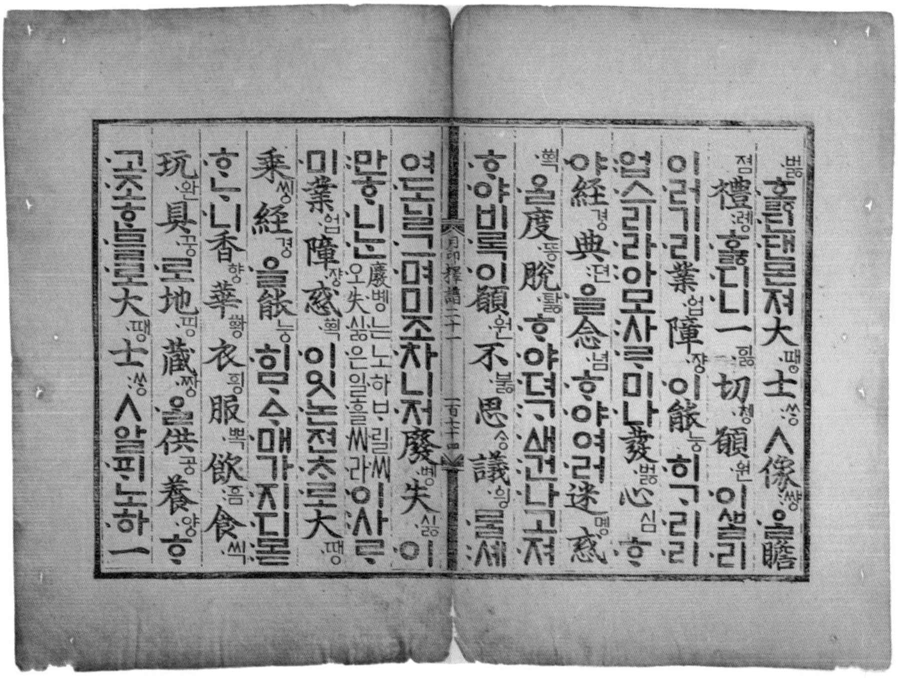

ᄇᆞᆳ ᄒᆞᆫ ᄃᆞᆫ ᄃᆡ 몬져 大땡士쑹ㅅ 像썅ᄋᆞᆯ 瞻
졈禮롕ᄒᆞᇙ디니 一ᅙᅵᇙ切쳉願원이 셜리
이러 기리 業업障장이 能능히 ᄀᆞ리
업스리라 아모 사ᄅᆞ미나 發벓心심ᄒᆞ
야 經경典뎐을 念념ᄒᆞ야 여러 迷몡惑
획ᄋᆞᆯ 度똥脫탏ᄒᆞ야 뎌 ᄀᆞᆺ 새 건나고져
ᄒᆞ야 비록 이 願원 不붏思ᄉᆞᆼ議읭를 세

月印釋譜 二十一 百二十四

여도 ᄂᆞᆯ ᄀᆞ며 미조차 니저 廢병失싫이
만ᄒᆞ니ᄂᆞᆫ 廢병ᄂᆞᆫ 노하ᄇᆞ릴씨오 失싫은 일흘씨라 이 사ᄅᆞ
ᄆᆡ 業업障장惑획이 잇논 젼ᄎᆞ로 大땡
乘씽經경을 能능히 힘ᄡᅮ메 가지디 몯
ᄒᆞᄂᆞ니 香향華황衣힁服뽁飮ᅙᅳᆷ食씩
玩완具꿍로 地띵藏짱을 供공養양ᄒᆞ
고 조ᄒᆞᆫ 므를 大땡士쑹ㅅ 알ᄑᆡ 노하 一

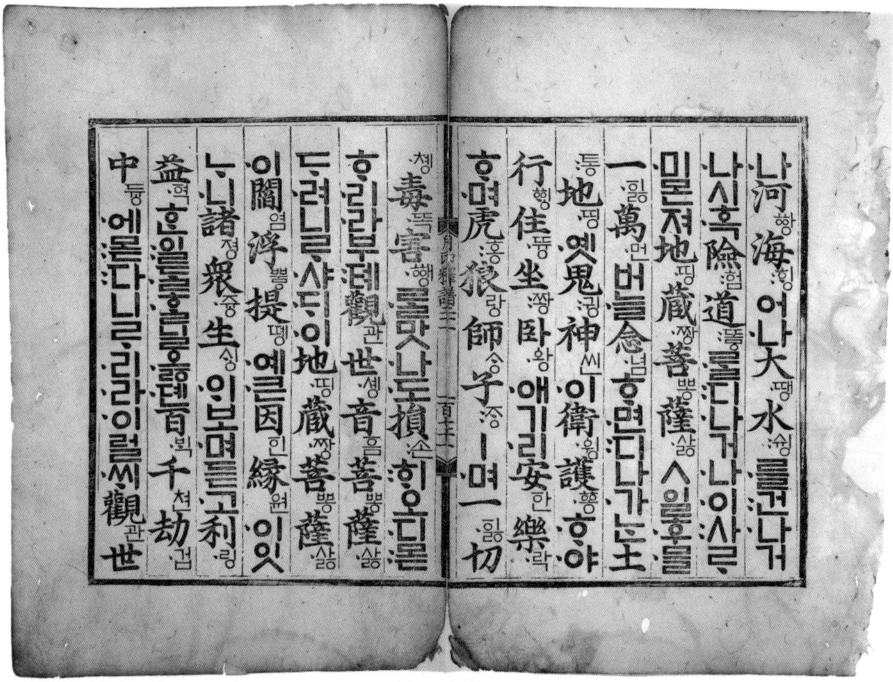

나河ᅘᅡᆼ海ᅘᅢᆼ 어나 大땡水쓍를 건나며
나시 或ᅘᅯᆨ險험道ᄯᅩᇢ 둘다거나 이샤
밀쎠 져 地띵藏ᅑᅡᇰ菩뽕薩삻ㅅ 일홈을
一ᅙᅵᇙ萬먼번을 念념호면 다나거놀
地띵옛 鬼귕神씬이 衛윙護ᅘᅩᆼ호야
行ᅘᅢᇰ住뜡坐쫭臥ᅌᅪᆼ애 기리 安한樂락ᄒ
虎홍狼랑師ᄉᆞ子즁ㅣ며 一ᅙᅵᇙ切쳉

毒똑害ᅘᅢᆼ를 다 損손ᄒ이며
이리라 부뎌 觀관世솅音ᅙᅳᆷ菩뽕薩삻
드리니 ᄉᄃ이 地띵藏ᅑᅡᇰ菩뽕薩삻
이 閻염浮뿔提똉옛 因ᅙᅵᆫ緣ᅯᆫ이 잇
누니 諸졍衆즁生ᄉᆡᇰ 인 보며 利링
益ᅙᅳᆨ호욜 이를 드뎌 百븩千쳔劫겁
中듀ᇰ에 를 다 니ᄅ리라 이럴씨 觀관世

音ᅙᅳᆷ 아뎌 神씬力륵으로 이 經경을
流륭布봉ᄒ야 婆빵婆빵世솅界갱예
生ᄉᆡᇰ을 이 百븩千쳔萬먼劫겁에 리
安한樂락ᄒ욕 受쑤ᇢ케 ᄒ라 이 世솅尊존
이 偈�ᄅ 닐ᄉᄃ 내 地띵藏ᅑᅡᇰ沙상
神씬力륵을 ᄒ보니 恒ᅘᅳᆼ河ᅘᅡᆼ沙상劫겁
에 다ᄋ미 어렵다 ᄒ 念념ᄉᄉ

롤며 들 聽팅禮롕ᄒ면 人ᅀᅵᆫ天텬
을 無뭉量량ᄒ 事ᄊᆞᆼ를 利링益ᅙᅵᆨᄒ니
랑 男남이나 女녕ㅣ나 龍룡神씬이
이어나 報ᄫᅮᇢ를 다 아 惡ᅙᅡᆨ道ᄯᅩᇢ애 러
드리 至징極끅ᄒᆞᆫ ᄆᆞᅀᆞᆷ로 大땡士ᄊᆞᆼ
리니 歸귕依ᅙᅴᆼᄒ면 수미더 어 罪쬥
障쟈ᇰ이 덜리져며 父뿡母뭏人ᅀᅵᆫ

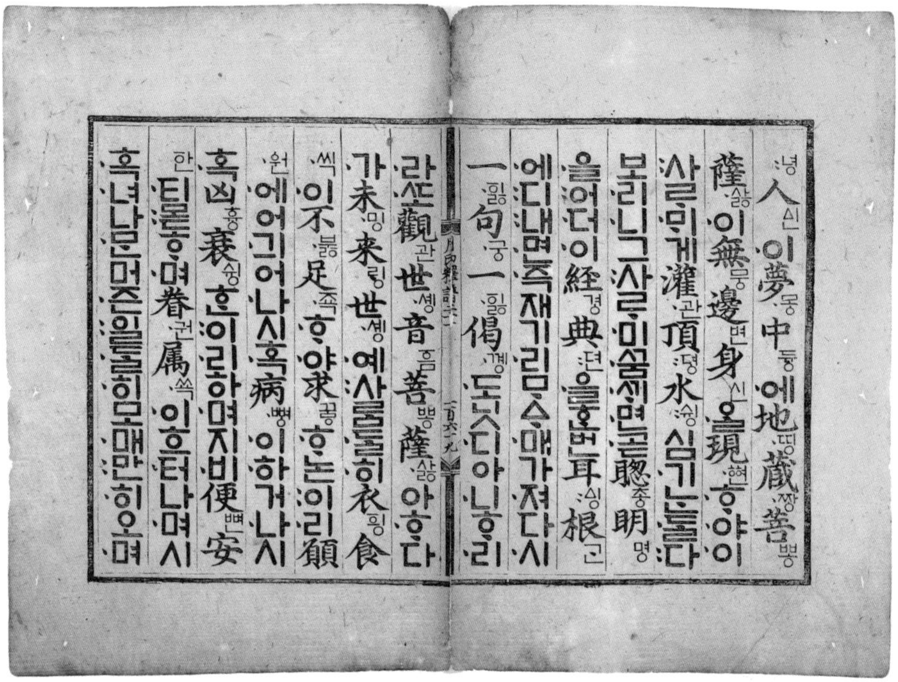

녕人신이夢몽中듕에地띵藏짱菩뽕
薩삻이無뭉邊변身신ᄋᆞᆯ現현ᄒᆞ야이
사ᄅᆞ미게灌관頂뎡水쉉ᄉᆞᆷ기ᄂᆞᆯ다
보리니그사ᄅᆞ미ᄭᆞᆷ셰면곧聰총明명
을어더이經경典뎐을ᄒᆞᆫ번耳ᅀᅵᆼ根곤
에디내면즉재기리ᄉᆞ매가져다시
一힗句궁一힗偈꼥도ᄂᆡ디아니ᄒᆞ리
라ᄒᆞ샤觀관世솅音음菩뽕薩삻아ᄒᆞ다
가未밍來ᄅᆡᆼ世솅예사ᄅᆞ미衣힁食씩
이不붏足죡ᄒᆞ야求꿓ᄒᆞᄂᆞᆫ이리願
원에어긔어나시혹病뼝이하거나시
혹凶흉衰쇵ᄒᆞᆫ이리하며지비便뼌安
안티몯ᄒᆞ며眷권屬쑉이흐터나며시
혹녀나ᄆᆞᆫ머즌이ᄅᆞᆯ히믈매만ᄒᆞ며

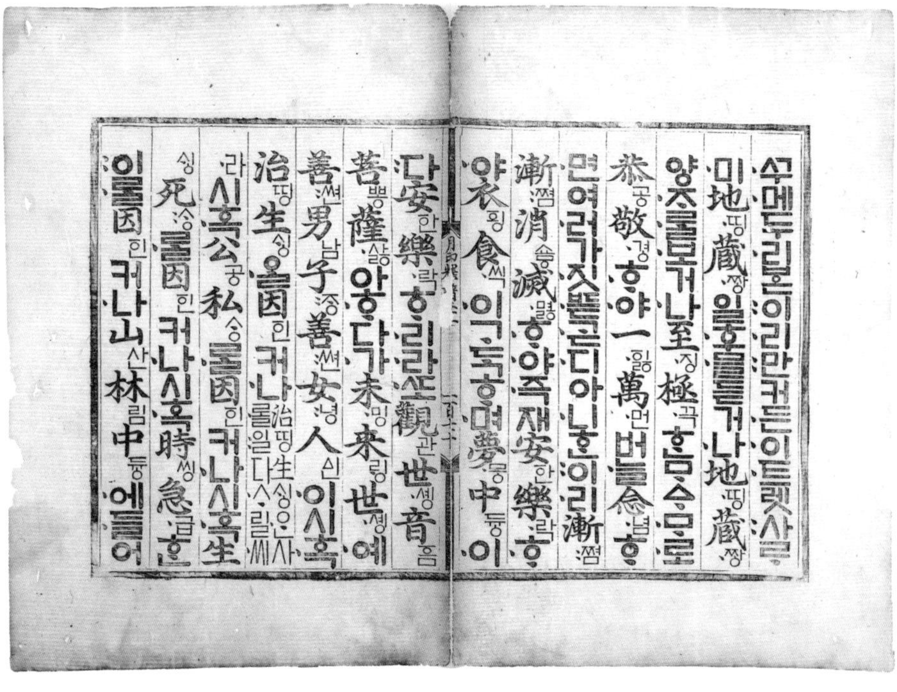

ᄭᅮ메두리ᄫᅳᆫ이리만커든이트렛사ᄅᆞ
미地띵藏짱ㅅ일후믈듣거나地띵藏짱
ㅅ양ᄌᆞᄅᆞᆯ보거나至징極끅ᄒᆞᆫᄆᆞᅀᆞ모로
恭공敬경ᄒᆞ야一힗萬먼버늘念념ᄒᆞ
면여러가짓ᄠᅳ디아니ᄒᆞᆫ이리漸쪔
漸쪔消숗滅멿ᄒᆞ야즉재安한樂락ᄒᆞ
야衣힁食씩이ᄀᆞ독ᄒᆞ며夢뭉中듕이
다安한樂락ᄒᆞ리라ᄒᆞ샤觀관世솅音음
菩뽕薩삻아ᄒᆞ다가未밍來ᄅᆡᆼ世솅예
善쎤男남子ᄌᆞᆼ善쎤女녕人신이시혹
治띵生ᄉᆡᆼ을因힌ᄒᆞ거나 治띵生ᄉᆡᆼ은사ᄅᆞᆯ이다ᄉᆞ릴씨
라시혹公공私ᄉᆞᆼ로因힌ᄒᆞ거나시혹生
ᄉᆡᆼ死ᄉᆞᆼ로因힌ᄒᆞ거나시혹時씽急급ᄒᆞᆫ
이ᄅᆞᆯ因힌ᄒᆞ거나山산林림中듕에드러

라ᄊᆞ 觀관世솅音름 菩뽕薩삻 아ᄒᆞ
다 末맳未링來링世솅예 善쎤女녕人ᅀᅵᆫ이 大땡乘씽經경典뎐
에 ᄒᆞ珎딘重뜡히 너겨 不붏思ᄉᆞᆼ議
心심을 發ᄫᅡᇙ히야 너기고져 ᄒᆞ며 외
고쳐 ᄒᆞ야 비록 불곳ᄉᆞᆼ름 맛나ᄃᆞᆯ 져天
천녁긔 ᄀᆞ혼늘 그며 미ᄌᆞ초니젼年

년 月ᅙᅳᇙ이 ᄒᆞᄂᆞᆫ 讀똑誦쑁ᄒᆞ며 사ᄅᆞᆷ
ᄆᆞᅀᆞ미 善쎤男남女녕等ᄃᆞᆼᄋᆞ 아ᄋᆞᇙ사ᄅᆞᆷ
薩삻 ᄋᆞ이셔다 ᄆᆞᆾ젼 大땡乘씽
經경典뎐에 니르리오 自性ᄉᆞᇰ이 업스
ᄂᆞᆫ 이곧ᄒᆞᆫ사ᄅᆞᆷ ᄆᆡ 地띵藏ᄍᆞᆼ菩뽕薩삻ᄅᆞᆯ
ᄉᆞ 이호 후ᄃᆞᆯ ᄃᆞᆯ며 地띵藏ᄍᆞᆼ菩뽕薩삻
ᄉᆞ像ᄊᆞᇰᄋᆞᆯ 塑솧아ᄃᆞ라 本본來링 ᄉᆞ모ᄉᆞᆷ

恭공敬경ᄒᆞ야 ᄉᆞ랑ᄒᆞ야ᅀᅴ 香ᄒᆞᇰ花황
衣ᅙᅴ服뽁 飮ᅙᅳᆷ食씩 一ᅙᅵᇙ切촁 玩완具꿍
水솅盞잔ᄋᆞ로 ᅙᅵᇙ日ᅀᅵᇙ 一ᅙᅵᇙ夜
ᄅᆞᆯ 디나게 善쎤薩삻ᄭᅴ 供공養ᅇᅣᇰᄒᆞ고 淨쪙
애 合ᅘᅡᆸ掌쟈ᇰᄒᆞ야 머귀ᄌᆞ이다 請쳐ᇰᄒᆞ
야 머리 ᄃᆞ로ᅀᅱᄒᆞ야 南남ᄋᆞᆯ ᅙᅣᆼ야 이ᄠᅳᆮ

제 至징極끅ᄒᆞᆷ ᄉᆞᆷ ᄆᆞᄅᆞᆯ 重뜡히 너겨
들다ᄆᆞ고 五ᅌᅩᆼ辛신과 五ᅌᅩᆼ辛신ᄋᆞᆫ 葱
쿵아 蒜산과 興ᄒᆞᆼ蕖꺙와 阿韮 興ᄒᆞᆼ蕖꺙ᄂᆞᆫ
는 烏ᄒᆞᆼ茶땅婆빵他탕那낭國귁에서
무수군ᄒᆞ니 ᄂᆞᆯ본댓 나라 酒쥼肉ᅀᅲᆨ 과邪썅婬ᅙᅳᆷ
安ᅙᅡᆫ語ᅌᅥᆼ 完ᅇᅪᆫ나ᄆᆞᆫ 放삺逸ᅙᅵᇙ를 삼가
一ᅙᅵᇙ七칧日ᅀᅵᇙ이어나 三삼七칧日ᅀᅵᇙ
이어나 ᄒᆞ면 이 善쎤男남子ᄌᆞ善쎤女녕

ᄒᆞᆯ니ᄒᆞ면 모매 ᄆᆞᄎᆞᆷ안 ᄉᆞᆫ넉이사

記·긩·를 得·득ᄒᆞ·리라 ○ 觀관世·솅音

菩뽕薩·아 아·ᄒᆞ다·가 未·밍來링世·솅

옛 善·쎤男남子·ᄌᆞ 善·쎤女:녕人신·이

廣:광大·땡慈ᄍᆞ悲삥心심·을 發·벓度·똥호·야 一·

切·촁衆·즁生ᄉᆡᆼ·ᄋᆞᆯ 救·굴度·똥코·져 ᄒᆞ거·나

無뭉上·썅善菩뽕提똉 닷·고·져 ᄒᆞ거·나

三삼界·갱·예 여·희여 나·고·져 ᄒᆞ거·나

·ᄒᆞᆯ 사·ᄅᆞ미 地·띵藏·ᄍᆞᆼ像·썅·ᄋᆞᆯ

보·며 일·훔 ·들·사·ᄅᆞ미 至·징極·끅 ·ᄆᆞᄋᆞ·로 歸귕

依ᅙᅴ커·나 시·혹 香향華ᅘᅪᆼ衣ᅙᅴᆼ

服·뽁寶:봏貝·뱅飲·ᅙᅳᆷ食·씩 ·ᄋᆞ·로 供공

養·양瞻졈禮:롕ᄒᆞ·면 이·善·쎤男남女:녕

ᄒᆞ논 일·이 샐·리 이·러 기·리 막·ᄀᆞᆯ

ᄒᆞ롤·꺼시 업·스리·라 ○ 地·띵藏·ᄍᆞᆼ菩뽕薩·삻

ᄉᆞᆞ像·썅·ᄋᆞᆯ

다·가 未·밍來링世·솅 옛 善·쎤男남子·ᄌᆞ

善·쎤女:녕人신·이 現·현在·찡 未·밍來링

百·ᄇᆡᆨ千쳔萬·먼億·흑等:등 願·원 ·과 百·ᄇᆡᆨ

千쳔萬·먼億·흑等:등 事·ᄊᆞ·ᄅᆞᆯ 求꿀코·져

ᄒᆞ거·든 다·ᄆᆞᆫ 地·띵藏·ᄍᆞᆼ菩뽕薩·삻ㅅ像·썅·ᄋᆞᆯ

歸귕依ᅙᅴ瞻졈禮:롕ᄒᆞ·야 供공養·양

讚·잔歎·탄ᄒᆞ·ᅀᆞᆸ·고·니·ᄅᆞ·면 願·원 ·과

求꿀ᄒᆞ논·이·리 ·다 일·리·라 ᄯᅩ 慈ᄍᆞ悲삥

地·띵藏·ᄍᆞᆼ菩뽕薩·삻·이 ᄀᆞ·자 擁·ᅙᅩᆼ護·ᅘᅩᆼ시·고

·덛·덛·이 내·그·리 夢·몽中듕·에 菩뽕薩·삻

·이 머·리 ·ᄆᆞ·니ᄆᆞ·며 授·쓩記·긩·를 得·득ᄒᆞ·

아瞻졈禮롕ᄒᆞ야供공養양ᄒᆞ면·이·사
리·미眷권屬쑉·이비·록業·껍·을다ᄉᆞ·모惡·ᅙᅡᆨ
趣·츙·에·ᄠᅥ·러·딜·싸ᄅᆞ·미劫·겁數·숭·를
·혜·리·라ᄃᆡ·이男남女녕兄ᅘᅧᇰ弟·똉姊·ᄌᆞ
·妹·ᄆᆡᆼ地·띵藏짜ᇰ像·썅·을塑·송畵·ᅘᅪᇰᄒᆞ·야
瞻졈禮·롕ᄒᆞᆫ功공德·득·으·로·ᄒᆞᆫ
나人신天텬中듀ᇰ·에·나勝싱妙묳樂·락

·을受쓩ᄒᆞ·리·니·이사ᄅᆞ·미眷권屬·쑉·이
·ᄒᆞ다·가福·복力·륵·이·이·셔써人신天
텬·에·나勝싱妙묳樂·락·을受쓩ᄒᆞ·리·
묵즉어재·이功공德·득·다ᄉᆞ로聖·ᅌᅵᆼ因힌
·이더·어無뭉量·량樂·락·을受쓩ᄒᆞ·리니
·이사ᄅᆞ·미ᄯᅩ餘융ᄒᆞ·리
等듀ᇰ·에一·ᅙᅵᇙ心심·으·로地·띵藏짜ᇰ像·썅·을

瞻졈禮령ᄒᆞ·야·일·후·믈念념ᄒᆞ·야一·ᅙᅵᆶ
萬·먼버·니太·탱半·반ᄃᆞᆮ·기菩뽀薩·삻·이無뭉
邊변身신·을現ᅘᅧᆫᄒᆞ·야·이사ᄅᆞ·민게
眷권屬·쓩·이·잇난짜ᄒᆞ·로리라ᄒᆞ·며·或·ᅘᅪᆨ
夢·모ᇰ中듀ᇰ·에菩뽀薩·삻·이크神씬力·륵
나토·아·이사ᄅᆞ·믈親친·히爲ᅌᅱᆼᄒᆞ·야諸졍
世·솅界·갱·예眷권屬·쑉·ᄃᆞᆯ훌達ᄆᆞ리·니·소ᅌᆞ

餓ᅌᅡᇰ鬼·귕每·ᄆᆡᆼ日·싛菩뽀薩·삻·ᄉᆞ·일·후·를
니·를·며·이사ᄅᆞ·믄맛당·다·이菩뽀薩·삻·이
一·ᅙᅵᇙ千쳔버·늘念념ᄒᆞ·면千쳔日·싛·에
·잇난땅土·통地·띵鬼·귕神씬·을ᄒᆞ·야
·도·로衛·윙護·ᅘᅩᆼ·케ᄒᆞ·며現ᅘᅧᆫ世·솅·예·옷
바·빙·도즈기어·려라더러ᄀᆞ·자獲·ᅘᅩᆨ菩뽀
업·스며ᄆᆞᄌᆞ·미리門몬·에·드·디아·니케

畫·쾡·커나·시·혹病·뼝人·신·이·죽·디·아·니
호·디·쳇眷·권屬·쑉·이地·띵藏·짱善·쎤薩·
삻人·신像·썅·을塑·송畫·쾡·호·야·시·혹
예·보·면·럃·호·믈·이·사·라·망·다·가業·
報·봄·를重·뜡·히病·뼝·을·놀·실·미·라
도·이功·공德·득·으·로·즈·재·도·록·수·미

러·이·며·이·사·라·망·다·가業·업·報·봄·
로命·명·이·다·아·一·힗切·촁罪·쬥障·쟝業·
障·장·이·오惡·학趣·츙·에命·명終·즁·호·
미·란·도·이功·공德·득·에·나勝·싱妙·묭
後·훟·에·즉·재人·신天·텬·에·나·
樂·락·을受·쓩·호·야·一·힗切·촁罪·쬥障·쟝
이·다消·쇼滅·멿·호·리·라觀·관世·솅

音·음善·쎤薩·이·앗·다·가未·밍來·링世·솅
예男·남子·즁女·녕人·신·이·혹·젓
제·어·나·시·혹三·삼歲·솅五·옹歲·솅十·씹
아·슷·누·이·라·아·래父·뼝母·뭏·이·나·兄·형
弟·똉姊·중妹·밍·를·일·커·나
와眷·권屬·쑉·을思·含憶·흑·호·야·
趣·츙·에·뻐·러·디·며·아·모·世·솅界·갱·예·나
며·아·모·天·텬中·듕·에·잇·는·뻐·러·디·라·아
·무·命·호·며·다·能·눙·히地·띵藏·짱善·쎤薩
삻人·신像·썅·을塑·송畫·쾡·커·나·호·고
一·힗瞻·졈一·힗禮·롕·호·야·一·
一·힗日·싏·로·七·칧日·싏·至·징·히·매·니·를·어·나
므·리·디·아·니·호·야·이·를·며·닷·보·

[원전] 광흥사 초간본 월인석보 권21    227

觀世音
菩薩ㅣ 드려 닐오ᄃᆡ 未來
現在 諸世界 中에 天
人이 天福이 다ᄋᆞ아 五衰相
이 現혀 귀나 시혹 惡道애 ᄠᅥ러
디ᇙ 사ᄅᆞᆷ이 곧ᄒᆞᆫ 天人이 男이
어나 女ㅣ어나 相ᄋᆞᆯ 現혀 즈ᄌᆡ ㅅ

ᄒᆞ 地藏菩薩ㅅ 人形形像ᄋᆞᆯ
보거나 시혹 地藏菩薩ㅅ 일
훔을 듣거나 一瞻一禮ᄒᆞ면
瞻졈운 一볼 씨라 이 天人이 天福이 더
어 惡道報ᄅᆞᆯ 受ᄒᆞ야 나ᇰ
어린 快樂ᄋᆞᆯ 受ᄒᆞ리 삼
惡道애 ᄂᆞ디 아니ᄒᆞ리니
ᄒᆞ믈며 善薩ᄋᆞᆯ 보며 고려 가

짓 香花 衣服 飮食 寶
貝 瓔珞ᄋᆞ로 布施 供養
ᄒᆞᆫ 사ᄅᆞᆷ 들 어든 功德 福 利
無量 無邊ᄒᆞ리라 衆
音아 다ᄀᆞᆫ 未來 現在
諸世界 中에 六道
生ㅣ ᅀᅳᆷ마 命 終ᄒᆞ 제 地藏
菩薩ㅅ 일후믈 ᄀᆞ러호ᄉᆞ리 耳
根 에 드나면 이 衆生이 들이
三 惡道 苦ᄅᆞᆯ 기
리 나ᇰ 命 終ᄒᆞᆫ단 아니ᄒᆞ
母 眷屬이 ᅀᅵ 命 終ᄒᆞ제 父
無 大 財物ᄋᆞ며 寶 貝ᄉᆞ를
衣服ᄋᆞ로 地藏 像ᄋᆞᆯ 혀

現·현在·찡未·밍來링諸졍佛·뿛·이功공
德·득을니르샤오히려다몯·ᄉᆞ·리
잇·고아·랫世·솅尊·존이大·땡報·ᄇᆞᆯ·의
거·비·ᄂᆞᆯ·사·딘地·띵藏·짱·ᄋᆞᆯ利·링益·혁
等·ᄃᆡᆼ事·ᄉᆞᆯ讚·잔揚·양·코·져·ᄒᆞ·노·라·ᄒᆞ
·시·니顧·원호·ᄂᆞᆫ世·솅尊·존·이現·현在·찡
未·밍來링一·힗切·촁衆·즁生·ᄉᆡᆼ為·윙·ᄒᆞ

·샤地·띵藏·짱不·붏思思議·ᄋᆞᆯ事·ᄉᆞᆯ讚·잔稱·칭
揚·양·ᄒᆞ·샤天텬龍룡八·밣部·뽕ㅣ·저
·ᅀᆞᆸ福·복·ᄋᆞᆫ게·ᄒᆞ쇼·셔·부·톄觀관世·솅
音·ᅙᅳᆷ菩뽕薩·ᅀᅡᇙ·ᄃᆞ·려니·ᄅᆞ샤·ᄃᆡ네娑상
婆빵世·솅界·갱·예큰因·ᅙᅵᆫ緣·ᅌᅯᆫ·이·셔
天텬·이어·나龍룡·이어·나男·남·이·어·나
女·녕ㅣ어·나神·씬·이·어·나鬼·귕·어·나六

六·륙道·ᄯᅟᅭᆼ罪·ᄍᆆᆼ苦·콩衆·즁生·ᄉᆡᆼ·애·니·리
네·욋·ᄒᆞᆫ·ᄃᆞᆯ·로·니·와·네·양·ᄌᆞ·ᄅᆞᆯ·보·니·와·ᄂᆞ
·린·니·와·너·讚·잔歎·탄·ᄒᆞ·ᄂᆞ·니·와·이·衆·즁
生·ᄉᆡᆼ·ᄃᆞᆯ·히·다無·뭉上·썅道·ᄯᅟᅭᆼ·애·반·ᄃᆞ
·기退·퉹轉·둲·티아·니·ᄒᆞ·야·샹·녜·아·ᄅᆞ
·ᆫ에妙·묳樂·락·ᄋᆞᆯ受·쓯·ᄒᆞ·야因
果·광를쟝·ᄎᆞ·니·ᄅᆞ매授·쓯記·긩

衆·즁生·ᄉᆡᆼ·과天텬龍룡八·밣部·뽕·ᄅᆞᆯ
엿·ᄇᆡ·너·겨·내·이·地·띵藏·짱菩뽕薩·ᅀᅡᇙ人
거·ᄅᆞᆯ·듣·고쟝·ᄎᆞ·ᄂᆞ니·네·ᄅᆞᆯ·펴·니·ᄅᆞᆯ
不·붏思思議·ᅌᅴ利·링益·혁·이·ᄅᆞᆯ펴·라·내
·이·제널·호·리·라觀관世·솅音·ᅙᅳᆷ·이·ᄉᆞᆯ
·샤·ᄃᆡ唯·윙然·ᅀᅧᆫ世·솅尊·존·하顧·원호·ᄂᆞᆫ

光광大땡月輪륜毫光광宮궁
殿毫光광大땡宮궁殿毫光광
海雲毫光광大땡海雲毫光광
毫光광頂門몬上썅ᄋᆡ이러신毫
相샹光광ᄋᆞᆯ펴시니微妙音음ᄋᆞᆯ내샤
ᄂᆡ샤大땡衆즁天텬龍룡八部
人非人等ᄃᆞᆯᄒᆞᆫ게니ᄅᆞ샤ᄃᆡ

오ᄂᆞᆯ一切쳉利링天텬宮궁에셔地
藏菩뽕薩이人天텬中듕에利
益ᄒᆞ논이ᄅᆞᆯ과不思議ᄒᆞ옛
이와聖ᄒᆞᆫ因힌에건내ᄠᅴᆯ와十씹地
證ᄒᆞ욜와乃ᄂᆡᆼ終즁내阿耨
多당羅랑三삼藐三삼菩뽕提예
ᄆᆞᆯ다아니ᄂᆞᆫᄒᆞ이ᄅᆞᆯ稱칭揚양讚잔

歎커든ᄃᆞ라이ᄆᆞᆯ이ᄉᆞᆯ제會ᅘᆑᆼ
中듕에ᄒᆞᆫ菩뽕薩摩訶薩이
일후미觀관世솅音흠이러시니座쫭
애셔니르샤수러合掌쟝ᄒᆞ샤부텻
긔ᄉᆞᆯᄫᅡ샤世솅尊존ᄒᆞ야地땡藏
菩뽕薩摩訶薩이ᄀᆞ장慈悲
빙ᄒᆞ샤罪쬥苦콩衆즁生ᄉᆡᆼᄋᆞᆯ어엿

너샤千쳔萬먼億ᅙᅳᆨ世솅界갱예
中듕에ᄒᆞᆫ菩뽕薩摩訶詞薩이
일후미觀관世솅音흠이러시니
德득萬먼億ᅙᅳᆨ不思議威神씬力
이ᄆᆞᆯ化ᄒᆞ샤世솅尊존이十씹方方無뭉
量諸佛ᄡᅳ로地땡藏菩뽕薩ᄋᆞᆯ讚잔ᄒᆞ시ᄂᆞ나ᄃᆞ다니비샤디
歎커신ᄃᆞᆯᄉᆞ오리로ᄒᆞ시ᄂᆞ니그ᄯᅥ過광去컹

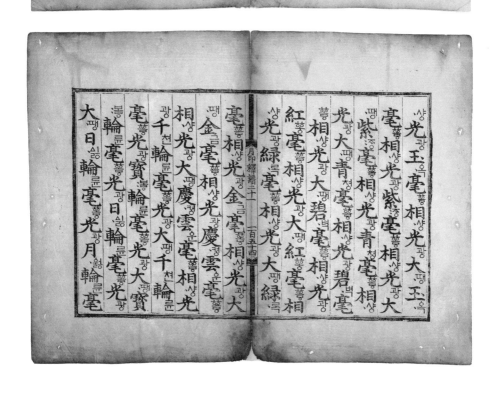

上段 右面

이사ᄂᆞᆯ 뫼ᅀᆞᄫᅡ 擁‧ᅙᅮᆼ護‧ᅘᅩᆼᄒᆞ린ᄃᆞᆯ‧마아‧니라
坐‧ᄍᆑᆼ釋‧셕ᄀᆞᆯ 梵‧뻠ᄌᆔᆼ春‧츈‧이‧屬‧쑉ᄀᆞᆺ과 諸정天텬春‧츈
엇‧뎨 天텬下‧ᅘᅡᆼᄋᆡ ᄀᆞ‧장 賢ᅘᅧᆫ이 擁‧ᅙᅮᆼ護‧ᅘᅩᆼᄒᆞᅀᆞᄫᅡ 得‧득ᄒᆞᆯᄸᅵ‧니 ‧뇨ᄃᆞ 地‧띵藏‧ᄍᆞᆼ像‧썅
護‧ᅘᅩᆼᄒᆞᅀᆞᄫᅡ 得‧득ᄒᆞ‧니 ‧뇨ᄃᆞ 地‧띵藏‧ᄍᆞᆼ 本‧본 願‧ᅌᅯᆫ 經경‧을
곤‧뎐 天텬‧으로 自‧ᄌᆞᆼ然ᅌᅧᆫ‧히 乃‧내終쥬ᇰᅟᅡᆫ苦‧콩

上段 左面

得‧득ᄒᆞᆫ‧니‧라 나‧랏 天텬 世‧솅尊존‧이 頂‧뎌ᇰ
門몬上‧썅‧ᄋᆞ로‧셔 百‧ᄇᆡᆨ千쳔萬‧먼億‧즉
大‧땡毫ᅘᅩᇢ相‧썅光광‧을 ‧펴‧시‧니 白‧ᄈᆡᆨ毫ᅘᅩᇢ
門몬上‧썅
海‧ᄒᆡᆼ‧를 여‧희‧여 涅‧녏槃빤樂‧락‧ᄋᆞᆯ 證‧지ᇰ
ᄏᆞᆼ海‧ᄒᆡᆼ‧를 여‧희‧여
즈‧ᇰ‧히 이런 天텬 世‧솅尊존‧이 擁‧ᅙᅮᆼ護‧ᅘᅩᆼ
大‧땡毫ᅘᅩᇢ相‧썅光광
瑞‧쓍毫ᅘᅩᇢ相‧썅光광 大‧땡瑞‧쓍毫ᅘᅩᇢ相‧썅
相‧썅光광 大‧땡白‧ᄈᆡᆨ毫ᅘᅩᇢ相‧썅光광

『月印釋譜二十一 一百五十三』

下段 右面

光광玉‧옥毫ᅘᅩᇢ相‧썅光광 大‧땡玉‧옥
毫ᅘᅩᇢ相‧썅光광 紫‧ᄌᆞᆼ毫ᅘᅩᇢ相‧썅光광 大‧땡
紫‧ᄌᆞᆼ毫ᅘᅩᇢ相‧썅光광 青쳐ᇰ毫ᅘᅩᇢ相‧썅
光광 大‧땡青쳐ᇰ毫ᅘᅩᇢ相‧썅光광 碧‧벽毫ᅘᅩᇢ
相‧썅光광 大‧땡碧‧벽毫ᅘᅩᇢ相‧썅
紅ᅘᅩᇰ毫ᅘᅩᇢ相‧썅光광 大‧땡紅ᅘᅩᇰ毫ᅘᅩᇢ相‧썅
光광 綠‧록毫ᅘᅩᇢ相‧썅光광 大‧땡綠‧록

『月印釋譜二十一 一百五十四』

下段 左面

毫ᅘᅩᇢ相‧썅光광 金금毫ᅘᅩᇢ相‧썅光광 大‧땡
金금毫ᅘᅩᇢ相‧썅光광 慶‧켜ᇰ雲운毫ᅘᅩᇢ相‧썅光광
相‧썅光광 大‧땡慶‧켜ᇰ雲운毫ᅘᅩᇢ相‧썅
千쳔輪륜毫ᅘᅩᇢ相‧썅光광 大‧땡千쳔輪륜光광
毫ᅘᅩᇢ光광 寶‧보ᇢ輪륜毫ᅘᅩᇢ相‧썅光광 大‧땡寶‧보ᇢ
輪륜毫ᅘᅩᇢ光광 日‧ᅀᅵᇙ輪륜毫ᅘᅩᇢ相‧썅光광 大‧땡
大‧땡日‧ᅀᅵᇙ輪륜毫ᅘᅩᇢ光광 月‧ᅌᅯᇙ輪륜毫ᅘᅩᇢ

에善·쎤男남子·女·녕人인이 住·

호·디 大·땡橫·小·횡橫·

盜·賊·쯕이·며 大·땡橫·횡 小·쇼橫·횡

火·화 水·슈火·

·으로이사ᄅᆞᆷᄋᆞᆯ衛·위護·홍야 本·본神씬力·륵

면내夜·양에善·쌀薩·앒ᄋᆞᆯ供養·호·야

·면·이든고이사ᄅᆞ미善·쌀薩·앒ᄋᆞᆯ供養·호·며 經·경典·典·

쌍·올들·고이사ᄅᆞ미잘能·能·히 經·경典·典 像·썅

·뚱·호·고大·ᅙᅡᆼ이 經·경典·典 像·썅

이·며一·힗切·쳉 모딘이·를다消·滅·

神씬이大·리·뎌그·엇뎨어·ᄂᆞ·놀

·샹신堅견牢·ᄅᆞᆯ야·ᄂᆞᆯ諸諸

켸·ᄒᆞ리·ᅌᅵ다 平·뗑地地神씬·ᄃᆞ·려니·ᄅᆞ

란·디間간浮·뿌土·통地띵神씬擁·護·

널·닐·ᅙᅥᆷ·며草草木·목이·며沙·샹石·썩

이·며稻草麻망竹·듁葦·ᅌᅱ·며穀·곡米·명

寶·봏貝·예니·리니世·셍從·쫑·ᄒᆞ·야

누·거시다네·히·ᄅᆞᆯ·ᄠᅥᆺ거·늘地地藏

善·쌀薩·앒이利·링益·ᅙᅵᆨᄒᆞᆯ稱揚·

常·쌍分·분地띵神씬에·셔神씬通과

리倍·ᄒᆞ·ᄂᆞᆯ·ᄃᆞ·가未·來來千·쳔

中·듕에善·쎤男남子·善·女·녕人인

이善·쌀薩·앒이供養·ᄒᆞ·며이 經·경

·으로ᄀᆞ·독이地띵藏·本·본 經·경

·경·이·ᄅᆞᆯ터修·샹行·ᄒᆞ·면

도네本·본神씬力·륵·으로擁·護·야

·야一·힗切·쳉災災害·와如·意·

·ᄒᆞ·ᅌᅵ리·구·예들·이다아·니케·호·리·다

·면受·케·호미·녀오직네·호·리·오·다

月印釋譜二十一 一百四十九

ᄒᆞ샤 六륙道똥ᄅᆞᆯ 濟졩度똥ᄒᆞ샤ᄃᆡ
그 願원이 오히려 ᄆᆞ차 겨시거시니
와 이 地띵藏짱菩뽕薩삻은 六륙道똥
一힗切쳉衆즁生ᄉᆡᆼᄋᆞᆯ 敎굘化황ᄒᆞ샤
發벓ᄒᆞ샨 誓쎙願원 劫겁數숭ㅣ 千쳔
百빅億흑恒ᅘᅳᆼ河ᅘᆼ沙상 ᄀᆞᄐᆞ시니 世솅
尊존하 내 보ᄃᆡ 未밍來ᄅᆡᆼ와 現ᅘᅧᆫ在ᄍᆡᆼ
衆즁生ᄉᆡᆼ이 住뜡ᄒᆞᆫ 고대 南남方방
ᄋᆞ로 ᄡᅡ해 土통石쎡竹듁木목ᄋᆞ로 龕캄
室싫 ᄆᆡᇰᄀᆞᆯ오 그 가온ᄃᆡ 塑송畫ᅘᅫᆼᄒᆞ거
나 金금銀ᅌᅳᆫ銅똥鐵텷로 地띵藏짱ㅅ
像썅ᄋᆞᆯ ᄆᆡᇰᄀᆞᆯ오 ᄉᆡᆷ香향 퓌우고 供공
養양ᄒᆞ야 보ᅀᆞᄫᅡ 禮롕數숭ᄒᆞ고 讚잔
歎탄ᄒᆞ면 이 사ᄅᆞᆷ 사논 ᄡᅡ해 즉재 열가

月印釋譜二十一 一百五十

지 利링益혁을 得득ᄒᆞ리니 ᄒᆞ나ᄒᆞᆫ ᄡᅡ
히 가ᅀᆞ멸오 둘ᄒᆞᆫ 지비 기리 便뼌安한
ᄒᆞ고 세ᄒᆞᆫ 몬져 업스니 하ᄂᆞᆯ해 나고 네
ᄒᆞᆫ 사ᄅᆞᆷᄂᆞ니ᄂᆞᆫ 목수미 더으고 다ᄉᆞᆺ ᄌᆞᆫ 求
ᄒᆞ논 이ᄅᆞᆯ 다 ᄇᆡᆼ일우고 여스슨 水
火황災징 업고 닐구븐 虛헝耗홍ㅣ
업고 여듧븐 모딘 ᄭᅮ미 그차 업고 아홉ᄎᆞᆫ 나
며 드로매 神씬이 擁홍護ᅘᅩᆼᄒᆞ고 열ᄒᆞᆫ
聖셩因힌을 만히 맛나리니 世솅尊존
하 未밍來링世솅中듕과 現ᅘᅧᆫ在찡衆
즁生ᄉᆡᆼ이 能능히 住뜡ᄒᆞᆫ 곧 方방面면
에 이 ᄀᆞᆮ 供공養양ᄋᆞᆯ ᄒᆞ면 이 ᄀᆞᄐᆞᆫ 利
링益혁을 得득ᄒᆞ리이다 ᄯᅩ 부텨ᄭᅴ ᄉᆞᆯ
ᄫᅩᄃᆡ 世솅尊존하 未밍來링世솅中듕

王왕이 敎굘化황ᄒᆞ리라ᄒᆞᆫ 地띵藏짱

아未밍來링世솅中듕에 善쎤男남子

善쎤女녕人ᅀᅵᆫ이 佛뿛法법中듕에

善쎤根ᄀᆞᆫ을 이시혹 塔탑寺ᄊᆞᆼ 이시혹 布봉施싱ᄒᆞ야 供공

養ᅌᅣᆼ이어나 시혹 塔탑寺ᄊᆞᆼ를 修ᄉᆛ補봉

커나 시혹 經경典뎐을 ᄭᅮ미거나

더러ᄫᅳᆫ ᄃᆞᆯ흘 ᄡᅳ러ᄇᆞ려 다ᄉᆞ려 ᄒᆞ야도

익 臣씬善쎤事ᄊᆞᆼ를 ᄒᆞ면 能ᄂᆡᆼ히 法법

界갱예 廻ᅘᆔᆼ向ᅘᅣᆼᄒᆞ면 이 사ᄅᆞ미 功공

德득이 이百ᄇᆡᆨ千쳔 生ᄉᆡᆼ中듕에 上썅妙ᄆᆛᆼ

樂락ᄋᆞᆯ 受쑤ᇢᄒᆞ리니 오직 제 집眷권

屬쑉이어나 시혹 제 몸利링益혁을 廻ᅘᆔᆼ

向ᅘᅣᆼᄒᆞ면 이고 果광報ᄇᆞᆯ 三삼 生ᄉᆡᆼᄋᆞᆯ

樂락ᄋᆞᆯ 이랑 나 得득ᄒᆞ고 一ᅙᅵᇙ萬먼 報봉

다음 하단

낢니 일런 地띵藏짱아 布봉施싱

因힌緣원이 그러리ᄃᆞᆼᄒᆞ니라 그

ᄲᅡ디 堅견牢ᄅᆞᇢ地띵神씬이 부텨씌ᄉᆞᆯᄫᅩ

ᄃᆡ 世솅尊존하 내녜브터 無뭉量량 菩뽕

薩삻摩망訶항薩삻을 보ᅀᆞᆸ노니

禮롕數숭ᄒᆞᅀᆞᆸ노니다 大땡不붏可캉思ᄉᆞᆼ

議ᅌᅴᆼ神씬通통智딩慧ᅘᆑᆼ로 衆즁生ᄉᆡᆼ

을 나미 濟졩度똥ᄒᆞ거시마ᄂᆞᆫ 이 地띵藏짱

菩뽕薩삻摩망訶항薩삻이 諸졍菩뽕

薩삻ᄉᆞ게 誓쎙願원이 深심重뜡ᄒᆞ며

이 世솅尊존하이 地띵藏짱菩뽕薩삻

이 閻염浮뿔提똉예ᄒᆞᆫ 因힌緣원이

겨시니 文문殊쑤普퐁賢현 觀관音흠

彌밍勒륵ᄃᆞ百ᄇᆡᆨ千쳔身신形ᅘᅧᆼ을 化황

과轉·뎐輪·륜王·왕像·썅·을 ᄒᆞ·ᅀᆞᆸ·고布·봉施·싱
供·공養·양·ᄒᆞ·면無·뭉量·량福·복·을어
더·ᄡ·녜人·신天·텬에이·셔勝·승妙·묳樂·락
·을受·쓩·ᄒᆞ·리·니··다·가能·능·히法·법
界·갱·예廻·ᅘᅱᆼ向·향·ᄒᆞ·면·이·사·ᄅᆞ·미福·복
利·링·ᄅᆞᆯ가·ᄌᆞᆯ·비·디·몯·ᄒᆞ·리·라·ᄯ地·띵藏·짱
아未·밍來·링世·셍中·듕·에善·쎤男·남

子·ᄌᆞ善·쎤女·녕人·신·이大·땡乘·씽經·경
典·뎐·을맛나싫·ᄒᆞ一·ᅙᅵᆯ偈·꼥一·ᅙᅵᆯ句·궁
·을듣·고般·반重·뜜히·숳·을發·벓·ᄒᆞ·야
般·반·ᅙᅳᆫ讚·잔歎·탄恭·공敬·경·ᄒᆞ·며
布·봉施·싱供·공養·양·ᄒᆞ·면·이·사·ᄅᆞ·미큰
果·광報·봉어·두·미無·뭉量·량無·뭉邊·변
·ᄒᆞ·리·ᅌᅵᆺ·다能·능·히法·법界·갱·예廻·ᅘᅱᆼ

向·향·ᄒᆞ·면그福·복·을가·ᄌᆞᆯ·비·디·몯·ᄒᆞ
·리·라·ᄯ地·띵藏·짱아未·밍來·링世·셍中·듕
·에善·쎤男·남子·ᄌᆞ善·쎤女·녕人·신·이
부·텻塔·탑寺·ᄊᆞ·와大·땡乘·씽經·경典·뎐
·을맛나새·란布·봉施·싱供·공養·양·ᄒᆞ·며
보·라禮·롕數·숭·ᄒᆞ·며讚·잔歎·탄·ᄒᆞ·며恭·공
敬·경合·ᅘᅡᆸ掌·쟝·ᄒᆞ·고놀·이·어·나

니르·왇·ᄂᆞᆫ修·슣心·심·을補·봉
·호공·ᄋᆞ心·심發·벓心·심·ᄒᆞ·약·도록·시
물勸·퀀·ᄒᆞ·야ᄒᆞ가·지·ᄅᆞᆯ發·벓心·심·ᄒᆞ·면
이·트·렛無·뭉른三·삼十·씹生·ᅀᅵᆼ中·듕·에샹
녜諸·졍小·숗國·귁王·왕·이외·오檀·딴
越·ᅌᅯᆳ·엇·샤ᄅᆞᆯ·문상·녜輪·륜王·왕·이도외
·야도토善·쎤法·법·으로諸·졍小·숗國·귁

等ᄃᆞᆼ·이·늘·구·며病·뼝·ᄒᆞ·며아·기나·ᄒᆞ·거

집·들·ᄒᆞ·고念·념·ᄒᆞ·ᄂᆞ·닌

心심·이·차醫ᅙᅴ藥·약飮ᅙᅳᆷ食·씨·며大·땡慈ᄍᆞ

具·꿍·ᄒᆞ·야安安樂·락·게ᄒᆞ·야王왕

면·이·ᄂᆞᆫ福·복利·링不·붏思ᄉᆞ議·읭

라一·ᅙᅵᆯ百·빅劫·겁中ᄃᆞᆼ·에샹녜淨·쪙居

居天텬主·즁ᅵᄂᆞᆫ·외·오二·ᅀᅵᆼ百·빅劫·겁

中ᄃᆞᆼ·에샹녜六·륙欲·욕天텬主·즁ᅵᄂᆞᆫ

외·야乃·내終즁·애不·부ᄠᅦᆫ·듯외·야惡·ᅙᅡᆨ

·ᄒᆞᆫ道·똘中ᄃᆞᆼ·에ᄠᅳᄃᆞ·디아·니·ᄒᆞ·야有ᅌᅮᆸ千쳔

生ᄉᆡᆼ中ᄃᆞᆼ·에구·예菩뽕薩·ᅀᅡᆶ人ᅀᅵᆫ소·리

·를·드·니·ᄒᆞ·리·라坐·쫭地·띵藏·짱아·니

·ᄒᆞ·ᄂᆞᆫᆯ·라來링世·솅中ᄃᆞᆼ·에諸졍

婆빵羅랑門몬等·ᄃᆞᆼ·이胎탱·이·ᄂᆞᆯ

布·봉施싱·ᄒᆞ·면福·복·이드·믄·지·엄

·스·리坐·쫭胎탱·ᄂᆞᆫ·히廻ᅘᆼ向·향ᄒᆞ·면

·젹·말·으·도坐·쫭地·띵藏·짱아·니·야乃·내終즁·애부

ᄠᅦᆫ·외·리·호·ᄒᆞᆷ釋·셕梵·뻠轉·둰輪륜

報·봉ᄅᆞᆯ·ᄉᆞ니·어·늘·ᄡᅥ地·띵藏·짱아·니

飯·뻔僧ᄉᆡᆼ·을勸·퀀·ᄒᆞ·야王왕·이·ᄐᆞ·빅·호

·게·ᄒᆞ·라坐·쫭地·띵藏·짱아·니來링世·솅

中ᄃᆞᆼ·에善·쎤男남子·ᄌᆞ善·쎤女녕人ᅀᅵᆫ

·이佛·뿛法·법中ᄃᆞᆼ·에젹·곰善·쎤根ᄀᆞᆫ

·을심·거두·옛·거·든受·ᄯᅮᆸ호福·복

利·링·를·가·자비·ᄃᆞ·른거슬坐·쫭地·띵藏·짱

·아未·밍來링世·솅中ᄃᆞᆼ·에善·쎤男남

子·ᄌᆞ善·쎤女녕人ᅀᅵᆫ·이부텻像·썅과善·쎤

薩·ᅀᅡᆶ人ᅀᅵᆫ像·썅과辟·뼉支징佛·뿛像·썅

護홍 聲셩聞문 辟벽支징佛뿛 等둥像쌍
애 니르리 다ᄉᆞ나ᄉᆞᆫ 숨일 위 供養양
布施싱ᄒᆞ면 이 國귁王왕ᄃᆞᆯ아 이셔
劫겁을 帝뎽釋셕身신ᄋᆞᆯ 외ᄋᆞ세
妙묳樂락ᄋᆞᆯ 受쓩ᄒᆞ리ᄂᆞ다가 勝싱
ᄒᆡ 布施혼 福복利링로 法법界갱
ᄋᆡ 廻向향ᄒᆞ면 이 大땡國귁王왕

等ᄃᆞ이 어 劫겁中에 大땡梵뻠
天텬王왕인ᄋᆞᆯ오리라ᄊᆞᆫ 地띵藏짱
아ᄅᆡ 末來ᄅᆡᆼ世솅예 諸졍國귁王왕과
婆뺑羅랑門몬等ᄃᆞᆯ 어ᄂᆞᆯ 리모져부
塔탑廟ᄅᆞᆯ 어나시혹 経像쌍애
니르리 어ᄂᆞ 비르리옛거늘 맛나
ᄃᆞᆫ 發벓心심ᄒᆞ야 修補봉ᄒᆞᆯ이 國귁

王왕等ᄃᆞ이 이 시혹 저ᅀᅳ로 거나ᄂᆞᆷ
勸퀀ᄒᆞ야 百ᄇᆡᆨ千쳔人ᅀᅵᆫ等ᄃᆞᆯ에 니르리
布施ᄒᆞ야 結ᄀᆞᆯ緣원ᄒᆞ면 이 國귁
王왕等ᄃᆞᆯ이 百ᄇᆡᆨ千쳔生ᄉᆡᆼ中에
ᄉᆞ이 轉돤輪륜王왕身신이 ᄃᆞ외오
ᄃᆞᄅᆞ나ᄆᆞᆫ사ᄅᆞᆷ모디布施ᄒᆞ
ᄉᆞᆯ더니 有ᅌᅱᇂ千쳔生ᄉᆡᆼ中에 ᅀᅣᆼ小

國귁王왕身신ᄋᆞᆯ 인ᄋᆞ오리ᄭᆞ다能
勸퀀ᄒᆞ면 이 ᄐᆞ國귁 王왕 廻向향心심을
塔탑廟ᄅᆞᆯ 시호ᄐᆞ 國귁王왕 ᄋᆞ며나
發벓ᄒᆞ면 이 佛뿛道ᄃᆞᇢᄅᆞᆯ 일우리니
果광報봉ㅣ 無뭉量량無뭉邊변ᄒᆞ리니
ᄃᆞ라ᄊᆞᆫ地땅藏짱아ᄅᆡ來世솅中에
어諸졍國귁王왕과婆뺑羅랑門몬

**[위쪽 오른편 장]**

노니·네 솔·펴·드·라내·니 爲·윙·호·야·닐

오·리·라 地·띵藏·짱·이 부텨·끠 술·봉·샤·딕

내·이·이·를 疑·읭心심·호·노·니 願·원·호·든

드르·혼·겨·호 노·이·다 閻염浮뿔 地·띵藏·짱菩뽕

薩·삻 드·려 니·르·샤·딕 南남閻염浮뿔

提똉 예 諸정國·귁王왕宰·쥥輔·뿡大·땡

臣·씬 大·땡長·댱者·쟝 大·땡刹·찷利·링大·땡

月印釋譜十一 百三十九

**[위쪽 왼편 장]**

婆빵羅랑門몬等:등·이 잇·숫·가貧

窮꿍·혼·사·로·미·어·나 釋·셕種:죵·이·며 殘짠

·일·머·우·며·믈·며·그·며·늘·구·며·머·그·며病·뼝 種죵

國·귁王왕·이·며 慈쭝悲빙 布·봉施

餘영·를 히·크 慈쭝悲빙·호·샤·작·소·물·다 布·봉施

·고·향·우·숨·머·거·손·소·다布·봉施 施

**[아래쪽 오른편 장]**

·커·나 사·롬·이·어·나 보·리·라 호·딕

慰·윙勞롱·호·야·알·외면·이 國·귁王왕等:등

·이 어·둔 福·복利·링 百·빅 恒홍河항沙상

佛·뿡씌 布·봉施 호·논 功공德·득利·링

·이·이·디 엇·뎨·어 논·랏 이·國·귁王

等:등·이 잇·딕 어·려·미 호·논·가 보·사·롬

과 잇·디 호·론 사·로·미 게·를 慈쭝悲빙心심

月印釋譜十一 百四十一

**[아래쪽 왼편 장]**

·이 셔 百·빅 千천 生성 中듕·에 샹·녜 七

寶:봏·를 ·디·롤·롤·며 衣힁食·씨

受·쓯用·용·호·민 스·년·시地·띵藏·짱 婆빵

來링世·솅·예 諸정國·귁王왕 과 婆빵

羅랑門몬等:등·에 니·를 부텨 塔·탑 寺

·롤 一·긿 어나싈 佛·뿡像·썅·이·어·나菩뽕

238

月印釋譜 二十一 百二十

이病뼝ᄒᆞᆫ사ᄅᆞᄆᆞᆯ爲윙ᄒᆞ야 큰소리로ᄒᆞᆫ
부텻일후믈念념ᄒᆞᅀᆞᄫᆞ면 이命명終
즁ᄒᆞᇙ사ᄅᆞ미 五옹無뭉間간 큰罪쬥ᄅᆞᆯ
덜오 녀나ᄆᆞᆫ業업報봉ᄂᆞᆫ 다消숗滅
멿ᄒᆞ리니 이五옹無뭉間간 큰罪쬥비
록至징極끅重뜡ᄒᆞ야 億즉劫겁
을디내야 잢간도 나디몯건마ᄅᆞᆫ ᄒᆞ마
命명終즁ᄒᆞᇙ제 ᄂᆞ미爲윙ᄒᆞ야 부텻일
훔稱칭念념ᄒᆞᅀᆞᄫᆞᆫ다ᄉᆞ로 이罪쬥中
듕에셔 漸쪔漸쪔消숗滅멿ᄒᆞ리니 ᄒᆞ
몰며 衆즁生ᄉᆡᆼ이 제일ᄒᆞᆯ보ᄫᅡ며 제念
념ᄒᆞ미ᄯᆞᆫ니ᄯᆞ가 福복 어두미 그지업
서 그지업슨罪쬥ᄅᆞᆯ滅멿ᄒᆞ리이다 그
ᄢᅴ 地띵藏짱菩뽕薩삻摩망訶항薩삻

月印釋譜 二十一 百三十八

이 부텻威휭神씬을 ᄇᆞᆮᄌᆞᄫᅡ 座쫭로셔
니러 合ᅘᅡᆸ掌쟝ᄒᆞ야 부텻긔 ᄉᆞᆯᄫᅩᄃᆡ
世솅尊존하 내 業업道ᄯᅩᇢ衆즁生
ᄉᆡᆼ올 보아 布봉施싱ᄅᆞᆯ 혜아리건댄 輕
켱ᄒᆞᆫ니 잇ᄃᆞ 重뜡ᄒᆞᆫ니 이셔 一ᅙᅵᇙ生ᄉᆡᆼ
受쓯福복ᄒᆞ리도 이시며 十씹生ᄉᆡᆼ受
쓯福복ᄒᆞ리도 이시며 百ᄇᆡᆨ生ᄉᆡᆼ千쳔
生ᄉᆡᆼ을 큰福복利링受쓯ᄒᆞ리도 잇ᄂᆞ
니 이 이리 엇뎨잇고 願원ᄒᆞᄂᆞᆫ 世솅尊
존이 날爲윙ᄒᆞ야 니ᄅᆞ쇼셔 그ᄢᅴ 부톄
地띵藏짱菩뽕薩삻ᄃᆞ려 니ᄅᆞ샤ᄃᆡ 내
이제 忉돌利링天텬宮궁 一ᅙᅵᇙ切쳉衆
즁會ᅘᅬᆼ예 閻염浮뿡提똉布봉施싱ᄒᆞ
ᄂᆞᆫ 功공德득 輕켱重뜡 혜아룔 니ᄅᆞ

를得득ᄒ·리잇단쓰過·과 去·컹 無뭉量량
阿항僧승祇낑劫·겁·에부텨世·솅間간
如영來링·러시·니號·뽕ㅣ 裝장幢똥
·앳ᄉ人신·이·이부텻·일·로·블·씨·오ㅅ돌一힗
百·빅大·땡劫·겁生성死·ᄉ人罪·쬥·ᄅ거·ㅣㄴ
·내뿌·리ᅌ·리잇단쓰過·과去·컹·에부텨世·솅

《月印釋譜二十一》 百二十五

間간·애ᄂ엇·더시·니號·뽕ㅣ 大·땡通통山산
王왕女·녕如영來링·러시·니ᅙ·다가男남
子·ᄌ女·녕人신·이·이부텻·일·로·블·씨·오ㅅ돌
샤ᇰ모恒행河항沙상佛·뿛·을ᄒ나·ᄉ
반녀비 爲·윙ᄒ·야說·쉃法·법ᄒ·야시·ᄃ
받ᄌᆞ·방 善·뼌提똉·ᄅ일·우리·이잇단쓰過·과
光광去·컹·에 淨·쪙月·ᅌᅯᆯ佛·뿛山산王왕佛·뿛

智딩勝·싱佛·뿛淨·쪙名명王왕佛·뿛
智딩成쎵就쯓佛·뿛無뭉上·썅佛·뿛妙·묳
聲셔ᇰ佛·뿛滿·만月·ᅌᅯᆯ佛·뿛月·ᅌᅯᆯ面·면
佛·뿛·이·러틋·ᄒ·ᅌ不·붏可·캉說·쉃佛·뿛世·솅
尊존·이겨·시더·니現·현在·ᄍᆡᆼ未·밍來링
人신·이이·나男남·이·나女·녕ᅵ·어·나

一·힗切·쳉衆·즁生성·이天텬·이·나
·오직호·ᄉ부텻·일후·믈念·념ᄒ·ᅌ合·호한일
德·득·이그·지업·스리·니하ᄆ·을며生성을
時씽死·ᄉ·가아·ᄃ·ᄉ衆·즁生성·을得·득ᄒ·ᄋ
時씽·예終쥬ᇰ·ᄒ·ᅌ·야乃:냉終쥬ᇰ·내惡·학道:도·애ᄇᆞ·려디·ᄃ
아·니ᄒ·리·니·ᄃ가·ᄒ마命·며ᇰ終쥬ᇰ·ᄒ
샤ᇰ·미지·블眷·권屬·쑉·이ᄲ·려:사·ᄅ·미·나

이삭·미無뭉量·량諸졍佛·뿛·을讚·잔歎·탄

부텼을讚·잔歎·탄ᄒᆞ고極·끅果·광

시·ᄂᆞᆼ號·ᅘᅩᆼ一拘궁留륳孫손佛·뿛·이러

·쏘過·광去·컹·예부톄世·솅間·간·애냇더시

·슈·ᄇᆞᆯ머·리·녀授·쓩記·긩·ᄒᆞ시리·라·쏘過·광

면이삭·미賢ᅘᅧᆫ劫·겁千쳔佛·뿛會·ᅘᅬᆼ

中듕·에大·땡梵·뻠王·ᅌᅪᆼ인·ᄃᆞᆯ·외야上·쌍

記·긩·심기·샤ᄆᆞᆯ得·득·ᄒᆞ·리·라·쏘過·광去·컹·예

·去·컹·에부톄世·솅間·간·애냇더·시·니號·ᅘᅩᆼ

號·ᅘᅩᆼ一毗삥婆빵尸싱佛·뿛·이러시·니

다가男남子·ᄌᆞᆼ女녕人신·이·이부텻·을

호ᇙ들·또·ᄉᆞ·ᄆᆞ·미·그·릴惡·ᅙᅡᆨ道·똥·애·ᄠᅥ·러

---

디·며아·니냐·ᅌᅣᆼ녜人신·은天텬·에·나勝·싱

·妙·묳樂·락·ᄋᆞᆯ受·쓩·ᄒᆞ·리·라·쏘過·광

去·컹·에無뭉量·량無뭉數·숭恒ᅘᅥᆼ河ᅘᅡᆼ沙상

劫·겁·에부톄世·솅間·간·애·냇더·시·니號·ᅘᅩᆼ

一多당寶·보ᇢ如셩來ᄅᆡᆼ러시·니·다

가男남子·ᄌᆞᆼ女녕人신·이·이부텻·을

듣·ᄌᆞᇦ·고ᄆᆞ·ᄅᆞ乃·냉終즁·내惡·ᅙᅡᆨ道·똥·애

·러디·며아·니냐·ᅌᅣᆼ녜天텬上·쌍·애·이

·셔勝·ᄉᆡᆼ妙·묳樂·락·ᄋᆞᆯ受·쓩·ᄒᆞ·리·라·쏘

過·광去·컹·에부톄世·솅間·간·애냇더·시·ᄯ

·니號·ᅘᅩᆼ一寶·보ᇢ相·샹如셩來ᄅᆡᆼ러시·니

호·다가男남子·ᄌᆞᆼ女녕人신·이·이부텻

·일홈·들·ᄌᆞᇦ·고恭공敬·경心심·을내·면·이

·사·ᄅᆞ·미아·니·오·라阿항羅랑漢·한果·광

## 〔상단〕

劫껍에부톄世솅間간애낫더시니號
ㅣ無뭉邊변身신如셩來링시니
호다가男남子ᄌᆞ女녕人신이이부텻
일후믈듣ᄌᆞᄫᅡ恭공敬경ᄒᆞᅀᆞᄫᅡ내
면즉재四ᄉᆞᆼ十씹劫껍生ᄉᆡᆼ死ᄉᆞᆼ重뜡
罪쬥를걷내ᄲᅱ리니ᄒᆞᄆᆞᆯ며形ᅘᅧᆼ像썅
ᄋᆞᆯ塑송畫ᅘᅪᇰᄒᆞ야供공養양讚잔歎탄

ᄒᆞ면뎌사ᄅᆞ미福복이두미無뭉量량
無뭉邊변ᄒᆞ리이다ᄯᅩ過광去컹恒ᅘᅳᆼ
河ᅘᅡᇰ沙상劫껍에부톄世솅間간애낫
더시니號ᅘᅩᇢᄫᅵ實ᄊᆞᆯ勝시ᇰ如셩來링러
시니號ᅘᅩᇢ다가男남子ᄌᆞ女녕人신이이
부텻이르믈듣ᄌᆞᄫᅡᅘᅥᆫ彈딴指지ᄒᆞᆫ쏘
나義녕心심歸귕依ᅙᅴᆼᄒᆞ면이사ᄅᆞ미

〈月印釋譜二十一 百三十一〉

## 〔하단〕

無뭉上샤ᇰ道뜰ᇢ애그리退퉝轉둰티아
니ᄒᆞ리이다ᄯᅩ過광去컹에부톄世솅
間간애낫더시니號ᅘᅩᇢ波방頭뜗摩
ᄋᆞᆸ勝시ᇰ如셩來링러시니號ᅘᅩᇢ다가男남
子ᄌᆞ女녕人신이이부텻일후믈듣ᄌᆞᄫᅡ
耳ᅀᅵᆼ根ᄀᆞᆫ에디내면이사ᄅᆞ미一힗千천
버늘六륙欲욕天텬中듀ᇰ에나리니

ᄒᆞᆯ며至지極끅호ᄆᆞ로稱치ᇰ念념
ᄒᆞ야미ᄉᆞ니잇가ᄯᅩ過광去컹不부可캉
說ᅌᅯᇙ不부可캉說ᅌᅯᇙ阿항僧ᄉᆞᆼ祇낑
劫껍에부톄世솅間간애낫더시니號ᅘᅩᇢ
ㅣ師ᄉᆞᆼ子ᄌᆞ吼ᅘᅮᇢ如셩來링러시니
호다가男남子ᄌᆞ女녕人신이이부텻
일후믈듣ᄌᆞ와ᅙᅭᆫ一힗念념을歸귕依ᅙᅴᆼ면

〈月印釋譜二十一 百三十二〉

生ᅌᅵᆼ을 擁ᅙᅩᆼ護ᅘᅮᆼᄒᆞᄂᆞ니 이ᄅᆞᆯ오ᄒᆞᆯ大ᄄᆡᆼ

士ᄊᆞᆼᅵ 慈ᄍᆞᆼ悲ᄫᅵ願ᅌᅯᆫ으로 大ᄄᆡᆼ鬼귕아

王ᅌᅪᇰᅵ 므를現ᅘᅧᆫᄒᆞ며 鬼귕아

니라 後ᅘᅮᇢ에 一ᅙᅵᇙ百ᄇᆡᆨ七칧十씹劫겁

다ᄫᆞ뎌 오야號ᅘᅩᇢᄅᆞᆯ 無뭉相샤ᇰ이

如ᅀᅧ來ᄅᆡᆼ오 劫겁일후믄 安ᅙᅡᆫ樂락이

오 世솅界갱 일후믄 淨쪄ᇰ住뜡ᅵ리

라 그브텨 수믈轉ᄃᆯ輪륜劫겁이라地띵

藏짜ᇰ菩뽀ᇰ薩ᄉᆞᇙ아 大ᄄᆡᆼ鬼귕王ᅌᅪᇰ이

이리ᄀᆞᆮ디 아니ᄒᆞ야 不부ᇙ可캉思ᄉᆞᆼ議ᅌᅴᆼ며

淸ᄎᆡᇰ度또ᇰᄒᆞ야 人ᅀᅵᆫ天텬을 도ᄅᆞᇙ씨오

利링樂락ᄒᆞ야ᄂᆞᆯ 菩뽀ᇰ薩ᄉᆞᇙ摩마ᇰ訶항

ᄅᆞᆯ 地띵藏짜ᇰ菩뽀ᇰ薩ᄉᆞᇙ摩마ᇰ訶항

ᄒᆞ니이제未밍來ᄅᆡᆼ報보ᇢ生ᅀᅵᆼᄋᆞᆯ為ᅌᅱᆼᄒᆞ

야 利링益혁ᄒᆞᇙᄭᅵᆯᄅᆞᆯ 生ᅀᅵᆼ死ᄉᆞᆼ中듀ᇰ

에 利링益혁ᄋᆞᆯ得득게호리니願ᅌᅯᆫ

호ᄃᆞᆫ 世솅尊존이 내말ᄅᆞᆯ 소셔부

뎨地띵藏짜ᇰ菩뽀ᇰ薩ᄉᆞᇙᄅᆞᆯ 드려니ᄅᆞ샤ᄃᆡ

네 이 慈ᄍᆞᆼ悲ᄫᅵ ᄅᆞᆯ니ᄅᆞ와다 一ᅙᅵᇙ切체ᇢ

罪ᄍᆡᆼ菩뽀ᇰ六륙道뚜ᇢ衆즁生ᅀᅵᆼᄋᆞᆯ救구ᇢ

호야ᄒᆞᆯ不부ᇙ思ᄉᆞᆼ議ᅌᅴᆼ이

호야ᄒᆞᄂᆞ니이제正져ᇰ히時씽

節저ᇙ이니ᄉᆞᆯ리ᄅᆞᆯ내ᄂᆞᆯ 涅녀ᇙ槃빠ᇿ

호야네이願ᅌᅯᆫᄋᆞᆯ 어셔솃게호리니

도現ᅘᅧᆫ在찡未밍來ᄅᆡᆼ一ᅙᅵᇙ切체ᇢ衆즁

生ᅀᅵᆼᄋᆞᆯ시ᄅᆞᆷ아나호리라地띵藏짜ᇰ菩뽀ᇰ

薩ᄉᆞᇙ이 부텻ᄭᅴ ᄉᆞ로ᄃᆡ 世솅尊존

ᄒᆞ尊ᄂᆞᆯ過광去컹無뭉量랴ᇰ阿항僧ᄉᆡᇰ祇낑

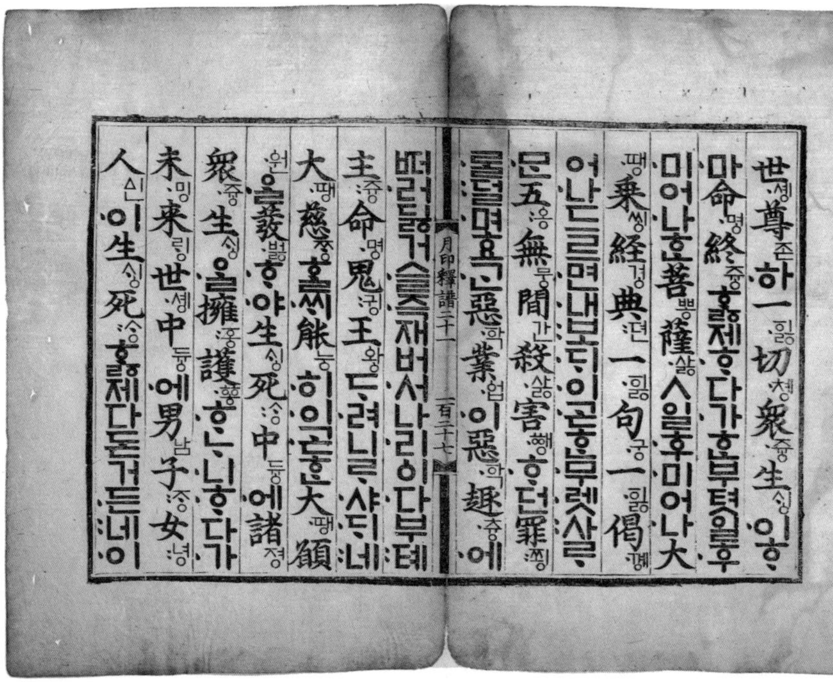

世尊하 一切 衆生이
命終호제 다가 이ᄒᆞᆫ 사ᄅᆞᆷ의 일훔이나 大
乘經典 一句 一偈
이어나 大
어나 드르면 내 보ᄃᆡ 이 衆生ᄃᆞᆯ히
이 五無間앳 殺害ᄒᆞ던 罪罪에
ᄇᆞᆯ텨 녀ᇰ고ᇰ ᄒᆞ야 永히 업게 ᄒᆞ야 ᄯᅳ러 업
ᄇᆞ려 둣거ᄂᆞᆯ 재 사ᄅᆞᆷ 나라ᇰ 다ᄇᆞ데
主ㅣ 命을 鬼王ᄃᆞ려 니ᄅᆞ샤ᄃᆡ
大慈ᄒᆞ신 鬼王이 能히 이러ᇰ 大願
을 發ᄒᆞ야 生死 中에 諸
衆生을 擁護ᄒᆞᄂᆞ닝다
未來世 中에 男子 女
人이 이 生死 中에 다ᄃᆞᆫ거든 네이

額을 드리드리말오 다벗어 ᄂᆞ긔리 安
樂을 得ᄒᆞ라 鬼王이 부
ᄒᆞ야 버서나디 몯ᄒᆞ리어니와
쇼ᄉᆞ내이 얼글오ᄉᆞ록 念念에 間
時예 死ᄒᆞᆯ 時예 다 安樂을 得
時예 死ᄒᆞᆯ 時예 다ᄂᆞᆫ 分別 마ᄅᆞ
淨業을 擁護ᄒᆞ야 生
得ᄒᆞ리오리오디 顔ᄒᆞ디 衆生ᄋᆞᆯ
得
들히 生死 애ᄒᆞ제 내말을 信호ᄃᆡ 受
ᄒᆞ야 버서나디 몯ᄒᆞ리업스리니 利益
혁을 얻고ᄒᆞ노이다 그�무 地
藏菩薩ᄃᆞ려 니ᄅᆞ샤ᄃᆡ 이 大
鬼王 뫼쥭ᄉᆞᆷ안 니ᄂᆞᆫ 마ᄇ
千生ᄆᆞ 中에 大鬼
王이 외야 生死 中에 大衆

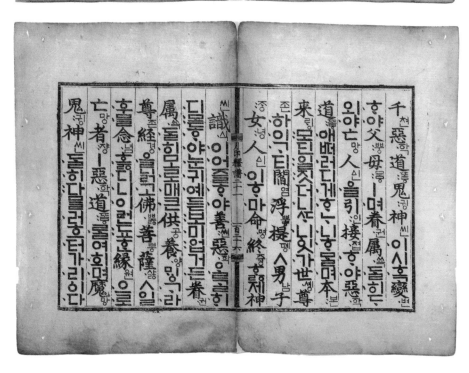

신·노ᇰ이 가·비려 :보·거긔 龍(로ᇰ)王(와ᇰ)·이 讚(잔)歎(탄)人
·ᄒᆞ시·고 누·틄누·니·ᄒᆞ야 惡(ᅙᅡᆨ) 閻(염)羅(랑)天(텬)
子(ᄌᆞ)ㅣ 能(느ᇰ)·히 :이ᄫᆞᆯ 擁(ᅙᅩᇰ)護(ᅘᅮᆼ)ᄒᆞ·며 男(남)子(ᄌᆞ)
善(쎤)女(녀)人(ᅀᅵᆫ)·ᄋᆞᆯ :돕·ᄫᆞ 善(쎤)男(남)子(ᄌᆞ)
난 愚(ᅌᅮ)王(와ᇰ)帝(뎽)釋(셕)·ᄅᆞᆯ 擁(ᅙᅩᇰ)護(ᅘᅮᆼ)·ᄒᆞ
諸(졍)衛(ᅌᅱ)護(ᅘᅮᆼ)·커니·와 王(와ᇰ)이·ᄂᆞᆯ :셔
會(ᅘᅬᆼ)中(듀ᇰ)·에 見·겨 王(와ᇰ)·이·ᄂᆞ니

命(며ᇰ) 려ᇰ 本(본)來(ᄅᆡ)·ᄫᆞᆯ 넘·뎌 :술ᄫᆞ·ᄅᆞᆯ 世(솅)尊(존)
하 ·내 ·ᄫᆞᆯ :혜여 내 甚(씸)·히 크·게 利(링)
노ᅌᅵ 內(냉) 本(본)願(원)·엇 甚(씸)·히 크·게 利(링)
生(ᄉᆡ)時(씽)死(ᄉᆞᆼ)時(씽)·예 ·ᄒᆞ·리·다 ·소ᇰ아·댓
浮(ᅗᅮᆼ)提(똉) 人(ᅀᅵᆫ)·ᄋᆞᆯ 수·ᄫᆞᆯ ·ᄒᆞ·며 閻(염)
하 ·내 本(본)來(ᄅᆡ) 人(ᅀᅵᆫ)業(ᅌᅥᆸ)緣(원)·ᄋᆞᆯ 世(솅)尊(존)
益(ᅙᅵᆨ)·거·니 ·ᄆᆞ·ᄅᆞᆯ 報(보ᇢ)·ᄒᆞ·야 生(ᄉᆡᇰ)·ᄋᆞᆯ ·내·ᄫᆞᆯ·라
生(ᄉᆡᇰ)死(ᄉᆞᆼ)·애 ·ᄒᆞ便(뼌) 安(ᅙᅡᆫ)·ᄒᆞ :ᄫᆞᆯ·게·ᄒᆞ·ᄂᆞ

:넜·뎌·어 ·ᄫᅩ란 둘 閻(염)·엇 浮(ᅗᅮᆼ)提(똉) 人(ᅀᅵᆫ)
·사·미 ·처엄 :ᄂᆞ·제 男(남) 女(녕) :둘·며 ·오
·ᄒᆞ·마ᄂᆞᆫ 산 子(ᄌᆞ)·ᄅᆞᆯ ·ᄀᆞ·ᄆᆞ·ᄅᆞᆯ ·ᄃᆞ·ᄫᅥᆯ
여·러 가·짓 鮮(셕)味(밍)·로 纖(셔)ᅀᅵᆫ·人(ᅀᅵᆫ)·子ㅣ 産(산)
母(모ᇢ)·ᄅᆞᆯ 어·ᄫᆞᆫ·며 眷(권)屬(쑉)·ᄋᆞᆯ 만·히 모
·도·아 :술·구·머·그·며 풍(류)·ᄒᆞᆯ 씨 子(ᄌᆞ)母(모ᇢ)
·ᄫᆞ·ᄫᅵ 安(ᅙᅡᆫ)樂(락) ·디·몯·게·ᄒᆞ·ᄂᆞ :넜·뎌
護(ᅘᅮᆼ)·ᄒᆞ·야 安(ᅙᅡᆫ)樂(락)·ᄋᆞᆯ 得(득)·ᄒᆞ·야
地(띠)업 人(ᅀᅵᆫ) 歡(훤) 喜(힁)·ᄒᆞ·야 ·ᄒᆞ
宅(ᅙᆡᆨ)·ᄋᆞᆯ 增(즈ᇰ)益(ᅙᅵᆨ)·ᄒᆞ야 :게ᅙᅳ면 土(토ᇰ)地(띵)
·ᄒᆞ·마 ·나·ᄃᆞᆯ ·제 :善(쎤)事(ᄉᆞᆼ) 男(남) 女(녕) ·ᄃᆞ·ᄫᅥᆯ
:넜·뎌·어 ·ᄫᅩ란 둘 閻(염)·엇 浮(ᅗᅮᆼ)提(똉) 人(ᅀᅵᆫ)
鬼(구ᇰ)·와 魑(티) 魅(밍) 精(져ᇰ) 魅(밍) ·빌·픠무
·ᄒᆞ·ᄂᆞ 라·기 아·기 나·ᄯᆞᆯ·에 無(무)數(수) 惡(ᅙᅡᆨ)

신ᄒᆞ시ᇙ씨니 다ᄀᆞ맷業ᅌᅥᆸ 믈조ᄆᆞ미 重ᄠᅱᇰ
ᄒᆞ면 地띵獄옥 애그리서머서나ᇝ時씽
節저ᇙ에 이업스ᇙ리라그ᇢ惡ᅙᅡᆨ毒똑鬼귕
王ᅌᅪᆼ 이ᄉᆞᆲ掌쟝ᄒᆞ야恭구ᇰ敬겨ᇰᄒᆞ야부
텨씌ᄉᆞᆲ오ᄃᆡ世솅尊존하우리鬼귕王ᅌᅪᆼ
돌히一ᅙᅵᇙ眷궈ᇴ이지ᇰ서閻염浮쁗
提똉예이셔실ᄒᆞᆫ 사ᄅᆞ믈 利링益힉 호ᄃᆡ

각곧ᄃᆡ아니호ᇙ 니러니이業ᅌᅥᆸ 報ᄫᆞᇢᄒᆞ야各각各각
ᄒᆞᆯ우리春츈屬쑉씨ᇰ이世솅界갱예노
년녀뎌ᇊ이ᄅᆞᆫ곧善ᄲᅭᆫ이리져
거시ᇝ미저�믈ᄒ어나시ᅙᅩᆨ 惡ᅙᅡᆨ이러져
聚쭁落락과 莊쟝園원과 房빠ᇢ舍샹城쎠ᇰ邑읍
다ᄆᆞᆫᄒᆞᆨ시혹男남子ᄌᆞᆼ女녕人ᅀᅵᆫ

이티ᄅᆞᆯ만善ᄲᅭᆫ事ᄊᆞᆼᄒᆞ리다ᄀᆞ호幡펀ᄒᆞᆯ
蓋갱ᄅᆞᆯ버므며 곳香향ᄋᆞ로 布봉施싱호ᄃᆡ로
佛뿌ᇙ像쌰ᇰ과善ᄲᅩᆫ薩사ᇙ像쌰ᇰ供고ᇰ養ᅌᅣᇰ
ᄒᆞ며世솅尊존經겨ᇰᄅᆞᆯᄀᆞᆯᄫᅵ며香향
우고一ᅙᅵᇙ句궁一ᅙᅵᇙ偈꼥ᄅᆞᆯ供고ᇰ養ᅌᅣᇰ호
ᄆᆡ니르러우리鬼귕王ᅌᅪᆼ이이ᄉᆞᆷ
을恭구ᇰ敬겨ᇰᄒᆞ야禮롕數숭ᄒᆞ야過광

去컹現ᅙᅧᆫ在찡未밍來링諸졍佛뿌ᇙᄀᆞ티
ᄒᆞᆯ ᄉᆡᆼ小쇼ᇢ鬼귕들콰土통地띵分뿐ᄋᆞᆯ ᄒᆞ야各각
各각을勅틱ᄒᆞ야딭며衛웡護ᄒᆻᄒᆞ야惡ᅙᅡᆨ事ᄊᆞᆼ橫ᅘᆡᆼ事ᄊᆞᆼ
와惡ᅙᅡᆨ病삐ᇰ橫ᅘᆡᆼ病삐ᇰᄋᆞ며믈와고ᇝ아니
홑이리넝等ᄃᆡᇰ慶켜ᇰ에가ᇱ과디아니
케호리니ᄋᆞᇰ屋옥門몬戶ᅘᅩᆼ앤ᄠᆞ미

아오ᄃᆞᆯ後ᅘᅮᆯ에 이 이리 혼가지라 ᄃᆞ마라이
길헤ᄃᆞᆯ어든 나 머러도 아ᅀᆞ라 마라
太탱리랑ᄒᆞ면 ᄃᆞ미 어ᄂᆡ 슈믈ᄆᆞᄎᆞᆯ
ᄒᆞ야 혼가지로 迷밍人ᅀᅵᆫ ᄃᆞ感감動똥
ᄒᆞ다가 知딩親친識식ᄋᆞᆯ 이스믈오디
ᄒᆞᆯᄊᆡ 긔 니ᄅᆞᆯ 미어나 男남이어나 女녕
ᅵ어나 보아든 ᄂᆞᆷᄒᆞᆯ 길헤 어려
갓ᄌᆞᆫ毒똑惡학이 만ᄒᆞ야 슈믈 ᄆᆞ太탱
리랑ᄒᆞ야 이 한사ᄅᆞᆷ 미쥬ᄃᆞ 아니ᄒᆞᆫ
란ᄒᆞ미 곤ᄒᆞ니 ᅀᅵ럴ᄊᆡ 地띵藏짱菩뽕
藿삶의 이 慈ᄍᆞᆼ悲빙ᄃᆞ 此ᄎᆞᆼ罪쬉苦콩衆즁
生ᄉᆡᆼᄋᆞᆯ 救귷ᄒᆞ야 ᄉᆡᆼ내야 天텬人ᅀᅵᆫ
中듕에 나妙묠樂락ᄋᆞᆯ 受쓩케 호ᄃᆡ
ᄒᆞ거든 이罪쬉業업衆즁ᄋᆞᆯ 惡히業업道뚕菩

---

콩ᄋᆞᆯ 아라 버서 ᄒᆞ여 나 그리 오ᄂᆞᆫ
나ᄃᆞ아니ᄒᆞᆯᄊᆞ 니 迷밍人ᅀᅵᆫ이 險험道뚕
애 ᄃᆞ러쥿다가 善쎤知딩識식
올맛나리 ᄋᆞᆫ接접ᄒᆞ야 나게ᄒᆞ야 오
ᄃᆞ디아니케ᄒᆞ며 다ᄅᆞᆫ 사ᄅᆞᆷ 맛나ᄉᆞᆫ勸퀀
ᄒᆞ야 ᄃᆞ디 아니케ᄒᆞ야든 自쯩然쎤
히 이 因힌ᄒᆞ야 迷밍惑ᅘᅯᆨᄉᆞᆯ 브러
히ᄃᆞ리 왼 다시 ᄃᆞ라 아니ᄒᆞᆯᄊᆞ니라
ᄒᆞ다가 다시 볿가ᄉᆞ다ᄃᆞ迷밍惑ᅘᅯᆨᄒᆞ야
야 아린 쳔 險험道뚕ᄅᆞᆯ 아ᄃᆞᆯᄋᆞ
야 시혹 목수믈을 면 惡학趣츙예 ᄢᅥ
러딘 衆즁生ᄉᆡᆼᄋᆞᆯ 地띵藏짱菩뽕薩삻
이 方방便뼌力륵ᄋᆞ로 써ᄒᆞ게ᄒᆞ야 人ᅀᅵᆫ
天텬中듕에 나게ᄒᆞ야 뇩졘ᄃᆞ라

大教·를 ᄒᆞ야 ᄡᅡ혀내야 ᄉᆞᆯ보리 버서나게

ᄒᆞ며 이 罪·보 報·를 앳·ᄉᆞᆯ·ᄫᅩᆯ ·悪·趣·예

方便 力·으로 ᄲᅡ혀내야 宿世·옛 이를 알에

ᄒᆞ거든 제 閻浮 報生·이 悪·

習·믈 조·ᄆᆞᆯ 重·히·ᄒᆞ·야 ᄉᆞᆺ다가노로

〈釋讀二 百十〉

드·러이 菩薩·을 슥 아오래 劫中

數·ㅣ냐 도度 脫·ᄒᆞ리·잇노·니

가줄비건댄 사ᄅᆞᆷ미 믿지블 브리·고 險道中

險道ᄅᆞᆯ 애 그르드너 險道ᄅᆞᆯ

에 여러가짓 夜 叉 와 虎 狼 이

과 獅 子 와 蚖 蛇 蝮 蝎 이

만ᄒᆞᆯ ᄯᅥ니 이 迷人·이 險道·ᄅᆞᆯ

中·에 셔 아니한 ᄉᆞᅀᅵ예 여러가짓

毒·을 맛나거든 知識·이 이 술·術·을

만히 아라 이 毒·과 夜 叉 諸

惡·ᄒᆞᆫ 毒·을 잘 禁·ᄒᆞ며 止정·ᄒᆞ·야 諸

니를 迷人·을 맛·나 險道·ᄅᆞᆯ 애

나ᅀᅡ 가려커늘 오·디 이 男 子 ㅣ아

엇뎐이를 爲·ᄒᆞ·야 이길헤 드·다

〈月印釋譜二十一 百十八〉

다론 術·을 이긋과·뎌 ᄡᅮᆷᄒᆞᆫ 毒·을

이길대 迷人·을 이 말듣·고

險道·ᄅᆞᆯ 나아 즉 재·믈리거·러

길헤 나ᄉᆞ거늘 善 知 識·이손

ᄌᆞ 바 險道·ᄅᆞᆯ 애 내야 여러가짓 惡·

毒·을 免·ᄒᆞ·야 됴호 길헤 간 安樂

을 得·게ᄒᆞ·고 이·로·이 迷人·신

善쎤利링 ···
긇疑心심ᄋᆞ로 ···
볾쎤노니 頔 ···
悲빙ᄒᆞ샤ᄆᆞᆯ 為윙ᄒᆞ야ᄂᆞᆫ 世솅尊존이 慈
뎅閻염羅랑天텬子ᄌᆞᆯ 爲윙ᄒᆞ야 니르샤ᄃᆡ
네 쟝ᄎᆞ 무르라 내 너 爲윙ᄒᆞ야 닐오리
라 ᄒᆞ제 閻염羅랑天텬子ᄌᆞㅣ 世솅尊존

존 世솅尊존이러려져ᅀᆞ울 地띵藏 菩뽕薩삻
을 울어 보ᅀᆞᇦ며 ··· 地띵藏菩뽕
世솅尊존이 하내보ᅀᆞᇦ디 地띵藏菩뽕
薩삻이 六륙道땅中듕에 百ᄇᆡᆨ千쳔
方방便뼌으로 罪쬥報ᇢ衆즁生ᄉᆡᆼ
을 度똥脫ퟏᄒᆞ샤ᄆᆞᆯ 마디아니ᄒᆞ
신ᄂᆞ니이 大땡善쎤薩삻이 이런後

---

可캉思ᄉᆞ議ᆼ神씬通퉁ᄅᆞ ···
시건마ᄅᆞᆫ衆즁生ᄉᆡᆼ들히罪쬥報ᇢᄅᆞᆯ버
섯다가이오란ᄉᆞᅀᅵ예 惡ᅙ道ᇢ
藏짱菩뽕薩삻이 ᄋᆞ마이곤ᄒᆞᆫ不붏
思ᄉᆞ議ᇦ神씬力륵으로 이거시거늘엇
衆즁生ᄉᆡᆼ이 善쎤道ᇢ애 브터리

버서나ᄂᆞ니ᄒᆞ닝ᄀᆞ顔원ᄒᆞᆫ
世솅尊존이 닐爲윙ᄒᆞ야니ᄅᆞ샤ᄃᆡ
뎅閻염羅랑天텬子ᄌᆞᄃᆞ러니ᄅᆞ샤ᄃᆡ
南남閻염浮뿔提똉報ᇢ生ᄉᆡᆼ이 性셩
이剛강彊강ᄒᆞ야질드려降ᅘᅡᆼ伏뽁히
디어렵거늘이大땡菩뽕薩삻이 百ᄇᆡᆨ
千쳔劫겁에이곤衆즁生ᄉᆡᆼ을나

쿵王·왕頁·石쎡鬼·귕王·왕員뿅·논 主

鬼·귕王·主 魅·밍 鬼·귕王·主 産鬼·귕

高·고鬼·귕王·主 獸·슣鬼·귕王·主 禽·끔鬼·귕王·主

쎡鬼·귕王·主 財·젱鬼·귕王·主 食·씩

鬼·귕王·主 福·복鬼·귕王·主 禍·황

耗·훃鬼·귕王··논 主 禍·황

王·왕主 命·명鬼·귕王·主 疾·쫋鬼·귕

王·主 除·뙁鬼·귕王·主 三·삼目·목

멱鬼·귕王·四·숭目·목鬼·귕王·五·옹目·목

祁·낑利·링失·싫王·祁·낑利·링失·창王·大·땡

王·大·땡祁·낑利·링失·又·왕王·阿·那·낭

吒·탕王·大·땡阿·那·낭吒·탕王·왕·이

틍듕大·땡鬼·귕王·왕·이各·각各·各·百·뷕

千·쳔諸·졍小·숗鬼·귕王·과 閻·염浮·

提·뗑·예·ᄉ·라各·各·各·자부미·ᄉ

鬼·귕王·ᄃᆞᆯ·과 閻·염羅·랑天·텬子·ᄌᆞ·왜

毗·삥威·神·씬과 地·띵藏·썅善·쎤薩·삻

摩·망訶·항薩·삻 力·륵·ᄋᆞᆯ·닙·ᄊᆞ·바

利·링·예 왕·面·면·에·셔·니러

羅·랑天·텬子·ᄌᆞ·ᅵ·모·다·러 合·합掌·쟝·ᄒᆞ

야·ᄆᆞ·ᄃᆞ·신諸·졍鬼·귕王·과 世·솅尊·존·ᄭᅴ

神·씬과 地·띵藏·썅善·쎤薩·삻摩·망訶

薩·삻·ㅅ力·륵·ᄋᆞᆯ·닙·ᄊᆞ·바 利·링

大·땡會·ᅙᅰ·예·오·시며·모·다·러

난 飮食에 니르리 佛僧씌
받줍디 말오 ᄒᆞ야 온 즘게 머리
ᄒᆞ다가 그르메나 ᄆᆡ졋 ᄃᆞ외리니
得득디 몯호리라 ᄒᆞ야 精정勤근
命명終즁 ᄒᆞᄂᆞ니 그럴ᄊᆡ 精정
ᄒᆞ야 佛佛 僧僧 ᄒᆞᆫ
命명終즁 ᄒᆞᆫ 七칧 分분

엥 나ᄂᆞᆫ 히리라 이럴ᄊᆡ 長댱者쟝ㅣ
야 閻염 浮뿔 衆즁生ᄉᆡᆼ이 ᄒᆞ야 이 熊ᄂᆞᆼ히 父뽕
母母와 眷권屬쑉 니르리 爲윙ᄒᆞ야 命명
終즁 後ᅘᅮᇢ애 이 齋ᅘᅢᇰ ᄒᆞ야 供공養ᅌᅣᇰ
ᄒᆞᄆᆞᆯ至징極끅 ᄒᆞ면 수을 밥과 ᄀᆞ티
ᄒᆞ며 存쫀 亡ᄆᆞᇰ 애 利링ᄒᆞ리어늘
ᄆᆞᆯ ᄃᆞᆯ 쎼졔 忉ᄃᆞᇢ 利링 天텬宮궁 에

萬먼億ᅙᅳᆨ 那낭由윻 他탕閻염浮뽕
鬼귕神씬 이다 無뭉量량 菩뽕提똉心심
을 發벓ᄒᆞ며 大땡辯뼌 長댱者쟝ㅣ
歡환喜힁ᄒᆞᄋᆞ며 無뭉量량 鬼귕王왕 이 閻염 羅랑天텬
子ᄌᆞ 왼 閻염切쪓 鐵텷圍윙 山산內뇡
ᄒᆞ더니 大땡 毒똑 鬼귕王왕 이 이 無뭉量량 善쎤 提똉心심

다ᄆᆞᆫᄒᆞᆫ 惡ᅙᅡᆨ 毒똑 鬼귕王왕 多당
惡ᅙᅡᆨ 鬼귕王왕 大땡 諍쟝 鬼귕王왕 白삥
虎ᅘᅩᆼ 鬼귕王왕 虎ᅘᅩᆼ 赤쳑虎ᅘᅩᆼ 鬼귕
王왕 血ᅘᅲᇙ虎ᅘᅩᆼ 鬼귕王왕 散산殃ᅙᅣᇰ
鬼귕王왕 飛빙身신 鬼귕王왕
電뗜光광 鬼귕王왕 狼랑牙ᅌᅡᆼ 鬼귕王왕
王왕 千쳔眼ᅙᅡᆫ 鬼귕王왕 噉땀獸ᅌᅲᇢ 鬼귕

利링ᄒᆞᄂᆞ니 이럴ᄊᆞ 未ᄆᆞᆼ來링 現ᅘᅧᆫ

在ᄍᆡᆼ 善쎤男남女녕 ᄃᆞᆯᄒᆞᆯ 고ᄫᆡ世우제

常썅 大땡鬼귕 期끵約ᅙᅣᆨ 업ᄉᆞᆫᄃᆞ라 無뭉

면 안독히 ᄒᆞᄂᆞ니ᄂᆞᆫ 神씬이 罪ᄍᆕᆼ福복ᄋᆞᆯ

ᄃᆞ라 七칧日ᅀᅵᇙ 內ᄂᆡᆼ예 어린ᄃᆞᆺ수

머들ᄊᆞ송 ᄒᆞ야 시혹 諸정司ᄉᆞᆼ애 이셔

月印釋譜十一 一百九

터生ᄉᆡᆼ으로 受ᄊᆕᆸᄒᆞᄂᆞ니 測칙量량 苦콩

ᄉᆈ예 千쳔萬먼億ᅙᅳᆨ가짓 身신을 受ᄊᆕᆸᄒᆞᆯ

ᄒᆞ야 一ᅙᅵᇙ定땡 ᄒᆞᆫ 後ᅘᅮᇢ에 業ᅌᅥᆸ을

ᄂᆞᆷ ᄉᆞᆡ下ᅘᅡᆼ 一ᅙᅵᇙ 業ᅌᅥᆸ果광ᄅᆞᆯ 辯변論론

ᄒᆞ야 一ᅙᅵᇙ 定땡ᄒᆞᆫ 後ᅘᅮᇢ에 業ᅌᅥᆸ을

民민녀이 命명 終즁 ᄒᆞᆫ사ᄅᆞ미 受ᄊᆕᆸ生ᄉᆡᆼ

ᄀᆞ온 七칧七칧 日ᅀᅵᇙ 內ᄂᆡᆼ 예이셔

---

念념 念념 ᄡᅳ시 예 骨곯肉ᅀᅲᆨ 眷권屬쑉

둘히 福복力륵 지ᅀᅥ 救귛ᄒᆞ야 빠혀고

덛러나 ᄂᆞᄭᆡᇦ ᄃᆞ단 後ᅘᅮᇢ에 ᅙᅵᆫ 業ᅌᅥᆸ

ᄒᆞᆺᄎᆞ 報ᄇᆞᇢ를 受ᄊᆕᆸᄒᆞ야 이罪ᄍᆕᆼ人ᅀᅵᆫ

이올 千쳔 百ᄇᆡᆨ歲솅 를 디내야 버ᄉᆞᆯ 날

나리 업슬ᄊᆞᆼ ᄃᆞ가 五ᅌᅩᆼ 無뭉間간 罪ᄍᆕᆼ

로 大땡地띵獄옥 애 ᄠᅥ러디면 千쳔

劫겁 萬먼 劫겁 에 그리한 受ᄊᆕᆸ苦콩ᄅᆞᆯ

月印釋譜十一 一百十

受ᄊᆕᆸᄒᆞᄂᆞ니란 長댱者쟝 ᅵ 命ᄆᆞᆼ終즁 後ᅘᅮᇢ

罪ᄍᆕᆼ에 業ᅌᅥᆸ 衆즁生ᄉᆡᆼ이 이 命ᄆᆞᆼ 終즁ᄒᆞ야

어 眷권屬쑉 骨곯肉ᅀᅲᆨ 이 爲ᅌᅱᆼ ᄒᆞ야

齋ᄌᆡᆼ ᄃᆞᆨ가 業ᅌᅥᆸ 道ᄄᆞᇢ를 도ᇦ디 齋ᄌᆡᆼ 食씩

ᄊᆞ ᄆᆞᆺ다 ᄒᆞ야 과 齋ᄌᆡᆼ ᄆᆞᆺ디ᄂᆞᆯ ᄠᅳᆯ와

菜ᄎᆡᆼ 蔬송 ᄉᆞ니를 ᄡᅥ ᄒᆞᆸ리니 말며 녀

[원전] 광흥사 초간본 월인석보 권21　253

호·리·이·다·이·말 니·르·샤·실·제 會·훻中·듕·에

長:댱者·쟝ㅣ 일후·미 大·땡辯·뼌·이·러

·니 오·化·황度·똥 無뭉生·을 ·證·징·호·야 十·씹方·방

·혀 니·러 合·업掌·쟝 恭·공敬·경·호·야 長댱者·쟝ㅣ·야 現·현

地·띠藏·짱菩뽕薩·삻·씌 合·업掌·쟝 恭·공敬·경·호·야

士:쏭·하·이 南남閻염浮·뿡提·똉 衆·즁生

百七

싱 命·명終즁後:훟·에 大·땡小·숄春촨·홀

屬·쓕·이 命·명·호·야 功공德·득 닷·가

장·히·야 여·러 善쎤因힌·지·소·매 니르·리면

이 命·명終즁·호·실 미·리 利·링益·혁·고

解·갱脫·퇋·을 得·득·호·리니 가·료·리잇

가 地·띠藏·짱菩뽕薩·삻·이 對·됭答·답·호

·샤·대 長·댱者·쟝·야 내·이 제 未·밍來·링 現·현

---

·혀 在쬥 一힗切·촁 衆·즁生싱·을 爲·윙·호·야

不붏思望威읭力·륵·을 받·즈방이·로 어·둘

·오·리 長댱者·쟝者·쟝·야 未·밍來·링現·현在

·래 一힗 佛·뿡名명·이·어·나 菩뽕薩·삻名명

一힗 辟·벽支징佛·뿡名명·이어·나 有·읗

·호·며 罪·쬥 無뭉罪·쬥·룰 다 ·아·니·호·야

百八

머·시·나 得·득 ·호·리·라·호·다·가 男남子:즁

女:녕人신·이 사·라슬제 善쎤因힌 닷

·다·아 뭀·한 罪·쬥·를 만·히 ·지·슬·씨 命·명

終즁後:훟·에 眷·궏屬·쓕 大·땡小·숄 一힗

·爲·윙·호·야 福·복利·링·라호·딕 一힗切·촁 聖·셩事·쏭

··룰 지·서도 七·칧分·뿐 中·듕·에 ·나·롤

·엄·고 六·륙分·뿐 功공德·득·은 사·니·미

254

ᄒᆞ야며 惡ᅙᅡᆨ 緣ᅯᆫ 지ᅀᅳ며 鬼귕 神씬 졀

ᄒᆞ야 祭졩 ᄒᆞ야 魍망 魎량 의게 求꿀 ᄒᆞ

物ᄆᆞᆯ 敢ᄀᆞᆷ 맛드랑 노니

害ᅘᅢᆼ ᄒᆞ며 祭졩 ᄒᆞ미 더ᄅᆞᆯ들만 ᄒᆞᆯ도

ᄂᆞᆫ 亡망 人ᅀᅵᆫ 의게 利링 益ᅙᅧᆨ ᄒᆞᆫ 엇뎨어뇨 ᄒᆞ란ᄃᆡ 殺

罪쬥 緣ᅯᆫ 을이 더욱 深심 重뜐ᄒᆞᆯ세

ᄒᆞᄂᆞ니 비록 來ᄅᆡᆼ 世솅 어나시혹 現ᅘᅧᆫ

在찡 生ᄉᆡᆼ 애 聖셩 分분 을 어더 人ᅀᅵᆫ 天텬

中듀ᇰ 에 나고 이ᇰ 마ᇰ 命며ᇰ 終즁 ᄒᆞᆯ

제 眷권 屬쑉ᄃᆞᆯ히 惡ᅙᅡᆨ 因ᅙᅵᆫ 디손다ᄉ

로 ᄡᅩ 命며ᇰ 終즁 ᄒᆞ샤ᄅᆞ미 殃ᅙᅣᆼ 孽ᅌᅥᆶ

에 버므러 對됭 ᄒᆞ야 마ᇝ 잇ᄂᆞᆫ 따해

月印釋譜二十一 一百五

느지나 게 ᄒᆞ리 느닐 며ᇰ 命 終즁 ᄒᆞᆯ

사ᄅᆞ미 生ᄉᆡᆼ 애 이 셔도 고ᇰ 맛 善쎤 根ᄀᆞᆫ

도 이셔 各각 各각 本본 業ᅌᅥᆸ 을 더제

惡ᅙᅡᆨ 趣츙 受쑤ᇢ ᄒᆞ미니 사ᇰ가 엇뎨

마 眷권 屬쑉 을 이다 시 業ᅌᅥᆸ 을 더 ᄒᆞ거뇨

가졀 비건댄 사ᄅᆞ미 먼 따ᇰ 로 셔 와 糧

食씩 그친다 사ᄅᆞ미 오지 윤거시 百

斤근 두고 뎌ᇰ 거듣믈 긔 잇 사ᄅᆞᆷ

미ᄃᆞ 조차 맛거슬 더 비드면 이 다ᄉᆞᆯ로

덕 으기어 困콘 ᄒᆞ샤ᄃᆞᇰ 니이다 世솅 尊존

ᄒᆞᆫ내 보ᄃᆡ 閻염 浮쁗 報봉 生ᄉᆡᆼ 이 이 즉

能느ᇰ 히 諸졍 佛뿌ᇙ 敎ᄀᆈᇢ 中듀ᇰ 에 善쎤 事ᄊᆞᆼ

ᄅᆞᆯ 너비 ᄒᆞᆯ 력 호면 목숨 맛ᄂᆞ로 ᄃᆞᆯ

니러도 이런 利링 益ᅙᅧᆨ 을 다 제 得득

[원전] 광흥사 초간본 월인석보 권21    255

디世·솅尊존ㅎ·야 ᄉᆞ랑ᄒᆞ더·니 ᄒᆞᆫ報·

生ᅵ·이 ᄀᆞ자 ᄉᆞᆯ피 命·이 맛ᄃᆞ·록 호ᄃᆡ 世·솅生·ᄒᆡ

香향·이어든 命·이 終·ᄒᆞ야 世·솅尊존幡번盖·갱·ᄒᆞ·며

眷·권屬·쑉이 爲·윙·ᄒᆞ·야 福·복男남女녕

油융燈등·ᄒᆞ·며 世·솅尊존經경·을 닉·거·

나ᅀᅵ호 佛·뿛像·썅·과 나믄 聖·셩人신

像·썅·을 供·공養·양ᄒᆞ·며 佛·뿛名명 菩뽕薩·삻

와辟·벽支징佛·뿛名명字·쫑·를 念·념

호ᄃᆡ一·힗 名명 一·힗 號·ᅘᅩᇢ·ᅵ ᄂ

終·즁ᄒᆞᆯ사ᄅᆞᆷ耳·ᅀᅵᆼ根ㄱ·애 들·이면 이

나ᅀᅵ호 本·본識·식·에 들·이·면 이

·이·지·순 惡·ᅙᅡᆨ業·엄·을 果·광 感·감·호ᄃᆡ衆·즁生ᅵ

해여·ᄃᆞᆫ당다·이 惡·ᅙᅡᆨ趣·츙·예 ᄲᅵ·러디리

어ᄂᆞᆯ·이 眷·권屬·쑉·이 爲·윙·ᄒᆞ·야 聖·셩

因·힌·ᄒᆞ·야 ᄃᆞᆮ소·니ᄉᆞᆯ의 근·호ᄒᆞᆫ罪·쬥·ᄅᆞᆯ

消·숍滅·멿·ᄒᆞ·리니 ... 後·ᅘᅮᇢ·에 七·칧 七·칧日·ᅀᅵᇙ

內·뇡ᄂᆞᆫ 여러여·리라가·지善·쎤·을 너·비지ᅀᅴ·ᅀᅳᆫ

能·ᄂᆡᆼ·ᄒᆞ·야 報·ᄫᅩᇢ 衆·즁生ᅵᄃᆞ려惡·ᅙᅡᆨ趣·츙예

ᄀᆞ리·ᄒᆞ·야 人신 天텬·에어나勝·싱妙·묳

樂·락·을 受·쓩·ᄒᆞ·며 現·ᅘᅧᆫ 在·찡眷·권屬·쑉

·이 지·업·시 利·링 益·혁게·ᄒᆞ·리니라

八·밣部·뽕人신·非빙人신等·ᄃᆡᆼ·을對·됭ᄒᆞ

씨내오 佛·뿛世·솅尊존·과 天텬龍룡

·ᄒᆞ·야 閻염浮뿜提똉 衆·즁生ᅵ·을 勸·퀀

·권 ·ᄒᆞ·야 命명 終·즁ᄒᆞᄂᆞ래 殺·샳害·ᅘᅢᆼ·ᄒᆞᆯ勸·퀀

頂受ᄒᆞᅀᆞᆸ고世尊하이經
을受ᄒᆞ야디녀讀誦ᄒᆞ며나ᇰ애
流布ᄒᆞ리ᅌᅵ다ᄒᆞ야놀普廣이
려뭇샤ᄃᆡ이經ᄋᆞᆯ세일후믈
니ᄅᆞᄡᅩᆯ호ᄃᆡ地藏本願이오
일후믈地藏本行이오ᄯᅩ
일후믈地藏本誓力經
이라ᄒᆞ라이善薩이久遠劫브
터重誓願을發ᄒᆞ야衆
生利益ᄒᆞ노전ᄎᆞ로일
ᄃᆞ매重ᄒᆞ야願을發ᄒᆞ야報
ᄒᆞ야ᄂᆞᆯ善薩이得信受ᄒᆞ야
善薩이ᄯᅳᆮ流布ᄒᆞ라普廣
이頂禮合掌ᄒᆞ고禮數ᄒᆞ
合掌恭敬ᄒᆞ야禮數ᄒᆞ
ᅀᆞ오ᄫᅳ시니라地藏菩

善薩摩訶薩이부텨ᄭᅴᄉᆞ로
ᄃᆡ世尊하내요ᄇᆞᆯ閻浮衆
生이ᄇᆞᆯ며念ᄒᆞ며利ᄒᆞ며
니업스니善ᄒᆞᆫ念이罪ᄅᆞᆯ아
수ᄆᆞᆫ리만ᄒᆞ며惡ᄒᆞᆫ緣ᄋᆞᆯᄒᆞ나
念念에어린니ᄂᆞᆫᄒᆞᆯ사
면믈호미ᄆᆞᆯ거른진ᄉᆞ로ᄒᆞ야漸
漸困ᄒᆞ며漸漸深ᄒᆞ거ᄃᆞ
곡마다길ᄂᆞᆫ다가善知識
을맛나거늘느뭇바디ᄃᆞ거나ᄉᆞᄫᅩ
로지거나야ᄃᆞᆫ이善知識이
큰히미이셔서르가디잔ᄒᆞ
로지ᄫᅮᄫᅥᄀᆞᆯ어ᄒᆞ야平地예내ᄀᆞ니라
로ᄆᆞᆫ더믄惡道ᄋᆞ니ᄃᆞ마ᄅᆞᆯ

러가ㅿ天ᅙᆞᆫ災ㅎᆷ難난·이·며그ᅙᆞ지ᄇᆞ·샤ᄂᆞᆫ
얼우니·며아·ᄒᆞ·며現·ᅘᅧᆫ在·쬥未·來링
百·빅千쳔歲·쉥中듕에惡·ᅙ趣·츙ᄒᆡ·ᄠᅥᆯ·기
리여호리니餓·ᅌ鬼·긩·히十·씹齋쟁日·ᅀᅵᇙ마
당면ᄒᆞᆯ·디·면現·ᅘᅧᆫ世·솅·예惡·ᅙ趣·츙
사ᄂᆞ살·미여·러·가지橫ᅘᆡᆼ病·ᅙ이언
서衣ퟐ食·씩·이가ᄉ·며·리니ᄋᆞ·들ᄡᅳ샤普

廣·광ᄒ호안ᄒᆞᆯ·라地·띵藏ᄍ菩뽕薩·삻이
이러·ᄒᆞ不·붏可·캉說·쪙百·빅千쳔萬·먼
億·ᅙ大·땡威ᅙ神씬力·륵利·링益·혁
호리니閻염浮뿡提똉報·ᄂᆞ衆·즁生ᄉᆡᆼ이
이大·땡士·ᄊ애그因ᅙ緣원이·ᄉᆞ니
이衆·즁生ᄉᆡᆼ·ᄃᆞᆯ·히菩뽕薩·삻ᄉ·일홈·들
거·나菩뽕薩·삻ᄉ像·썅ᄋᆞᆯ보·거·나ᅌᅳᆫ經경

經경三삼字·ᄍ五·ᅌᅌ字·ᄍ신ᅙᆞ一ᅙᆯ偈·꼥
一ᅙᆯ句·궁·ᄅᆞ·두메니르러도現·ᅘᅧᆫ在·쬥
역·창安한樂·락ᄒᆞ·며未·밍來링世·솅
百·빅千쳔萬·먼生ᄉᆡᆼ·애常썅애端단正·졍
ᄒᆞ·야尊존貴·귕·ᄒᆞ·며地·띵나·리·라普ᄝ
호藏ᄍ菩뽕薩·삻이佛·삥如ᅀᅧ來링地·띵
廣·광菩뽕薩·삻ᄋ稱칭揚양讚·잔歎·탄

호·야거·시ᄂᆞᆯ·들·오ᄉᆞ·러合ᅘᆸ掌·쟝ᄒᆞ
·야다시부텨ᄭᅴ·ᄉᆞ·ᄫᅡ·샤ᄃᆡ世·솅尊존·하
내오래大·땡士·ᄊ·ᄋᆞᆷ이·ᄀᆞᆯ不·붏可·캉
思ᄉᆞᆼ議·ᅌᅴ神씬力·륵과大·땡擔담頟잏
·ᄅᆞ·겨신·들·아·라未·밍來링報·ᄂᆞ衆·즁生ᄉᆡᆼ
·호·야如ᅀᅧ來링·씌·들·ᄉ·ᄫᅡ·며唯·윙然ᅀᅧᆫ

258

링世·솅中듕에閻염浮뿔提똉內·ᄂᆡ옛
刹·찷利·링婆빵羅랑門몬長댱者·쟝居
경士·쌍ㅣ一·ᦅ切·쳉사ᄅᆞᆯ과ᄃᆞ른姓·셩
種·죵族·쪽애새産·산生ᄒᆞ야도쳔ᅀᅡ마아
드리여나신·리어나七·칧日·ᅀᅵᆨ中듕에
어셔이不·붏思ᄉᆞᆼ議·ᅌᅴᆼ經경典·뎐을닐
고다시爲·윙ᄒᆞ야菩뽕薩·ᄉᆞᆯ入·ᅀᅵᆸ호·ᇙ

念·념호ᄃᆡ一·ᦅ萬·먼버ᄂᆞᆫ大·땡면이라도
리어나신·리어나아랫殃ᅙᅡᆼ報·봏ᄅᆞᆯ
버서安·ᅙᅡᆫ樂·락ᄒᆞ야수·비어·더수미
增즁長댱ᄒᆞ리니다가福·복을바다
난사ᄅᆞᆯ미면더욱安·ᅙᅡᆫ樂·락ᄒᆞ며·목숨
궐리라소普·퐁廣·광야未·밍來링·ᅀᅦ世·솅
衆·즁生ᄉᆡᆼ·이初총ᄒᆞᆯ八·밣日·ᅀᅵᆨ十

씸四·ᄉᆞᆼ十·씹五:옹十
十·씹三삼二·ᅀᅵᆼ十·씹四·ᄉᆞᆼ二·ᅀᅵᆼ十·씹八
·밣日·ᅀᅵᆨ二·ᅀᅵᆼ十·씹九·굴三삼十·씹日·ᅀᅵᆨ
에이날들히罪·쬥ᄅᆞᆯ모도아輕켱重뜡
을一·ᦅ定·뗭ᄒᆞᄂᆡ南남閻염浮뿔提똉
똉業·업衆·즁生ᄉᆡᆼ·이ᄒᆞ며念·념무우미
·쌍生ᄉᆡᆼ·이ᄒᆞᆫ거·름마다念·념아니업스

닝·믈며제·믈며ᄐᆞ챵산것주기며도
ᄒᆞ며邪썅滛ᄋᆞᆷ호며도죽ᄆᆞ며百·ᄇᆡᆨ
千쳔罪·쬥狀·쌍이신녀罪·쬥
·다가能ᄂᆞᆼ·히이十·씹ᅀᅵᆫ齋쟁日·ᅀᅵᆨ에佛·ᄈᆞᇙ
菩뽕薩·ᄉᆞᆯ와ᄂᆞ믄賢현聖·셩人ᅀᅵᆫ像·썅
·알ᄑᆡ이經경·을닐ᄀᆞ면東둥西셩
南남北·븍百·ᄇᆡᆨ由율旬쓘內·뇡·예

百뵉生싱千쳔生싱過광去컹父뿡母
男남女녕弟똉妹뭥夫붕妻쳉眷
屬쑉이누의라惡학趣츙예이시ᄂᆞ이
여러가짓福복力륵으로善썬惱
ᄠᅴ救귷ᄒᆞ야ᄲᆞ혀내ᄒᆞ고더ᄒᆞᄂᆞ
ᄒᆞᄢ宿슉骨骨肉ᅀᅲᆨ이善썬道
便뼌安한ᄒᆞ야快쾡樂락ᄒᆞ야ᄒᆞ리ᄒ 惡학道똘ᄅᆞᆯ더러어

頌ᅀ흉ᄒᆞ니ᅵ普퐁廣광아내神씬力륵
으로이春츈屬쑉을諸졍佛ᄬᆢᇙ善쎤薩샳
ᄉᆞ릻을ᄢᅵ對됭ᄒᆞ야至징極끅히
ᄆᆞᄉᆞᆷ로이經경을ᄒᆞ라ᄒᆞ나ᅀ
ᄒᆞ나늘거ᄂᆞ죽ᄂᆞ닐請쳥ᄒᆞ야세번닐거나ᅀᆞᆫ
ᄠᅩᄀᆞᆯ닑ᄒ엯면이惡학道
春츈屬쑉이이經경ᄡᅳ리數승엣大땡

---

면반ᄃᆞᆨ기버서나夢몽寐몡中듀ᇰ에어
리ᄃᆞ시보ᄃᆡ아니ᄒᆞ리라普퐁
廣광아未밍來ᄅᆡᆼ世솅예ᄂᆞᆯ싸ᄂᆞᆫ善
男남子ᄌᆞ善쎤女녕人ᅀᅵᆫ奴농ᅌᅵᅀ婢뼝
나ᄌᆞᆷ·숃다믈ᄒᆞᆫᄉᆞᄅᆞᆯᅴ해ᄒᆞ니
리라쇽業ᅀᅥᆸ을아라懺참悔횡ᄒᆞᄂᆞᆯ
삭미至징極끅ᄒᆞᆫᄆᆞᄉᆞᆷ로地띵藏

善쎤薩샳形ᅘᅧᆼ像쌰ᇰ을그리ᅀᆞᆸ고
야一ᇙ七칧日ᅀᅵᇙ中듀ᇰ에善쎤薩샳人ᅀᅵᆫ
ᄋᆞᆯ後ᄅᆞ일뎟ᄉᆞᆷᄂᆞᆷ이報ᄠᅩᆼ大땡後ᄒᆢ
萬먼生싱中듀ᇰ에샹네尊존貴귕ᄒᆞ
ᄠᅱ는난ᄂᆞ시三삼惡학道똘苦콩ᄅᆞᆯ드
디아니ᄒᆞ리라ᄯᅩ普퐁廣광아未밍來ᄅᆡᆼ

비諸졍識씩이호텁氣ㆆ韻운이다
안도一에 닐리오 직된소리로 ᄀᆞ
닐며 된소리로 經ᄀᆡᆼ을 닐ᄀᆞ며 이사
ᄅᆞ미 命명終즁後ᅘᅮᇢ에 아릿 罪쬉ᄉᆡᆨ
重띃 命명終즁 無뭉間간 罪쬉ㅅ예 니
ᄅᆞ리 永ᅌᅯᆼ히 버서 受쓔ᇢ生ᄉᆡᆼ호ᄃᆞ항

月印釋譜二十一 九三

日ᅀᅵᇙ에 닐ᄅᆞ오 日ᅀᅵᇙ二ᅀᅵᆼ日ᅀᅵᇙ三삼日ᅀᅵᇙ七칧

녯宿슉命명을 알리놀며 善쎤男남
子ᄌᆞ善쎤女녕人ᅀᅵᆫ이 이 經ᄀᆡᆼ을 제
쓰거나 놈ᄋᆞᆯ 쳐 쓰거나 제 菩뽕薩ᇙ
形ᅘᅧᆼ像�써ᇰ을 塑송畫ᅘᅫᆼ커나 제 뫼ᅌᅩ며 쳐
塑송畫ᅘᅫᆼ커나 受쓔ᇢ호ᇙ 果광報ᄇᆞᇢ 애반
ᄃᆞ기 큰 利링ᄅᆞᆯ 어드리니 이럴ᄊᆡ 普퐁
廣광아 가아 모ᄉᆞᆯ미 이 經ᄀᆡᆼ

을 讀똑誦쓩커나 이 經ᄀᆡᆼ을 念념讚잔
欺탄호ᄆᆡ 닐어나 싇호리 이 經ᄀᆡᆼ을
恭공敬ᄀᆡᇰ 方ᄫᅡᆼ便뼌ᄋᆞ로 아ᄃᆞᆫ 네 ᄆᆞ로매 百ᄇᆡᆨ
千쳔이ᇰ 乃ᄂᆡᆼ天텬롱음ᄉᆞ몴ᇢᅞᅵᇙ며 勸퀀
萬먼億흑 不부可캉思ᄉᆞ議읭 功공德득
이ᅙᅵ 未밍來링 現현在ᄶᆡᆼ예 百ᄇᆡᆨ千쳔

月印釋譜二十一 九四

득을 得득호리랑 普퐁廣광菩뽕
薩ᇙ아 未밍來링 世솅예 衆즁生ᄉᆡᆼ
돌히 신호ᅀᆞ미어나 ᄭᅮ메 뵈ᇰ
神씬鬼귕돌ᄒᆞᆯ보디 或ᅘᅩᆨ 슬허가ᅀᅣᇰ디 싇호ᇙ을
커나 시올어나 싇호ᇙ 거늘 싇커나 싇호ᇙ
한숭디 거나 싇호ᇙ 恐콩怖퐁커나 싇호ᇙ
恐콩怖퐁홀씨라 이다 一ᅙᅵᇙ生ᄉᆡᆼ十씹生ᄉᆡᆼ

야魔ᇝ엄은厭ᅙᅧᆷ字ᄍᆞᆼᅙᆞ가지라魅ᇝᄂᆞᆫ
드로미라魅ᇝᄂᆞ닌 本본來ᄅᆡᆼ니라

鬼귕神씬과

죽고져호ᄃᆡ몯ᄒᆞ야이셔셜ᄫᅥ며

아니來ᇙ世·솅옛男남子·ᄌᆞᆼ女녕人신

호리혜ᄒᆞ니거나시혹魔ᇙ魅·밍옛险험

鬼귕옛제집아ᄉᆞᆯ돝거나시혹虎모딘

야기ᄂᆞᆫ바야性ᅁᆞᇰ·覺각이本본來ᄅᆡᆼ니

거ᄂᆞᆯ··그몰ᄒᆞ여어드메ᄂᆞ니라鬼귕神씬과

ᄒᆞ닌ᄂᆞ녀르ᇇ노ᄒᆞ기ᄑᆞᆫ더욱사ᄂᆞᆫ

오다業·업道ᇢ論론ᄅᆞᆯ對·됭ᄒᆞ야ᄆᆡᆼ輕켱重듀ᇰ

을一·ᅙᅵᇙ定·뗘ᇰᄒᆞ야시혹목숨·을重듀ᇰ

ᄠᆞᆼᄒᆞ며시혹目·목合·ᅘᅡᆸ重듀ᇰ

미어버닥시혹이로ᇙ時씽를對됭ᄒᆞ야男남女녕

俗쏙眼·안ᅙᆫ잉이이ᄅᆞᆯ몯ᄒᆞ야男남女녕

니오져諸졍佛ᄬᅳᇙ菩뽕薩·ᅘᅡᆶ人신像·썋ᇰ을

ᄑᆡᆼ對됭ᄒᆞ야ᄃᆞ소리ᄅᆞᆯ이經경을닐

너기나시혹病ᄤᅵᇢᆼ人신이ᄉᆞ라ᇰᄒᆞ누거

ᄉᆞ어나시혹病뼈ᇢᆼ人신

國·귁舍·샹宅·ᄐᆡᆨ을...服·뽁寶·보ᇢ貝·배ᇰ莊·장
알피對·됭ᄒᆞ야ᄃᆞ소리ᄅᆞᆯ이經경을오리

其끵甲·갑等·ᄃᆞ이病뼈ᇢᆼ人신을爲·윙ᄒᆞ

야經경像·썋ᇰ前쪈쪈에對됭ᄒᆞ야잇ᄃᆞᆯ

ᄒᆞ리ᄂᆞ히다커나시혹佛ᄬᅳᇙ菩뽕像·썋ᇰ

供공養·ᅁᅣᇰ커나시혹佛ᄬᅳᇙ菩뽕薩·ᅘᅡᆶ形ᅘᆼ

像·썋ᇰ을ᄒᆞᆯ그어나시혹塔·탑寺·ᄊᆞ를

ᄆᆡᆼ그로나시혹油ᅀᅭᇢ燈드ᇰ을혀거나

高고·常썋ᇰ住뜌ᇰ에施성ᄒᆞ거나시

ᄫᅥᆫ病뼈ᇢ人신이ᄀᆡ거ᄂᆞᆯ알·엥면

親친히여러가짓ᄆᆞᅀᆞ미를愛ᅙᆡᄒᆞ미

신ᄂᆞ녀衆즁生ᄉᆡᆼᄋᆞᆯ普퐁廣광히善쎤薩ᇙ아未밍來ᄅᆡᆼ

世솅中듀ᇰ에ᄒᆞᆫ다가모딘사ᄅᆞᆷ과

민神씬女녕人ᅀᅵᆫ의地띵藏짱菩뽕薩ᇙ

善쎤이모딘鬼귕를왜善쎤男남子ᄌᆞ

人ᅀᅵᆫ形ᅘᅧᆼ像쌍ᄋᆞᆯ歸귕敬경供공養ᅌᅣᆼᄒᆞ

야讚잔歎탄ᄒᆞ야절ᄒᆞ거든모ᄃᆞᆯ고싈

월인석보 八十九

安ᅙᅡᆫ樂락量랴ᇰᄋᆞ로議ᅌᅴᆼ弄로ᇰᄒᆞ야功고ᇰ德득

득과利링益ᅙᅧᆨ이리업다ᄒᆞ야ᄒᆞ니

내야옷거나시혹녀느로다외다커나

시혹勸퀀ᄒᆞ야양ᄌᆞ지ᇫᄋᆞ다커나

시혹혼자시ᄆᆞᆯ다커나시혹ᄒᆞᆫ사ᄅᆞᆷ

미외다커나ᄒᆞᆫ念념ᄋᆞ로議ᅌᅴᆼ弄로ᇰᄒᆞ야

ᄒᆞ마니를러도이고ᇰ훈賢현

劫겁千천佛뿌ᇙ滅ᄆ�볋度또ᇰ後ᅘᅮᇢ에니

런ᄃᆞᆯ議ᅌᅴᆼ弄로ᇰᄒᆞ야허던罪쬥報보ᇢ로

손져阿ᅙᅡᆼ鼻삥地띵獄옥애이셔至징

極끅重뜨ᇢ罪쬥報보ᇢ를受쓔ᇢ리니이劫겁

디내오餓ᅌᅡᆼ鬼귕예나ᄯᅩ千천劫겁

디내오畜듁生ᄉᆡᆼ애나ᄯᅩ千천劫겁

디내오사ᄅᆞᆷ미ᄃᆞ외리니

독살미ᄆᆞᆯ受쓔ᇢᄒᆞ야도艱간難난

야惡ᅙᅡᆨ業ᅌᅥᆸ이만ᄒᆞ야ᄆᆞ諸졍根ᄀᆞᆫ이ᄀᆞ초ᄆᆞ

닝라산惡ᅙᅡᆨ道또ᇢ애ᄠᅥ러ᄃᆞ니ᅌᅵ오

러씨普퐁廣광아이供공養ᅌᅣᆼᄋᆞᆯ議ᅌᅴᆼ

弄로ᇰᄒᆞ야허러ᄃᆞᆨ올인이報보ᇢ를내

어곤ᄒᆞᄆᆞᆯ며各각別뼈ᇙ히모딘ᄆᆞᆯᄂᆡ

월인석보 九

得득力력으로 百빅千쳔萬먼劫겁에ᄂ

외야 女녕人ᅀᅵᆫ이ᄃᆞᄫᆡ 受ᄊᆑᇢ티 아니ᄒᆞ리

란 쏘普퐁廣광菩뽕薩ᅀᅡᆯ아 女녕人ᅀᅵᆫ이

이 ᄀᆞᆯ어 거리ᄫᆞᆯ며 病뼝ᄒᆞᄂᆞᆯᄒᆞ리

겨오 즉 地띵藏짱菩뽕薩ᅀᅡᆯ人ᅀᅵᆫ像썅ᄋᆞᆯ

픠 至징極끅ᄒᆞᆷ으 ᅀᅳᆷᄋᆞᆯ 위ᅙ여 여 ᄀᆞᆯ

야 밤 머ᄠᅳ메 머리 ᄒᆞ야도 이 사ᄅᆞ미 千쳔

萬먼劫겁中듕에 受쓩生ᄉᆡᆼᄒᆞ면 百빅千쳔

ᅀᅥᆸ스리니 어려ᄫᅳᆫ女녕人ᅀᅵᆫ이 女녕人ᅀᅵᆫ이

이 圓원滿만ᄒᆞ고 여러 가짓 病뼝相샹이

身신을 오ᄋᆞᆯ히 너기ᄂᆞ니 면 百빅千쳔

萬먼億흑生ᄉᆡᆼ中듕에 에샹녜 王왕女녀

쳔 萬먼億흑生ᄉᆡᆼ中듕에 에샹녜 王왕女녀

녕 王왕妃핑 와 宰ᄌᆡᆼ輔뽕 와 大땡姓셩

셩 과 大땡長댱者쟝ᅙᆞᆫ린의 야端돤

돤 正졍히히 受쓩生ᄉᆡᆼᄒᆞ야 여러 가짓 相샹

人ᅀᅵᆫ像썅을 알핑 對됭ᄒᆞ야 여러 가짓 ᄠᅳᇰ류

녕人ᅀᅵᆫ이 能ᄂᆡᇰ히 地띵藏짱菩뽕薩ᅀᅡᆯ

쏘普퐁廣광菩뽕薩ᅀᅡᆯ아 善쎤男남子ᄌᆞ善쎤女녀

절ᄒᆞ고 ᄃᆞᄉ 福복어 두며 이랑 ᄋᆞᆯ 위ᄒᆞᆯ리

ᄉᆡᇢ로 地띵藏짱菩뽕薩ᅀᅡᆯ을 ᄫᆞᆯ위려

샹이 圓원滿만ᄒᆞ리니 至징極끅ᄒᆞᆯ

ᄒᆞ야 놀애 블러 讚잔歎탄ᄒᆞ며 香향華ᅘᅪ

ᄒᆞ야 놀애 블러 讚잔歎탄ᄒᆞ며 香향華ᅘᅪ

로 供공養양ᄒᆞ며 사ᄅᆞᆷ 미어나여

러 사ᄅᆞ미어나 勸퀀ᄒᆞ며 ᄒᆞᆫ 니 르리모 이

트렛 무리 現현在ᄍᆡᆼ世솅中듕 고未밍

來ᄅᆡᆼ世솅 예샹녜 百빅千쳔鬼귕神신

이 日ᅀᅵᇙ夜양ᆺ애 衛윙護ᅘᅩᆼᄒᆞ야 모딘일

리 귀예 들어 ᄋᆞᆫ아 귀ᅙᆞ리 ᄂᆞ니 ᄆᆞᆯ며

合掌ᄒᆞ야 讚歎ᄒᆞ며
젼ᄎᆞ로 그랑 과 이 사ᄅᆞ미 三
十劫 罪 ᄅᆞᆯ 걷내ᄠᅱ리라 普廣
아 다가 善 男子 善 女
人이 시혹 形像ᄋᆞᆯ 彩色 으
로 그리거나 시혹 土 石 膠 漆
와 金 銀 銅 鐵 로
菩薩ㅅ 일훔 光瑞 번 거나 절
ᄒᆞ며 이 사ᄅᆞ미 一 百 버늘 三 十
三 天 에 나 기리 惡 道 애
ᄅᆞ디 아니ᄒᆞ리니 비록 福 이
다아도 人 間 애 ᄂᆞ려 나ᄉᆞ지 國
王 ᄋᆞ 외야 큰 利 ᄅᆞᆯ 일 티 아니ᄒᆞ
리라 ᄯᅩ 女 人 이 女 人 이 모

ᄆᆞᆯ ᄃᆞ외이겨 地 藏 菩 薩ㅅ 그림
像 ᄋᆞᆯ 고 과 土 와 膠 漆 와 銅 鐵
等 像 ᄋᆞᆯ 날마다 드르 供 養 ᄒᆞ야 녜 華
香 飮 食 衣 服 繒 綵 幢
幡 錢 寶 等 으로 供 養 ᄒᆞ
면 錢 寶 等 으로 이 善 女 人 이 이
報 女 身 ᄋᆞᆯ ᄆᆞᆺ고 百 千 萬
劫 에 女 人 잇ᄂᆞᆫ 世 界 예 다
시 나디 아니ᄒᆞ리니 ᄒᆞ며 女 身
ᄋᆞᆯ 受 ᄒᆞ미 ᄂᆞ녀 ᄒᆞᆯ 면 女 身
모로매 女 身 受 ᄒᆞ야 衆 生
度 脫 ᄒᆞ린ᄃᆞ녀라 이 地 藏
菩 薩 供 養 ᄒᆞ 力 과 功 德

菩薩 大땡士쌍 와 天텬龍룡鬼귕
神씬 等等이 方방便뼌 ᄒ야 一切촁 衆生
ᄋᆞᆯ 衛護ᄒ야 一힗切촁 衆生
ᄋᆞᆯ 證ᄒ야 이ᄅᆞᆯ 호여 涅槃
會中에 菩薩이 일후미 普
廣 이러시니 合掌 恭敬

末末法 衆生 為ᄒ야 地藏
額ᄒ고 世世尊이 未來世
거슬 讚歎ᄒ거시놀 보니
不可思議 大威神德
尊이 地藏菩薩이 이런
ᄒ샤 바ᄀᆞᆯ 솑ᄇ딕ᄆᆞᆯ ᄋᆞᆯ온ᄅᆞᆯ
菩薩人 天利益ᄒ

ᄂ因果 等ᄃᆞᆯ 엇ᄃᆡ이ᄅᆞᆯ펴니ᄂᆞᆯ샤 天
龍 八部 와 未來 世衆
生 이 부텻마ᄅᆞᆯ머리룰받ᄌᆞᆸ게ᄒ
薩 와 四衆 ᄃᆞᆯᄒ게ᄂᆞᆯᄉ삭놀 廣菩
薩 이 내ᄂ녀 為ᄒ야 地藏菩
薩 人 天利益ᄒᄂ福

德이 이룰엇ᄃᆡ唯然 世尊하
廣菩薩ᄃᆞᆯᄒ쳐 노이다부텨普
世中에 엥다가善男子
善女人이 地藏菩薩
摩訶薩ᄉ일후믈드르니와

地띵獄옥이이쇼ᄃᆞ기소ᄇᆡ야미가ᄆᆞ며
실혹地띵獄옥이이쇼ᄃᆞ기소가히며
머시혹地띵獄옥이이쇼ᄃᆞ기소로새며
티온니仁ᅀᅵᆫ者쟝하이러틋혼報보ᇰ
ㅣ各각各각獄옥中듀ᇰ에百ᄇᆡᆨ千쳔가
진業업엣ㄹ시이셔銅또ᇰ千쳔가
며鐵텰이아니며들아니며아니ᄂᆞ니업

스ᅀᅵ니녜가짓거시한業업行ᅘᆡᆼᄋᆞ로
感감ᄒᆞᄂᆞ니地띵獄옥ᄋᆡ罪쬥報보ᇰ等등
엣이ᄅᆞᆯ너비닐오ᄃᆡᆫ一힗獄옥中듀ᇰ
에ᄯᅩ百ᄇᆡᆨ千쳔가짓苦콩楚촇ᅵ잇
ᄂᆞ니ᄒᆞᄆᆞᆯ며한獄옥이ᄯᆞᆫ녀ᄂᆡ이제부
텨威ᅙᅱ神씬과仁ᅀᅵᆫ者쟝ᄉᆞᆷᄅᆞᆯ므로바
다어ᄃᆞ려ᄂᆞ니ᄂᆞ비사겨닐ᅌᅦ劫겁

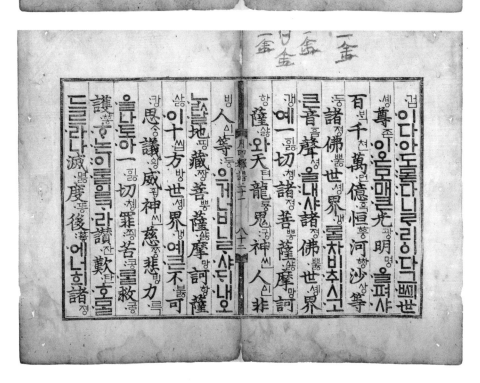

劫겁이다ᄒᆞᆫ도록디나두리ᅌᅡ다ㅂᄡᅥ世솅
尊존이오모ᄆᆞᆯ光과ᇰ明며ᇰ을펴샤
百ᄇᆡᆨ千쳔萬먼億흑恒ᅘᅳᆼ河항沙상等등
諸졍佛뿛世솅界갱ㄹ차비추시고
큰音흠을내샤諸졍佛뿛世솅界갱
薩삻을ㄴ내샤善쎤薩삻摩망訶항薩삻
예一힗切촁諸졍善쎤薩삻摩망訶
薩삻와天텬龍룡鬼귕神씬人ᅀᅵᆫ非비

人ᅀᅵᆫ等등이게ᄂᆞ마ᄅᆞ샤ᄃᆞᆫ내오
地띵藏짱菩뽕薩삻摩망訶薩삻
이十씹方바ᇰ世솅界갱예
思ᄉᆞ議ᅌᅴ威ᅙᅱ神씬慈ᄍᆞ悲빙不붏可캉
을다토ᄒᆞ아一힗切촁罪쬥苦콩ᄅᆞᆯ救궇
護ᅘᅩ는이ᄅᆞᆯᄅᆞ라讚잔歎탄ᄒᆞ호ᄃᆞ
드ᄅᆞ라滅멿度또ᇰ後ᅘᅮᇢ에ᄂᆞ희諸졍

이제부텻威·윙力·륵을받ᄌᆞ방地·띵獄·옥
·욱·흔仁·신者·쟝ㅣ·이·룰어·러돌닐·오노니額
後·훙世·솅末·맗法·법一·힗切·청ㅁㄴ
오래아·니라·노니仁·신者·쟝ㅣ닐
호·샤·디·내비·록三·삼惡·학道·똘報·봉·롤
쇼·셔普·퐁賢·현菩·뽕薩·삻·이對·됭答·답

흥뎌ᇰ法ᄅᆞᆯ生·ᄉᆡᇰ·이仁·신者·쟝ㅅ마
둘·러佛·뿛法·법에歸·귕向·향호·쇼
·셔地·띵藏·장菩·뽕薩·삻·이닐·샤디仁
·신者·쟝ㅣ하地·띵獄·옥罪·쬥報·봉ㅣㄱ·이
리이러·ᄒᆞ니ㅅ호地·띵獄·옥·이·이슈·ᄃ
罪·쬥人·신·이·혀를ᄲᅢ혀소로갈며ㅅ호
地·띵獄·옥·이·이슈·ᄃ罪·쬥人·신·이ᄆᆞ·슴

불·써바ᅘᅧ夜·양叉·창ㅣ·머그·며ㅅ호地·띵
獄·옥·이·이슈·ᄃ鑊·횅湯·탕·의·장ᄒᆞ
罪·쬥人·신·이·ᄆᆞ·다ᄉᆞᆯ·며ㅅ호地·띵獄
·옥·이·이슈·ᄃ구·리鬲·력ᄅᆞᆯ게워ㅅ호地·띵獄
人·신·안겨ᇰ·며ㅅ호地·띵獄·옥·이
ㅅ호·ᄆᆞᆯ·ᄇᆞᆯ게·ᄒᆞ야罪·쬥人·신·의·게가
게ᄒᆞ·며ㅅ호地·띵獄·옥·이·이슈·ᄃ횟

鑊·횅링는말ㅅ·며ㅅ호地·띵獄·옥·이·이슈·ᄃ鐵·털鍱·셥
그지업ᄉᆞᆫ오·소미ㅅ·며ㅅ호地·띵獄·옥
春·츈어·름ᄆᆞ·며ㅅ호地·띵獄·옥·이·이슈·ᄃ
槍·창오·만ᄒᆡ·며ㅅ호地·띵獄·옥火·황
鑘·마라·오·만ᄒᆡ비·며ㅅ호地·띵獄·옥火·황
·이·이슈·ᄃ가슴과등ᄃᆞ·며ㅅ호地·띵獄
·이·이슈·ᄃ손바ᄅᆞᆯ·며ㅅ호地·띵獄

銅똥鑊꽉地띵獄·옥

火황鷹힁地띵獄·옥火황

地띵獄·옥火황石쎡地띵獄·옥火황

獄·옥火황牛地띵獄·옥火황象

火황狗地띵獄·옥火황馬망地띵

糞분尿뇨地띵獄·옥

---

獄·옥鋸·겅牙앙地띵獄·옥剝·박

飲·ᅙᅳᆷ血·ᅘᅯᇙ地띵獄·옥剝·박皮삥

地띵獄·옥燒ᅀᅭᆯ脚·갹地띵獄·옥燒ᅀᅭᆯ手·슝

地띵獄·옥刺·ᄎᆞᆼ地띵獄·옥倒·ᄃᆞᆶ

獄·옥屋·ᅙᅩᆨ地띵獄·옥火황屋·ᅙᅩᆨ地띵

獄·옥鐵·텳屋·ᅙᅩᆨ地띵獄·옥火황

狼랑地띵獄·옥이트렛地띵獄·옥이그

中듕·에各·각各·각소여러ᄒᆞ·리·ᇙ地띵獄·옥

---

옥이 잇ᄂᆞ니라 이 이 쇠신즁·에 나ᄆᆞᅀᆞ미

며 슈ᇙ·흔 셜흐미 녀느 ᄆᆞᅀᆞ며

에 닐·를 ·쎠라 各·각 各·각 百·ᄇᆡᆨ 千천ᄒᆞ야

거ᄂᆞᆯ ·이 ·이 곧 ·아 ·야 南남閻염浮뿔

ᄒᆞ니 仁ᅀᅵᆫ者쟝·ᄒᆞ다 各·각 生ᅀᆡᆼ ·이 甚·씸ᄒᆞ

感:감ᄒᆞ노니 業·업力·륵ᄋᆞᆯ 이 業·업

餘ᅀᅵ ·이ᄂᆞᆯ 고須슝 彌밍ᄒᆞᆯ

받ᄃᆞ료 告·고ᄒᆞ면 餘ᅀᅵ ·히 聖·셩道:똘룰

마 니·ᇙ·쎠報:봄 生ᅀᆡᆼ ·이 ·져 그 惡·ᅙᅡᆨ

옮·뎌 너·거 無뭉罪쬥ᄒᆞᄃᆞ라 ·니

주 後:흫 愛·ᅙᅢᆼ·에 報:봄·ᅵ 이셔 혼 ·뎌만

ᄒᆞ얀·ᄒᆞ야 愛·ᅙᅢᆼ ᄒᆞᄂᆞ니 父:뿡子:ᄌᆞ ·조 至·징 親친

이히 各·각 別·ᄇᆞᆶ ·ᄒᆞ며 ·며ᄆᆞᆯ

난 둘·로 매 受:쓯 ·ᅵ·쎠·며·려ᇙ업·스니·라

혼·미夾·겹山산·이오來·래·겁은·뿔·씨·라·쓰地·띵獄·옥
·이·이슈·딍·을혼·미通·통槍·챵·이·오·쓰
地·띵獄·옥·이·이슈·딍·을혼·미鐵·텷車·쳥
床쌍·이·오·쓰地·띵獄·옥·이·이슈·딍·을
혼·미鐵·텷牛·웅·이·오·쓰地·띵獄·옥·이
·이슈·딍·을혼·미鐵·텷衣·힁·이·오·쓰
地·띵獄·옥·이

라·쓰地·띵獄·옥·이·이슈·딍·을혼·미千·쳔刃·ᅀᅵᆫ·이·오
驢·령라·귀·는·쓰地·띵獄·옥·이·이슈·딍·을혼·미洋·양銅·똥·이·오·쓰
디·을혼·미洋·양銅·똥·똥은·노·근구·리·라地·띵獄·옥·이·이슈·딍·을혼·미抱·뽕柱·뜡·끠·아·놀·쌔·오
·쓰地·띵獄·옥·이·이슈·딍·을혼·미抱·뽕柱·뜡
혼·미流·륳火·황·이·오·쓰地·띵獄·옥

地·띵獄·옥·이·이슈·딍·을혼·미耕·겅舌·쎯·이
·오·쓰地·띵獄·옥·이·이슈·딍·을혼·미剉·촹首·슝
·이·오·쓰地·띵獄·옥·이·이슈·딍·을혼·미燒·숗脚·각
獄·옥·이·이슈·딍·을혼·미啗·땀眼·안·이·오
·디·을혼·미啗·땀眼·안·이·오·쓰地·띵獄·옥·이
地·띵獄·옥·이·이슈·딍·을혼·미鐵·텷丸·환

論·론·이·오·쓰地·띵獄·옥·이·이슈·딍·을혼·미諍·징
·이·오·쓰地·띵獄·옥·이·이슈·딍·을혼·미鐵·텷珠·즁
獄·옥·이·이슈·딍·을혼·미鐵·텷珠·즁·이·오·쓰地·띵獄·옥·이·이슈·딍·을혼·미多·당嗔·친·이·니
仁·ᅀᅵᆫ者·쟝ᅡ鐵·텷圍·읭人·ᅀᅵᆫ數·숭ᄀ·디·얻
·호地·띵獄·옥·이·이슈·딍·을혼·미喚·환地·띵獄·옥·이援·빵舌·쎯地
·고·쓰叫·뀸喚·환地·띵獄·옥援·빵舌·쎯地

彌哠第二五十九　彌哠綜二二四界　徒

顩　大龍八部　와未

善薩摩訶薩　地藏

善薩摩訶薩　訶薩

六十　滸魯盧　六十　普賢

叛茶陁　鳴呵羅

來現在一切衆生

為婆婆世界　와閻

浮提罪苦報生　이報

受　地獄　이果報

等　이리니　샤未來世

末法衆生　이果來報

알어ᇰ소ᇰ地藏　이對答호ᄃᆡ

舍인者　하나ᄒᆡ젼ᄎᆞᆯ威神

과大士　ᄉ히ᄅᆞᆯ받다地獄

일훔과罪報惡報앳　浮提

東方애山　者　하閻　浮提

鐵圍山　地獄

月光　地獄

獄　極　無間　地

角　阿鼻　四

딕일훔미　大

딕일훔미飛刀　火箭

獄　火箭

오箭전은놀ᄊ이라　地獄

識補...十奈野娜識補...

識補...十五鉢剌卷三年底都興反剌撃

識補...七毗濕婆縛迦耶夜識迦縛

毗...八舍隆多臘婆縛迦縛

反識補...十九毗掘反莫醯隸

茶素上聲吒...知戒反

鉢剌遮囉餓怛泥...

跛羅伐剌帝...揭剌婆

許矢反隸...二十鉢膩薜

欵...隸...

硏羯洛...二十硏羯洛

沫四隸...二十課...厠初凡反隸

...蠶謎...二十膁謎

...二十...

---

三十昌剌怛泥...去聲三十二播囉

毗哩三十遮遮遮...三十欵

同上隸...三十弭隸

同上隸...三十譬羯他

...托契...三十託齲盧

...弭隸...四十閣隸...託齲盧

汇四...四十矩隸...

...磨綖...十閣隸...弭隸

四十六...四十矩隸之多毗...七過

噤...四十祁聲上噤...九

上噤...五十矩吒苫沫隸汗車反

聲噤...十宅耕反敦祇

...敦具隸...五十二

...下發計反...敦祇

...五十三...五十滸盧

啝...五十滸盧

七十矩盧窣都弭隸...滸盧...八十

火황吉긿祥썅光광明명 大땡記긩明명
呪즇摠총持띵章쟝句궁ㅣ라내過광
去컹殞 伽꺙沙상等등佛뿛世솅
尊존씨이陁땅羅랑尼닝ㄹ親친히반
白삥法법을增증長땅호ㄴ能능히一切
種즁子중根곤이鬚슝芽앙莖힁枝징

藥약 果광藥약穀곡精졍氣킝滋
味밍를增증長땅호며有잉益혁호地띵水
火황風봉을增증長땅호며喜희樂락
을增증長땅호며財찡寶 를增증長땅
을며勝싱力륵을며을增증長땅호며
切촁受 用용 寶 具 를增증

長땅호며資 具 를
랑尼닝ㄴ能능히一 이陁땅羅랑
를猛리케야煩 惱 賊쪽을 智 慧
호야린닝이당시내재呪즁
識識補合쯩三阿 合識補合쯩二
ㄹ니샤디識補合쯩一識補合쯩二
合쯩四縛 羯路識補合쯩五菴

識補 路가창쯩三鄒波眹摩
더니어므合쯩二毗婆縛路迦揷婆
合쯩十薩帝 昵 詞摩識補상더무
땀뭐合쯩十薩帝摩識補샹더무
阿路迦識補호 九萬摩識補
러合쯩七伐折路識補
跋 路識補 쯩六菝羅識補

ᄒᆡᆼ뎍 더러ᄫᅳ면 즁ᄉᆡᆼ 기릴 ᄆᆞᆺ나ᄂᆞᆫ 畜흉
生ᄉᆡᆼ 애오래 이실 報봉ᄅᆞᆯ 니ᄅᆞ고 湯탕
火황ㅣ며 버히며 ᄉᆞᆯ며 傷샹ᄒᆞ릴 ᄆᆞᆺ나
ᄂᆞᆫ 輪륜迴ᅘᅬᆼᄒᆞ야 서르 갑ᄂᆞᆫ 報봉ᄅᆞᆯ 니
ᄅᆞ고 戒갱ᄅᆞᆯ 헐며 齋쟁ᄅᆞᆯ 犯뻠ᄒᆞ릴 ᄆᆞᆺ
나ᄂᆞᆫ 禽끔獸슣ᄃᆞ외야 주으릴 報봉ᄅᆞᆯ
니ᄅᆞ고 理링 아니ᄃᆡ 허러 ᄡᅳ릴 ᄆᆞᆺ나ᄂᆞᆫ
求끃ᄒᆞᄂᆞ거시 ᄀᆞ쳐 ᄃᆞ욀 報봉ᄅᆞᆯ 니ᄅᆞ고
내 노ᄑᆞ라 ᄒᆞ릴 ᄆᆞᆺ나ᄂᆞᆫ ᄂᆞ가 ᄫᅵᆫ ᄃᆞ리욀
報봉ᄅᆞᆯ 니ᄅᆞ고 兩량舌쎯로 사호릴 ᄆᆞᆺ
나ᄂᆞᆫ 혀 업스며 온 혀가 질 報봉ᄅᆞᆯ 니ᄅᆞ
고 邪썅見견ᄒᆞ릴 ᄆᆞᆺ나ᄂᆞᆫ ᄀᆞᄉᆡ 해 受쓯
生ᄉᆡᆼ 報봉ᄅᆞᆯ 닐어 이 ᄃᆞ렛 閻염浮뿧提
뗑衆즁生ᄉᆡᆼ이 身신口쿻意ᅙᅴᆼ業업 ᄋᆞ로



디빙ᄒᆞ스로 果광ᄅᆞᆯ 호자 百ᄇᆡᆨ千쳔報
봉應ᅙᅳᆼ을 이제 멀톄로 닐ᄋᆞ노니 이 ᄃᆞ
렛 閻염浮뿧提뗑衆즁生ᄉᆡᆼ이 業업感
감ᄒᆞᄂᆞᆫ 差창別볋을 地띵藏짱菩뽕薩
삻이 百ᄇᆡᆨ千쳔方방便뼌으로 敎공化
황ᄒᆞᄂᆞ니 이 衆즁生ᄉᆡᆼ ᄃᆞ히 몬져 이 ᄃᆞ
렛 報봉ᄅᆞᆯ 受쓯ᄒᆞ고 後ᅘᅮᇢ에 地띵獄옥애
ᄠᅥ러디여든 다마다 劫겁數숭ᄅᆞᆯ 디내
야 나ᄀᆞᆯ 그지 업스니 일로 ᄡᅥ 너 ᄒᆞ사ᄅᆞᆷ 護
ᅘᅩᆼ持띵ᄒᆞ며 나라 護ᅘᅩᆼ持띵ᄒᆞ야 이 여
러 가짓 業업으로 衆즁生ᄉᆡᆼ을 迷몡惑
ᅘᅬᆨ게 말라 四ᄉᆞᆼ天텬王왕이 듣ᄌᆞᆸ고 눉
믈 흘려 슬허 讚잔歎탄ᄒᆞ고 合합掌
쟝ᄒᆞ야 믈러 나니라 ○ 具꿍足죡水ᄉᆔᆼ

難난ᄒᆞ며 受ᄬ苦콩ᇢ報ᄫᅩᆯ

邪썅淫ᅌᅳᆷᄒᆞ면 受ᄬ새ᄢᆡ두리鴛

맛나ᄂᆞᆫ 養ᅌᅣᆼ屬쑉이 ᄉᆞ나호 報ᄫᅩ를

고ᄒᆞ며 貪탐惡ᅙᅡᆨ口콯ᇢ業ᅌᅥᆸ호리

報ᄫᅩᆯ 맛나ᄂᆞᆫ 頭뚱殘짠 報ᄫᅩᆯ

報ᄫᅩᆯ 수려더러 隆륭殘짠 報ᄫᅩᆯ

고ᄒᆞᆨ기릴맛나ᄂᆞᆫ 求뀰홀 飮ᅙᅳᆷ食씩

어엿 報ᄫᅩᆯ 맛나ᄂᆞᆫ 顀

業ᅌᅥᆸ 시머 그릴맛나ᄂᆞᆫ주으리며

리 明명기 病ᄲ호 報ᄫᅩᆯ 맛나ᄂᆞᆫ 리라미

창山산行ᅘᆞᆼᄒᆞ면 報ᄫᅩᆯ맛나ᄂᆞᆫ 父

命명報ᄫᅩᆯ 맛나ᄂᆞᆫ 父뿡母ᄆᆞᆯ치

逆력ᄒᆞ릴맛나ᄂᆞᆫ 天텬地띵災ᄌᆡ殺

三삼報ᄫᅩᆯ 맛나ᄂᆞᆨ고山산 林림木목숤늘

맛나ᄂᆞᆫ 迷몡惑ᅘᅬᆨᄒᆞ야주ᇰ報ᄫᅩᆯ

ᄂᆞᆫ고 毒똑報ᄫᅩᆯ맛나ᄂᆞᆫ 前쪈後ᅘᅮᇢ父뿡母ᄆᆞᆯ이게

現현生ᄉᆡᆼ호 受ᄬ報ᄫᅩᆯ 맛나ᄂᆞᆫ 매ᄆᆞᆯ이 惡ᅙᅡᆨ

여ᄒᆞᆼ報ᄫᅩᆯ 맛나ᄂᆞᆫ 骨곯肉ᅀᅲᆨ이

쉬ᇰ息식 兄형弟똉夫붕妻쳉돌ᄒᆞᆯ나라

妻쳉돌ᄒᆞᆯ 三삼寶ᄫᅩᆯ

비우슬맛나ᄂᆞᆫᄞᅳᆫᄅᆞᆯ먹ᄋᆞ며그입

법業ᅌᅥᆸ報ᄫᅩᆯ 맛나ᄂᆞᆫ 法법을 모다ᄂᆞ리

며 리며스우리맛나ᄂᆞᆫ 惡ᅙᅡᆨ道똘ᄅᆞᆯ

애오래이 숤報ᄫᅩᆯ맛나ᄂᆞᆨ고 常쌍住뜡

허러ᄡᅳᆯ맛나ᄂᆞᆫ 億ᅙᅳᆨ劫겁에 地띵獄옥

애輪륜廻ᅘᅬᆼᄒᆞ야報ᄫᅩᆯ 맛나ᄂᆞᆫ 天텬

現在天텬人신衆즁을 爲윙ᄒᆞ야

석가佛뿛이 부텨 ᄃᆞ외야 제 나와 未밍來링

원호 世솅尊존ᄋᆞ로 爲윙ᄒᆞᅀᆞᄫᅵ

크 盟맹을 擔담ᄒᆞ시ᄂᆞᆫ ᄃᆞᆯ ᄀᆞ쳐 다삼 ᄇᆞᆯ고

ᄅᆞ순 天텬王왕ᄃᆞ려 니ᄅᆞ니라

순 地띵度똥脫ᄒᆞ야 ᄒᆞᆯ ᄃᆞᆯ

띵 頒반을 敎ᄒᆞ샤ᄃᆡ 엇뎨 이제 ᄯᅩ 頒반

너비 利링益혁ᄒᆞ논 뎐 天텬地띵藏ᄊᆞᆼ

菩뽕薩ᇙ이 娑婆빵世솅界갱 閻염

浮뿔提똉內ᄂᆞᇰ예 生ᄉᆡᆼ死ᄉᆞᆼ가온ᄃᆡ

慈ᄍᆞ悲빙로 救굴ᄒᆞ야 一힗切촁罪쬥

苦콩衆즁生ᄉᆡᆼ을 度똥脫ᄒᆞ논 方방

便뼌 ᄉᆞᆯ이ᄅᆞᆯ 오리라 四ᄉᆞ天텬王왕

이 술ᄫᅡᆷ직 唯ᅌᆔ然ᅀᅧᆫ 世솅尊존하 頒반

ᄒᆞᄂᆞᆫ 들 ᄇᆞ리ᄒᆞ야 노ᄋᆞᆫ 부텨 四ᄉᆞ天텬

王왕ᄃᆞ려 니ᄅᆞ샤ᄃᆡ 地띵藏ᄊᆞᆼ菩뽕

薩ᇙ이 이 큰 劫겁 브터 오매 이제 ᄅᆞᆯ

리 衆즁生ᄉᆡᆼ을 度똥脫ᄒᆞ야 罪쬥苦콩

衆즁生ᄉᆡᆼ을 ᅌᅥ엿비 너기ᄆᆞ며 未밍來링

無뭉量ᅌᅣᆼ劫겁 中듀ᇰ에 ᄂᆞᆫ 추려 ᄃᆞᆺ아

ᄒᆞ야 娑婆빵世솅界갱 重뜡頒반을 敎ᄒᆞ샤

ᄒᆞᆯ 中듀ᇰ에 百ᄇᆡᆨ千쳔萬먼億흑方방便뼌

으로 敎ᄒᆞ야 ᄂᆞᄒᆞ야 ᄂᆞᄂᆞ니라 四ᄉᆞ天텬

王왕아 地띵藏ᄊᆞᆼ菩뽕薩ᇙ이 殺삻生ᄉᆡᆼ

ᄒᆞᄂᆞᆫ 사ᄅᆞᆷ을 만나ᄃᆞᆫ 아릿 殃ᅙᅡᇰ으로 短돤命

報봉를 니ᄅᆞ고 즐 橫ᅘᆡᇰᄒᆞ릴 ᄉᆞᄂᆞᆫ 難

며香華衣服種種珎寶 오시고 飮食으로 우와다석삼을 먹으니 萬億劫中에 末來百千에셔 勝妙樂을 受호리니 天에셔 福을 다아 人間애 나려 난호리 百千劫거지 命帝王이 오 能히 宿命을 定 果本末을 어느리라 定因 自在王아 이티 地藏菩薩이 이곧 不可思議 大威神力이 이셔 衆生을 利호니 諸善薩이 이 經을 맥가져 느비 펴 流布호라

定自在王이 부텼그 諸善世世尊하 頒호샨 分別말쏘우리 千萬億 菩薩摩訶薩들히 히반ᄃ 能히 비릇威神ᄒ샤 ᄇ옷 經을 비릇여 間浮提예 報生을 利益호리이다

定自在王菩薩이 世尊ᄭ 合掌恭敬ᄒ슨ᄫᅠ 禮數호슨ᄫᅠ고 四方天王이 다 座로셔 니 合掌恭敬ᄒ야 부텼긔 술ᄫᅠ샤ᄃ 世尊하 地藏菩薩이 久遠劫브터 오매 이ᄀ튼 大

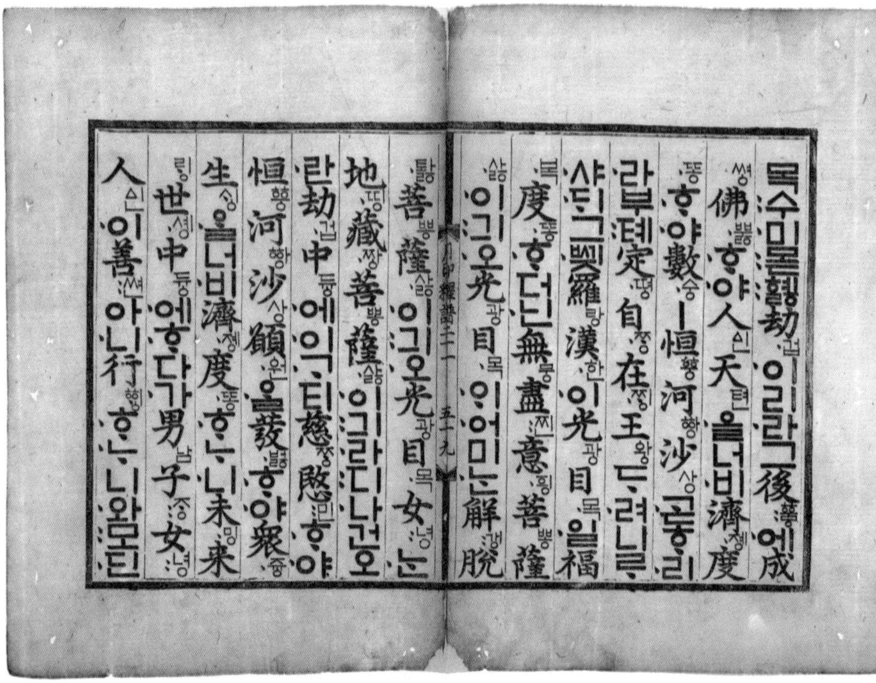

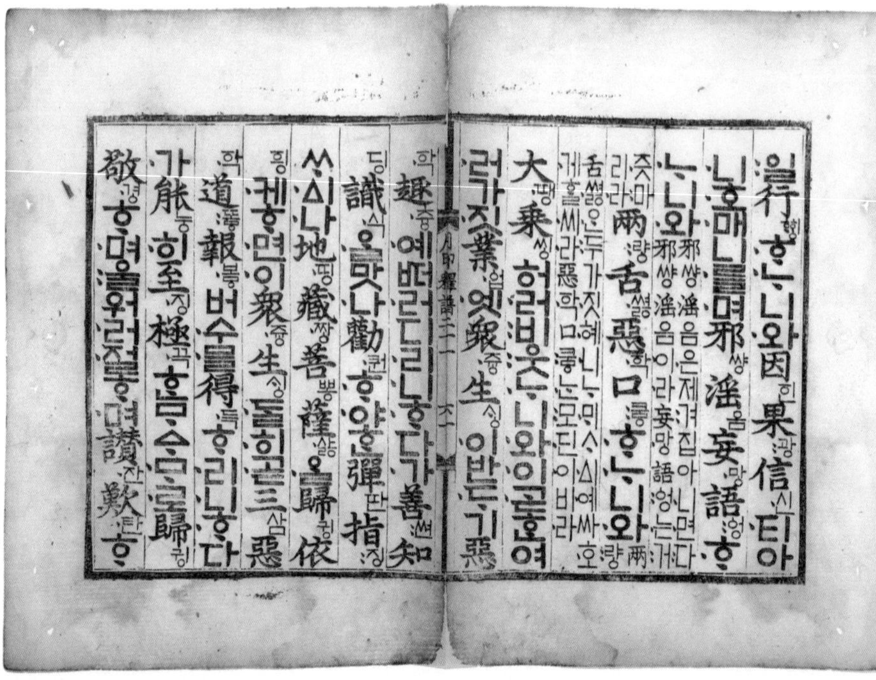

목수미믈읫劫껍이ᄆᆞᄎᆞᆯ後ᅘᅮᆼ에成쎵
佛뿛이야人신天텬을너비濟졩度똥ᄒᆞ야
數숭ㅣ恒ᅘᅥᆼ河ᅘᅡᆼ沙상ᄀᆞ티ᄒᆞ리니
라不붏定뗭自ᄍᆞ在ᄍᆡᆼ王왕ㄷ...려니
샤ᇰ阿ᇹ羅랑漢한ㅣ光광目목일福복
度똥ᄒᆞ던無뭉盡찐意ᄒᆡᆼ菩뽕薩삻
이ㄱ오光광目목ㅣ어미ᄂᆞᆫ解갱脫퉗

善뽕薩삻이ㄱ오光광目목女녕ᄂᆞᆫ
地띵藏짱菩뽕薩삻이그리니건댄
劫겁中듀ᇰ에이고티慈ᄍᆞ愍민ᄒᆞ야
恒ᅘᅥᆼ河ᅘᅡᆼ沙상ᄅᆞᆯ勸쿤ᄒᆞ야報ᄫᅳ
生ᄉᆡ잉올너비濟졩度똥ᄒᆞ니未밍來ᄝᅢᆼ
世세잉中듀ᇰ에ᄒᆞᆫ다가男남子ᄌᆞ女녕
人신이善쎤아니行ᅘᆜᆼᄒᆞᄂᆞ니와모디

淫ᅙᅭ行ᅘᆜᆼᄒᆞᄂᆞ니와因힌果광信신티아
니ᄒᆞ며邪썅淫ᅙᅭ妄망語ᅌᅥᆼᄒᆞ
ᄂᆞ니와兩랴ᇰ舌쎯惡�ᅙᅳ口쿠ᇢᄒᆞᄂᆞ니와
大땡乘씨ᇰ허러비웃ᄂᆞ니와이런業ᅌᅥᆸ報ᄫᅳ
러가지業ᅌᅥᆸ엣報ᄫᅳ生ᄉᆡ잉이받ᄂᆞ니

趣츙예ᄠᅥ러ᄂᆞᆯ띠니善쎤知딩
識식올맛나勸쿤ᄒᆞ야ᄃᆞᆫ指징
ᄊᆞ나地띵藏짱菩뽕薩삻올歸귕依ᅙᅴᆼ
ᄒᆞᇰ면이報ᄫᅳ生ᄉᆡ잉이三삼惡ᇹ
道또ᇢ報ᄫᅳ를버서得득ᄒᆞ리니
가能느ᇰ히至징極끅고ᄆᆞᄋᆞ므로歸귕
敬겨ᇰᄒᆞ며ᄒᆡᆼ올ᄒᆞ며讚잔歎탄ᄒᆞ

## [위 낱장]

諸佛ㅅ 이 慈悲·로라 니·ᄅᆞ·샤·ᄃ 비·록 샹·녜·ᄅᆞᆯ 廣·大 誓·願·을 펴·아·쎠·ᄒᆞ·야

설·워·ᄒ·ᄀᆞ·다·가 重·罪·왯·거·든 道·ᄅᆞᆯ 애·ᄃᆞ·라·니ᄅᆞ·혀·ᄉᆞᆸ·고 十·方

고·ᄅᆞ우·러 虛空界·예·ᄒᆞ·야 額·을 두드·리·며 ᄯᅡ·해 ᄢᅳ·러디·여

가·니·미 三·途·애·이·셔·ᄫᅡᆯ

걔·예 受·苦·티 아·니·ᄒᆞ·며 額·이 淸淨·ᄒᆞ·야 蓮華·目

ᄒᆞᆫ·빅·後·에 人·ᄋᆞ로 如·來·像·前·에·對·ᄒᆞ·야

거·에 受·티 아·니·ᄒᆞ·면 額·이 ·ᄒᆞᆫ·대·오

百·後·에 人·百·千·萬·億·劫·에

中·에 後·世界·예 이·ᄂᆞᆫ 地獄·과

바·ᇰ·이 後·에

## [아래 낱장]

三·惡·道·애 罪·苦·ᄒᆞᆫ 衆生

·ᄅᆞᆯ 擔·額·ᄒᆞ·야 救·ᄒᆞ·야 地

獄·惡·趣·畜生·餓鬼

等·을 여·희·에·ᄒᆞ·야 이 고·ᄃᆞᆯ 罪·報

·앳·사·ᄅᆞ·미·다·버·서·後·에·사

내·正·覺·과 일·우·오·리·다·ᄒᆞ·야

額·을·發·ᄒᆞ·니 淸淨·蓮華

目·如·來ㅅ·마·ᄅᆞᆯ·듣·ᄌᆞ·ᄫᆞ·니

샹光·目·아·네 大·慈·悲·로

·야 能·히·어·미·爲·ᄒᆞ·야·이·런 大·額

·을·發·ᄒᆞ·니·내·너·를·보·니 大

光·目·이·報·ᄒᆞ·리·ᄂᆞ·어·미

와·ᄋᆞ·날·ᄉᆞ·미·百·歲·리·ᄂᆞ·志

·힘·우·大·면·수·미·百·歲·리·ᄂᆞ

단·後·에 無·憂·國·土·애·나

光明 을 펴샤 光明目 을 인뎌
닛 샹 네어마아니오라네지니나
리니 수비 홀씨 後에 家內예 婢
안 둘 낳 나상 울며 차셔 말 좀 재
리 조 슬피 우러 光明目 이려
오 生死業緣 을 臬報

흘제 受호 내 네어 미로니오
래언 둘 둣 잇다 니 녀어간後
로블地獄 애여 러버러디어잇
다니네 福力 으로 버 受生호
야 놀아본사 주 만 오 短命호
호양 오 수 미 열세히면 다 시惡道애
버러디리 너 엇던 혜로 나 날業免

光明目 이 듣고 疑心
업시 어든 둘아라 몌여 슬 우러
子 둘 려 닐 오 히 내 어미 둘
根源人罪業 을 알리니 엇던 行
業 을 지 어 惡道 애 러 디 다
婢子 对答호 산것주기
머 허러구짓는 業 으로 報 受
호란福 을 펴내難 을 救타
우 아 니 며 이業 젼 로 버 서 나 다
光明目 이무 로 디地獄
罪報 논 그 리 엇 던 더 뇨婢
子 对答호 디 罪苦 人이
둔大마 론 닐 리 로 다 百千歲
中 에 쓸 간 다 니 릴 라 光明目 이

야光광目목이어믜몸보니惡ᅙᅡᆨ趣

羅랑漢한이어엿비너겨入씹定뗭ᄒ야

ᄒ야ᄂ내어미안ᄃᆞᆺᄂᆞᆫ들갈ᄒᆞ이다

미엇ᄂᆞ나래福복을닷ᄀᆞ救ᄀᆞᆸ호ᄂᆞ내어

ᄂᆞᆫ다光광目목이對됭答답호ᄃᆡ내

羅랑漢한이光광目목ᄃᆞ려무로ᄃᆡ엇던額

예照ᅭ련ᄃᆞ녀至징極끅受쓕苦콩ᄒᆞᄂᆞᆯ

네어미ᄉᆞ라제엇ᄃᆞᆫ行ᅘᅢᆼ業ᅌᅥᆸ을ᄒ

더뇨이제惡ᅙᅡᆨ趣츙예이셔至징極끅

受쓕苦콩ᄒ노라다光광目목이對됭答답

ᄉᆞᆯ래ᄋᆞᆯ겨머그며그믈삭기ᄅᆞ만ᄒᆞ며무

담호ᄃᆡ내어믜ᄆᆞᄃᆞᆫ이ᄅᆞᆫ오직고기와

ᄃᆞᄫᅵᆨ머구벗ᄯᆞᆷ디아니ᄒ數숭千쳔萬먼

면千쳔萬먼의목수믈안ᄒᆞᆫ尊존者쟝ᅵ

一힗엇ᄲᅵ기산시어ᄃᆡ救ᄀᆞᆸᄒ시리잇

고羅랑漢한이어엿ᄲᅵ너겨方방便뼌

ᄒ야光광目목이ᄀᆞᆫ勸퀀ᄒᆞ야닐오ᄃᆡ

精졍誠쎵ᄋᆞ로淸쳥淨쪙蓮련華ᅘᅪ目목

如ᅀᅧ來링ᄅᆞᆯ念념ᄒᆞᆷ슬形혀ᇰ像쌰ᇰ

ᄆᆞ塑송畵ᅘᅪ호ᄃᆞᆫ면畵ᅘᅪᄅᆞᆯ存쫀

亡마ᇰ이報보ᄅᆞᆯ어드리라니오ᄂᆞ마ᇰ인

나라光광目목이듣ᄌᆞᆸ고즉재ᄒᆞ논것

뵈려佛뿌ᇙ像쌰ᇰ을ᄀᆞ리ᄉᆞ바ᇰ供고ᇰ養양

ᄒ야ᄲᅳᆫ恭고ᇰ敬겨ᇰᄆᆞᅀᆞᄆᆞ로供고ᇰ養양

러처슬ᅳ며들ᄲᅡᆷ後ᅘᅮᇢ에우메ᄆᆞ덧

모ᄆᆞᆫ슬ᄒᆞᆫ니金금色ᄉᆡᆨ이빗나시고

아기로 이 小쇻國귁王왕이 인
외얏거ᄉᆞᄂᆞᆯᄒᆞᅌᆞ다考王왕ᄋᆞᆯ 가져
딕ᄒᆞ 외샤ᄒᆞᆫ가지로 修ᄒᆞᆼ行ᅘᅧᆼᄋᆞᆯ
ᄒᆞ야 衆즁生ᄉᆡᆼᄋᆞᆯ 饒ᅀᅭ益ᅙᅵᆨ게ᄒᆞ더시니
그 이웃 나라 內냉예 잇ᄂᆞᆫ 有ᅌᅮᆷ姓셩이
한 百ᄇᆡᆨ千쳔萬먼億ᅙᅳᆨ거든 두 王왕이 議
論론ᄒᆞ야 호ᅌᆞᆯ여方뱡便뼌을 너비 펴
ᄒᆞ야 苦콩惱녛ᄅᆞᆯ 버서 나게 ᄒᆞ노ᇰ다
호ᇙ王왕ᄋᆞᆫ 發벓願원ᄒᆞᆰ호ᅇᅵ 佛뿛道똥ᄅᆞᆯ
어셔 일워 이 무ᄅᆞᆯ 度똥脫ᅙᅪᆯ호ᅇᅵᆯ야ᄆᆞ로
거업게ᄒᆞ려 ᄒᆞᆯ王왕ᄋᆞᆫ 發벓願원
安ᅙᅡᆫ樂락ᄒᆞ야 菩뽕提똉예 ᄆᆞᆺ
ᄒᆞ야 罪쬥苦콩ᄅᆞᆯ 度똥脫ᅙᅪᆯᄒᆞ야
ᄒᆞ면 내 乃냉終쥬ᇰ내 成쎵佛뿛코져
ᄒᆞ야 뇌아니ᄒᆞ오리라 ᄒᆞ니 부뎨定땅自

在찡王왕 善쎤薩삻ᄃᆞ려 니ᄅᆞ샤ᄃᆡ
ᄒᆞᆯ王왕이 發벓願원ᄒᆞ호ᅇᅵ어셔 成쎵佛뿛
就쯈如ᅀᅧ來링ᄒᆞ시ᄂᆞᆫ一ᅙᅵᆶ切촁智딩成쎵
就쯈如ᅀᅧ來링시고 王왕이 發벓
願원ᄒᆞ야 罪쬥苦콩衆즁生ᄉᆡᆼᄋᆞᆯ 그리
度똥脫ᅙᅪᆯᄒᆞ고 成쎵佛뿛코져 ᄒᆞ야
아니ᄒᆞ더니ᄂᆞᆫ 地띵藏짜ᇰ菩뽕薩삻이
그란過광去컹無뭉量랴ᇰ阿ᅙᅡᆼ僧슬ᇰ
祇낑劫겁에 부톄世솅間간애 냇더시
니 일후미 淸쳐ᇰ淨쪄ᇰ蓮련華ᅘᅪ目목如ᅀᅧ
來링러시니 그 부텻 목수미 四ᄉᆞᆼ十씹
劫겁이러시니 그 像샤ᇰ法법中듀ᇰ에
羅랑漢한ᄋᆡ 잇ᄂᆞᆫ 衆즁生ᄉᆡᆼᄋᆞᆯ 福복度똥
ᄒᆞ더니ᄒᆞ거ﾠ지ﾠ날나ᄋᆞᆯ 후미光

잢간도수ㄴ 樂욕 慶꼉 劫겁을
내야 迷몡 感감ᄒᆞ며 障쟝難난ᄒᆞ야
긔 므레 돐솅야 長댱流륳를 가
져 비를 롓다가 잢간ᄂᆞᆫ 솟ᄀᆞ며
맛나ᄂᆞᆫ 고ᄃᆞᆯ 내샤 樂욕 念념
ᄒᆞ노ᄂᆞᆫ녕 마ᄃᆞ나거ᄂᆞᆫ 頧ᅌ둏차여
러 劫겁에 ᄃᆞᆫ 시곰 誓쎙ᄒᆞ야 罪쭹

無뭉比삥度똥 脫ᄩᆞᆯ ᄒᆞᄂᆞᆫ 내ᄉᆞᆷ合
시ᄅᆞᆯ호리잇맛ᄃᆞᆯ 실제 會ᅘᆔ中듕
에 菩뽕薩ᇙ摩망訶항薩ᇙ이 일후
미 定ᅙᆡᆼ自쫑在ᅘᆡ 王왕이 부텃긔 ᄉ
샹ᅌ世솅尊존하 地띵藏ᄶᅡᆼ菩뽕薩ᇙ이
이러劫겁 브터오매 各각各각 엇던
願원을 發ᄫᅡᆯᄒᆞ시관ᄃᆡ이제世솅尊존

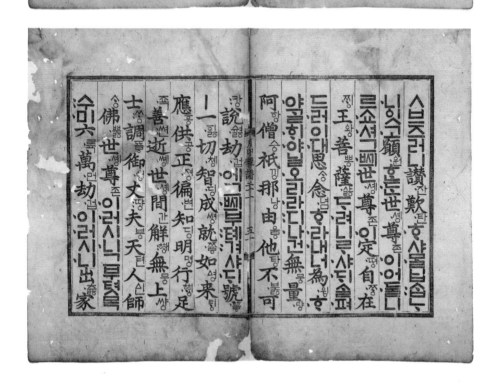

ᄉᆞᄆᆞ리러니 讚잔歎탄ᄒᆞ샤믈 닙ᄉ온
ᄂᆞᆫᅌᅵᆺ顧ᅌ둏ᄒᆞ거ᄒᆞ世솅尊존이어ᄃᆞᆫ
니ᇫ숑석그ᇧ웨世솅尊존이 定ᅙᆡᆼ自쫑在ᅘᆡ
쩡王왕善쎤菩뽕薩ᇙᄃᆞ려 니ᄅᆞ샤ᄃᆡ 솔
드러이 大ᄠᅢᆼ思ᄉᆞ念념ᄒᆞ려니ᄅᆞᆯ 爲윙ᄒᆞ
야ᄒᆡᆼ히야ᄡᅩ리라ᄒᆞ나건ᄃᆡ無뭉量량
阿항僧ᄉᆞᇰ祇낑那낭由율他탕不ᄫᅮᆯ可캉

說ᄉᆑᆯ劫겁이니 國귁土통뎌게샤ᇝ號ᅘᅩᇢ
一ᅙᅵᇙ切쳉智딩成쎠就쯯如ᅀᅧ來링
應ᅙᆼ供공正줭徧변知딩明명行ᅘᆡᇰ足죡
善쎤逝쎼世솅間간解ᄒᆡᇰ無뭉上썅
士ᄊᆞᆼ調ᄠᅭᆼ御ᅌᅥᆼ丈ᄄ턍夫붕天텬人ᅀᅵᆫ師ᄉ
佛ᄬᅮᇙ世솅尊존이러시니 出츓家강
냥六륙萬먼劫겁이러시니 出츓家강

니ᄅᆞ샤ᄃᆡ 無間이라 일훔ᄒᆞᄂᆞ니이다

地藏菩薩이 聖母ᄭᅴ

니ᄅᆞ샤ᄃᆡ 無間地獄ᄋᆞᆯ ᄒᆞ마

디ᄃᆡ 이거ᄂᆞ 와ᄂᆞᆫ 地

獄ᄋᆞᆫ 罪器 ᄃᆞ외예 도ᄒᆞᆯ 거려 가ᄉ

다 니ᄅᆞ리라 摩耶夫人이

愛苦ᄒᆞᆫ 이ᄅᆞᆯ 一劫中에

<병인석보二十一 四十七>

드르시고ᄇᆞᆯ ᄒᆞᆸ掌ᄒᆞ야 머

리ᄭᅩ샤 禮數ᄒᆞ시ᄂᆞ니라

그ᄢᅥ 地藏菩薩摩訶薩

이 부텻긔 ᄉᆞᆲ샤ᄃᆡ 世尊ᄒᆞ

佛如來威神力을 닙ᄉᆞᄫᅡ

ᄇᆞᆯ써 百千萬億世界예

이거ᅌᅵ 모ᄆᆞᆯ分ᄒᆞ야 一切業

報衆生ᄋᆞᆯ 救ᄒᆞ야ᄲᅡ혀노

니 如來ㅅ 大慈力곳 아

시면 이런 變化ᄅᆞᆯ 能히 몯ᄒᆞ리이다 내 이제 ᄯᅩ 부텻付囑ᄋᆞᆯ 닙ᄉᆞᄫᅡ

阿逸多成佛ᄒᆞ야실 後

六道衆生ᄋᆞᆯ 애ᄂᆞ리解

脫 케ᄒᆞ리니 唯然世尊

<병인석보二十一 四十八>

하 願ᄒᆞᄂᆞᆫ 分別 마ᄅᆞ쇼셔 ᄒᆞ야ᄂᆞᆯ

부텨 地藏菩薩ᄃᆞ려 니ᄅᆞ샤

ᄃᆡ 一切衆生이 解脫ᄒᆞ야 몯

ᄒᆞ야 一定ᄒᆞ욤 업서

惡習으로 業을 지ᅀᅵ자善을 지ᅀᅵ

惡習識이

으로 果ᄅᆞᆯ 미자 大善ᄒᆞ면

야境ᄋᆞᆯ 자차ᄂᆞ五道에 流惡ᄒᆞ면

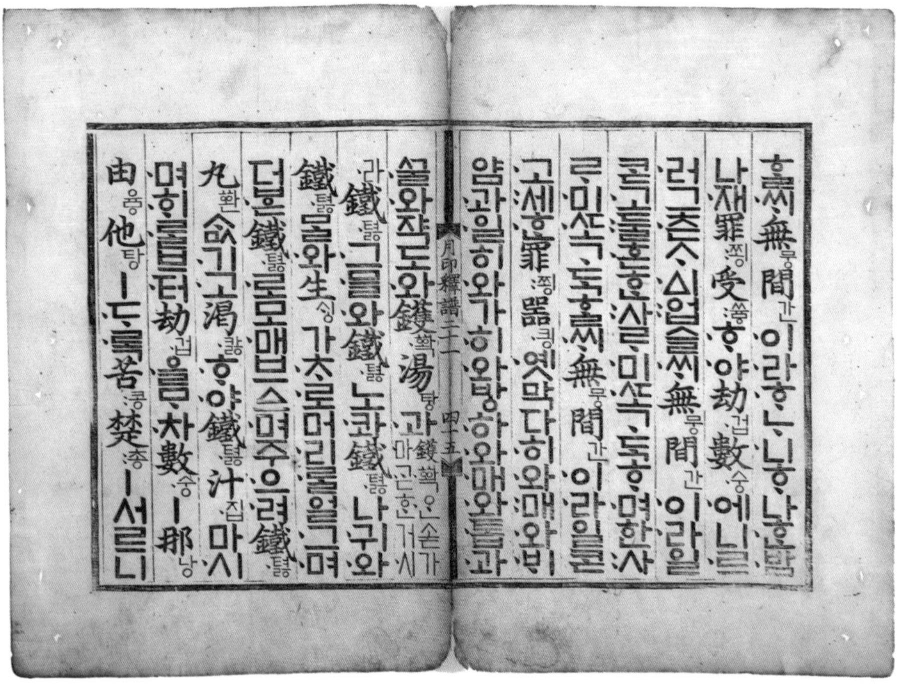

月印釋譜二十一 四十五

ᄒᆞᇙ ᄢᅵ 無뭉間간이라 ᄒᆞᄂᆞ니 ᄒᆞ나ᄒᆞᆫ
나재 罪쬥受쓯ᄒᆞ야 劫겁數숭에 니르
러 그ᄎᆞᆫ ᄉᆞᅀᅵ 업슳 ᄊᆡ 無뭉間간이라 ᄀᆞ
ᄃᆞᆨ고 ᄒᆞᆫ 사ᄅᆞ미 ᄯᅩ ᄀᆞᄃᆞᆨᄒᆞ며 한 사
ᄅᆞ미 ᄯᅩ ᄃᆞᆨᄒᆞᇙ ᄊᆡ 無뭉間간이라 일론
고 세ᄒᆞᆫ 罪쬥器킝옛 ᄆᆞᆨ다히와 ᄆᆡ와 비
얌과 일히와 가히와 방하와 ᄆᆡ와 돌과

ᄉᆞᆯ와 쟉도와 鑊확湯탕과 (鑊확ᄋᆞᆫ 솓가마 곧ᄒᆞᆫ 거시라)
鐵텷그믈와 鐵텷노콰 鐵텷나귀와
鐵텷ᄆᆞᆯ와 生ᄉᆡᇰ가ᄎᆞ로 머리ᄅᆞᆯ 얼그며
덥ᄂᆞᆫ 鐵텷로 모매 브ᅀᅳ며 주으려 鐵텷
丸환ᄋᆞᆯ ᄉᆞᇝ기고 渴칾ᄒᆞ야 鐵텷汁집 마시
며 ᄒᆡᄅᆞᆯ 브터 劫겁을 차 數숭ㅣ 那낭
由융他탕ㅣ ᄃᆞ록 苦콩楚총ㅣ 서르니

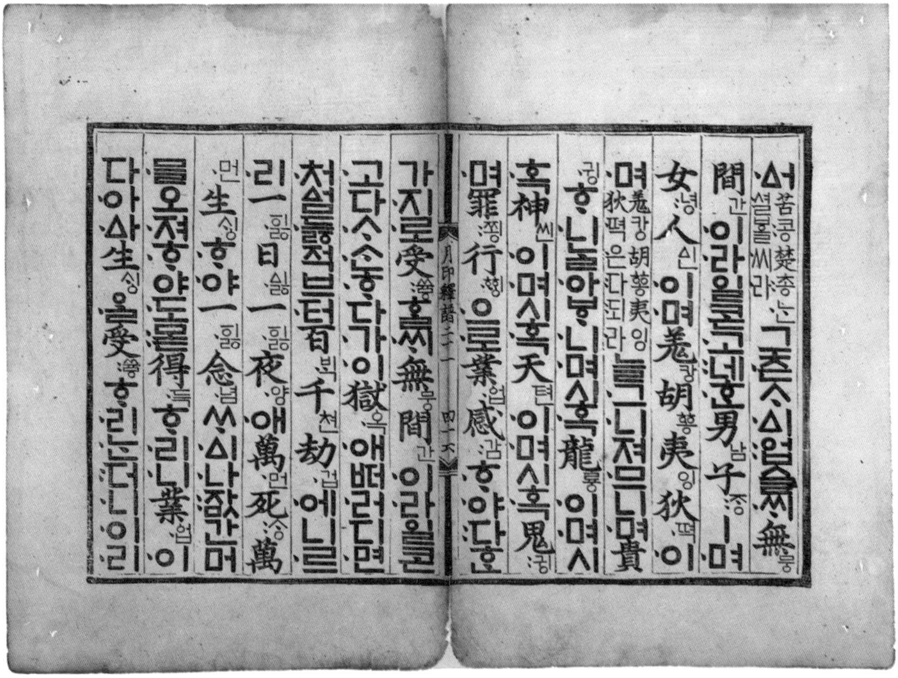

月印釋譜二十一 四十六

셔 (苦콩楚총ᄂᆞᆫ 셜볼 씨라) 그ᄎᆞᆫ ᄉᆞᅀᅵ 업슳 ᄊᆡ 無뭉
間간이라 일론 고 네ᄒᆞᆫ 男남子ᄌᆞᆼㅣ며
女녕人신이며 羌캉胡홍夷잉狄뗙이
며 (羌캉胡홍夷잉狄뗙은 다 되라) 늘그니 져므니며 貴
귕ᄒᆞ니 놀아ᄫᆞ니며 시혹 龍룡이며 시
혹 神씬이며 시혹 天텬이며 시혹 鬼귕
며 罪쬥行ᅘᆡᇰ으로 業업感감ᄒᆞ야 다ᄒᆞᆫ

가지로 受쓯ᄒᆞᇙ ᄊᆡ 無뭉間간이라 일론
고 다ᄉᆞᆺ ᄒᆞ다가 이 獄옥애 ᄢᅥ러디면
처ᅀᅥᆷ 들 쩍브터 百뵉千쳔劫겁에 니르
리 一ᅙᅵᇙ日ᅀᅵᇙ 一ᅙᅵᇙ夜양애 萬먼死ᄉᆞᆼ萬
먼生ᄉᆡᇰᄒᆞ야 一ᅙᅵᇙ念념ᄊᆞ시나 잠간 머
믈오져 ᄒᆞ야도 몯 得득ᄒᆞ리니 業업이
다아ᅀᅡ 生ᄉᆡᇰ을 受쓯ᄒᆞ리ᄂᆞᆫ 더ᄂᆞᆫ 이리

## 윗 면

제ᄆᆞᆯᄒᆞᄆᆞᄂᆞᆫ床쌍·ᅌᆡᆨ 두·기 누병서

ᄀᆞᆫ 萬·먼 사·ᄅᆞ미 罪·쬉ᄅᆞᆯ 受·쓩·ᄒᆞᆨ

ᄯᅩᆨ 各·각 제ᄆᆞᆯᄒᆞᄆᆞᄂᆞᆫ罪·쬉ᄅᆞᆨ床쌍 受·쓩

어두·미러ᇰ·ᄒᆞ·야러ᇰ業·업·의感:감·ᄒᆞᆯ報·ᄫᅩᆯ

어두미러ᇰᄒᆞ·려ᇰᄒᆞ면ᄉᆞᆫ罪·쬉人신ᄃᆞᆯ·ᄒᆞ·ᇰᄒᆞᆫ

受·쓩苦:콩ᄒᆞᆯ·太·太受·쓩ᄒᆞᆯ鬼:귕·의벳·ᅌᅥᄆᆞᆯ

夜·양義·ᅌᅵ창 와씬·ᄆᆞ·딘千:쳔百·ᄇᆡᆨ

곤고누·ᄫᅥᆫ·게곤·소ᄂᆞᆫᄭᅳ·리더ᇰ

거·시비·ᄉᆞᆯ히·ᄡᅢ·ᅘᅧ·며·샹을머·버·ᄒᆞ·며·신

夜·양義·ᅌᅵ·창 큰鐵·텷·戟·겨·자바

라罪·쬉人신·ᄅᆞᆯ·이ᄆᆞᆯᄃᆞᆯ·며·신ᄒᆞ·ᄆᆞᆯ·ᄀᆞᆨ

흘딜ᄆᆞ며소벼·와·등·골·어虛헝空콩·애·ᄐᆞ·고벼·며소ᇰ벼·호로虛헝空콩

곤소鐵·텷鷹·ᅙᅵᇰ·이罪·쬉人신·인·누·ᄂᆞᆯ·며

## 아랫 면

·ᄆᆞ·며鷹·ᅙᅵᇰ·은ᄆᆡᆨ·라鐵·텷蛇·쌰·ᄅᆞᆯ罪·쬉人신

·이 머·리·ᄅᆞᆯ·감·며·며·오·히골안·해·고모

돌바·ᆨ·며·혀·ᄲᆡ·혀·며·며罪·쬉人신·의喚·횐

두루·ᄀᆞ슬·먹·구리·ᄂᆞ·여이·벱·소·며

봄鐵·텷·론소ᇰᄆᆞᆯ·며·거·一·ᅙᅵᆶ萬·먼人신·의感:감·ᄒᆞ야·쥰

고一·ᅙᅵᆶ 萬·먼·디·우사라業·업感:감·ᄒᆞ야·디·우쥰

·이ᄅᆞᆨᄋᆞᆫ·다·만·나·디億·흑劫·겁·을·내

보鐵·텷·ᄅᆞᆯ·로소ᇰᄆᆞ·며·거·이ᄇᆞᆷ·소·며

야·니·고·져·ᄒᆞᆯ·지·얻·스·니이世·솅界·갱

·혈제·다른世·솅界·갱·예가·ᄂᆞ·다른

界·갱번·ᄀᆞ·혈제·션·다른·方바ᇰ·애·가·ᄂᆞᆫ

린方바ᇰ世·솅界·갱·人·인後:ᅘᅮᇢ·엔도·ᅩ

다·가·이世·솅界·갱·예·다·셀·ᄲᆞᆯ·텟

·니無뭉間간·애罪·쬉報·ᄫᅩᆯ·그·이·ᄅᆞ·리

·ᄒᆞᆫ·이ᄃᆞᆫ·다·ᄉᆞᆺ가·짓·의·業·업感:감

지옥ㅅ리·ㅇ안 地띵藏짱·이·ᄅᆞᆯ 샹

聖셩母ᄆᆞ·ᆸ향·다가 衆즁生ᄉᆡᆼ·이 일·ㄹ

罪쬥짓ㅅ·면 받ㄷᆞᆯ기 五옹無뭉間간地띵

獄옥·애 ᄲᅥ러디·엳·잡간 受쓔ᇢ苦콩·며 地

ᄆᆞᆯ오졍·야도 一·ᄒᆞᆫ 念념·ᄃᆞᆯ 得득·ᄒᆞ

리·다 摩망耶양夫붕人신·이 地띵藏짱

菩뽕薩·ᄭᅴ 신·다시 ᄉᆞᆯᄫᆞ샹ᄉᆞᆫ·ᄃᆡᆯ

흐미 無뭉間간 地띵獄옥·이 잇고 地띵

藏짱·이 ᄉᆞᆯ샹ᄉᆞᆫ 聖셩母ᄆᆞ·하 地띵獄옥

옥·히 大땡鐵텷圍윙山산 안·ᄒᆡ 잇ᄂᆞ·

닐 地띵獄옥·이 열ᄫᅳᆯ고디오 버거

五옹百ᄇᆡᆨ·이·이 ᄉᆞᆫ·이후·미 各각각

달·고 버거 千쳔百ᄇᆡᆨ·이·이 ᄉᆞᆫ·이후

·미 各각각 달·니 無뭉間간 獄옥·이

그 獄옥城쎵 둘·어 八밣萬먼 나믄 里링

옥城쎵·이 굴·ᄫᅳᆫ 쇠·오 니비 一ᄒᆞᆯ 萬먼

里링오 城쎵 우·희 ᄇᆞ·리 ᄫᅳᆯ·브·미 업·스니 그

獄옥城쎵 中듀ᇰ·에 여러 獄옥·이 서·ᄅᆞ니

서·일후·미 各각각 달ᄂᆞ·고 샹

獄옥·이·이 ᄉᆞᆫ·이후·미 無뭉間간·이니

그 獄옥 둘·에 萬먼八밣千쳔里링오 獄옥

옥담노비 一ᄒᆞᆯ 千쳔里링오 간쇠다ᇰ

·ᄃᆞ란ᄉᆞ·고 후·희 ᄇᆞ·ᄅᆞ래 ᄉᆞ·므고와·ᄉᆞ

브리우·희·ᄉᆞ·므·스 鐵텷蛇썅 鐵텷狗귱

一ᄒᆞᆯ·만 우·희·ᄒᆞ·며 토녀

獄옥담 우·희 東도ᇰ西셩로 ᄃᆞᆫ·로·며 獄옥

中듀ᇰ·에 床쌍·이·이 ᄉᆞᆫ·이 萬먼里링·예 ᄎᆞ·

·독거·ᄃᆞᆫ 살·미 罪쬥·ᄅᆞᆯ 受쓔ᇢ·호ᄃᆡ

萬億劫에 나고져 호야도 져 업스
며 다 衆生이 佛身血
을 내어나 三寶를 허러 남라거
나 尊經을 恭敬 아니호면
받기 無間地獄애 떠러
여 千萬億劫에 나고져 호야도
져 업스며 다 衆生이 常住
를 侵勞호야 損커나
僧尼예 젼차 업시 淫欲을 行커나
藍內예 ...
커나 僧伽藍 ...
...
이런 무리 반드기 無間地獄

애 떠러 디여 千萬億劫에 나
고져 호야도 져 업스며 다 衆生
이 거츠리 沙門이 외야 沙門
미 사門 아니라 常住
를 白衣 받려
律을 背叛호며 種種호
罪를 지소디 이런 무리 반드기 無
間地獄에 떠러 디여 千萬
億劫에 나고져 호야도
다 衆生이 常住
며 財物 穀米 飲食 衣
服 애호거시나 아니 주거 든가지면
반드기 無間地獄애 떠러 디면
여 千萬億劫에 나고져 호리

위ᄂᆞ比뼝度똥脱톯ᄒᆞᆯ씨象챵太탱子ᄌᆞ太탱면

菩뽕提똉를證징ᄒᆞ리라그ᄢᅴ佛뿛

母ᄆᆞᆼ摩망耶양夫붕人ᅀᅵᆫ이恭공敬경

合ᅘᅡᆸ掌쟝ᄒᆞ야地띵藏짱菩뽕薩삻ᄭᅴ

黑흑風봉신聖셩者쟝ᄒᆞ閻염浮뿔

生ᄉᆡᇰ이業ᅌᅥᆸ지쉬差챵別ᄫᅧᆯ와ᄒᆞᄂᆞᆫ報봉應ᅙᅵᆼ이

別ᄫᅧᆯ은여러가ᄌᆞ로다ᄅᆞᆯ씨라受쓯報봉

月印釋譜二十一　三十七

그�.ᅵ러.ᆺᄃᆞ.ᇰ고地띵藏짱이對됭

答답ᄒᆞ.ᅀᆞᆸ.ᄃᆡ千쳔萬먼世솅界갱옛

國귁土통애ᄉᆞᆯ地띵獄옥이ᄉᆞ며或

或획地띵獄옥이ᄉᆞ며或획女녕人ᅀᅵᆫ이

ᄉᆞ며或획女녕人ᅀᅵᆫ업스며或획佛뿛

法법이ᄉᆞ며法법업스며聲셩

開갱辟뼉支징佛뿛에니를리ᅀᆞ며

글.ᅌᅮᆼ니地띵獄옥罪쬥報봉一ᅙᅵᇙ等등

.ᄯᆞ리아.ᄂᆞ니가摩망耶양夫붕人ᅀᅵᆫ이善쎤

薩삻ᄭᅴ다시ᄉᆞᆯᄫᅡ안ᄒᆞ閻염浮뿔

罪쬥報봉를感감ᄒᆞᆯ惡학趣츙

고頒뻔ᄒᆞᄉᆞᆸ.ᄃᆡ聖셩母ᄆᆞᆼ地띵藏짱이對됭

答답ᄒᆞ.ᄉᆞᄫᅡ.ᄃᆡ聖셩母ᄆᆞ

닐.ᅌᅮᆫᄉᆞᆷ願원ᄒᆞᅀᆞᆸ.ᄂᆞ니

聖셩母ᄆᆞᆼ어셔ᄀᆞ장地띵藏짱菩뽕薩삻이

提똉罪쬥報봉를名명號ᅘᅩᆼᄋᆞᆯ니를.ᅌᅮ니

ᄒᆞ다가衆즁生ᄉᆡᇰ이父뿡母ᄆᆞᆼ不붏孝

.ᄒᆞ며殺샳害ᅘᅢᆼᄒᆞ매니르.ᄅᆞᆯ면반ᄃᆞ.기

無뭉間간地띵獄옥애ᄠᅥ.러.딘.연쳔

解·갱脫·탈·ᄒᆞ·야 여·러 가짓 愛·ᄒᆡᆼ 苦·콩·ᄅᆞᆯ
그·리·여 ·히연 부텻 授·ᄊᆡᇦ 記·긩 ᄒᆞᆯ·씨·니
ᄒᆞ·라 ᄡᅥ 諸졍 世·솅 界·갱 化·황 身신 地·띵
藏·짱 菩뽕 薩·ᄉᆞᇙ 이 드트홀 모ᄆᆞᆫ 이
샤ᄆᆞᆯ 홀려 부텨 ᄲᅡᆯ·ᄅᆞᆯ ᄒᆞ·샤·내 久·굴
遠·원 劫·겁 브터 ᄆᆞᆯ터 接·졉 引·인 의·을
·ᄂᆞᆺ ·ᄫᆞᆯ 不·붏 可·캉 思ᄉᆞ 議·읭 神씬 力·륵

으·어 더글 智·딩 慧·휑 ᄒᆞ·겡 샤·내 分분
身신 이 目·목 千쳔 萬·먼 億·흑 恒ᅘᅱᆼ 河ᅘᅡᆼ
沙샹 世·솅 界·갱 예 차 ·ᄒᆞ·야 ᄒᆞᆫ 世·솅
界·갱 만 百·빅 千쳔 萬·먼 億·흑 모글 化·황
ᄒᆞ·곰 ᄆᆞᆯ마 百·빅 千쳔 萬·먼 億·흑
人신 을 度·똥 脫·탈 ᄒᆞ·야 三삼 寶·볼 애 歸궝
敬·경 ᄒᆞ·야 生ᄉᆡᇰ 死·ᄉᆞᆼ ᄅᆞᆯ 기리여 ᄒᆞᆯ

涅·넗 槃·빤 樂·락 애 다ᄃᆞ게 ᄒᆞ·드 오직 佛·뿌ᇙ
法·법 中듀ᇰ 에 ᄋᆞᆯ욜 홍 이리 ᄒᆞ얼터
기·나 ᄫᆞ·쳔 ᄐᆞ린 ᄆᆞ리어나 ᄫᆞᆯ애 어
야·ᄂ·내 漸·쩜 漸·쩜 度·똥 脫·탈 ᄒᆞ·야 大·땡
利·링 ᄅᆞᆯ 얻게 ᄒᆞ·노니 願·원 ᄒᆞ·ᄂᆞᆫ 世·솅 尊존
이 後·ᅘᅮᇢ 世·솅 惡·학 業·업 眾·즁 生ᄉᆡᇰ 을

分분 別·붜ᇙ ᄆᆞᆯ·쇼·셔 ·ᄒᆞ·거·늘 世·솅 尊존 ·이
그·ᄉᆞᆸ 샤·내 額·ᅙᅷ ᄒᆞ·ᄂᆞᆫ 世·솅 尊존 이 後·ᅘᅮᇢ
ᄒᆞ 世·솅 惡·학 業·업 眾·즁 生ᄉᆡᇰ ·을 分분 別·붜ᇙ
薩·ᄉᆞᇙ ᄋᆞᆯ 讚·잔 歎·탄 ᄒᆞ·야 니·ᄅᆞ시·ᄂᆞᆫ 地·띵 藏·짱 菩뽕
ᄆᆞᆯ·쇼·셔 ·ᄒᆞᆯ 부·테 地·띵 藏·짱 菩뽕
란 劫·겁 브터 發·벓 ᄒᆞ·ᄂᆞᆫ 誓·쎙 願·원 을
됴타 내·ᄂ·ᆯ·ᄅᆞᆯ ·받ᄉᆞ·ᄫᆞ리·네 能느ᇰ히

男남子ᄌᆞ身신도現현ᄒᆞ며
女녕人ᅀᅵᆫ身신도現현ᄒᆞ며
龍룡身신도現현ᄒᆞ며
身신도現현ᄒᆞ며山산神씬鬼ᆔ
身신도現현ᄒᆞ며天텬
源원河ᅘᅡᆼ池띵泉쪈井ᆼ도現현ᄒᆞ야
度똥脫퇋도現현ᄒᆞ며帝뎽釋셕身신

〔源원은 시미라 河ᅘᅡᆼ는 ᄀᆞᄅᆞᆷ이오 池띵는 모시오 泉쪈은 ᄉᆡ미오 井ᆼ은 우므리라〕

現현ᄒᆞᆫ梵뻠王왕身신도現현ᄒᆞ며
現현ᄒᆞᆫ轉둳輪륜王왕身신도現현ᄒᆞ
男녑居ᆼ士ᄊᆞᆼ身신도現현ᄒᆞ
宰ᅀᆡᆼ輔ᄬᅮᆼ身신도現현ᄒᆞ며
宰ᅀᆡᆼ國국王왕身신도現현ᄒᆞ며
宰ᅀᆡᆼ官관身신도現현ᄒᆞ며
屬쑉身신도現현ᄒᆞ며官관
比삥丘쿨尼닝優ᅙᅮᇢ婆빵塞ᄉᆡᆨ優

婆빵夷ᅌᅵᆼ身신이며聲셩聞문羅랑漢한
辟벽支징佛뿛菩뽕薩삻等등身신
에니르리現현ᄒᆞ야化황度똥
佛뿛身신샐ᄋᆞᆯ아ᇙᄊᆞ現현ᄒᆞ야
니라네이ᅌᅥᆯ劫겁에勤끈苦콩ᄒᆞ야
야이러틋호化황티어렵ᄃᆞᆫ剛강强깡
罪쬥苦콩衆즁生ᄉᆡᇰ올度똥脫퇋ᄒᆞ

거든보노니調뚱伏뽁디를사ᇰ미
業ᅌᅥᆸ報ᄫᅮᇢ應ᅙᆞᆼ을조차ᄃᆞᆫ惡ᅙᆞᆨ趣
예ᄣᅥ러디ᇇ은을受ᄊᆛᇢ苦콩ᄒᆞ제반
드기내ᄭᅵᆯ付ᄫᅮᆼ囑죡ᄒᆞᆫ天텬宮궁에이셔ᄆᆞ
娑상婆빵世솅界갱옛彌밍勒륵出ᄎᆑᇙ
世솅後ᅘᅮᇢ人ᅀᅵᆫ報ᄫᅮᇢ生ᄉᆡᇰ올ᄂᆡ닐리라

느느리니 아하ᄉᆞ ᄅᆞᆯ 불ᄒᆞ야 世솅劫겁
三삼生ᄉᆡᆼ 死ᄉᆞᆼᄋᆡ 리ᄂᆞ녀 六륙道ᄠᅳᆯ
애 受쓩苦콩ᄒᆞ야 겁난ᄃᆞᆯ쉬ᄒᆞᆯ다가
地띵藏ᄍᆞᆼ菩뽕薩삻이 廣ᄀᆋᆼ大ᄠᅢᆼ慈ᄍᆞᆼ悲빙
그 普퐁賢ᅘᆑᆫᄋᆞᆯ 各각各각 果광
讃ᄌᆞᆫᄒᆞ며 踊용躍약ᄒᆞ더시니 如ᅀᅧ來ᄅᆡᆼ讚ᄌᆞᆫ
숑매 踊용躍약ᄒᆞ야 ᄆᆞ거 如ᅀᅧ來ᄅᆡᆼᄉᆞᆯ

원볼슝방ᄂᆞᆫ 잀얀동 리슣니 이
ᄂᆞ닉에 幽ᅙᅮᇢ冥며ᇰ世솅尊존이 金금色ᄉᆡᆨ 불
高ᄀᆫᄒᆞ야 千천萬먼億ᅙᅳᆨ 不붏可캉重ᄐᆌᇰ
思ᄉᆞᆫ不붏可캉議ᅌᅴᆼ 不붏可캉量랴ᇰ不붏
룸可캉說ᅀᅓᇙ 無뭉量랴ᇰ阿ᅙᅡᆼ僧ᄉᆡᆼ祇낑不붏
世솅界갱 變변化황身신 地띵藏ᄍᆞᆼ菩뽕
薩삻 摩망訶항薩삻人ᅀᅵᆫ頂뎡 룰치시

며ᄂᆞᆯ 샨내 五옹濁똭 惡ᅙᅡᆨ世솅예
익ᄐᆞᆯ剛강强ᄭᅡᇰ호ᄆᆞᆯ 衆즁生ᄉᆡᆼᄋᆞᆯ 敎ᄀᆈ
化황ᄒᆞ야 ᄉᆞᄆᆡ調뜔伏뽁ᄒᆞ야 겅ᄒᆞ야 邪ᄊᆞ
ᄅᆞᆯ 링코ᄒᆞ야 게ᄒᆞ며 열ᄒᆞ야
룰ᄒᆞ샨 모ᄃᆞ며 ᄉᆞ실쎠 내샨 分분
이비 ᄋᆞ시호 리根ᄀᆞᆫᄋᆞ며 方바ᇰ便뼌
ᄋᆞ며비 ᄂᆞ시호 千천百ᄇᆡᆨ億ᅙᅳᆨ利링ᄒᆞ며
즉재信신受쓩ᄒᆞ며 ᄉᆞᆫ善쎤果광暗
ᄆᆞ릴 勸쿤ᄒᆞ야 이울오ᄒᆞᆯ 暗흠
다ᄅᆞ니ᄂᆞᆫ 오래 敎ᄀᆈ化황ᄒᆞ야 ᅀᆞ
鈍ᄯᅮᆫᄒᆞ니 依ᅙᅴᆼ業ᅌᅥᆸ重ᄐᆌᇰᄒᆞᆫ ᄎᆡ
敬겅ᄒᆞ야ᄅᆞᆯ 月ᅌᅯᇙ愛ᅙᆡᆼ아니ᄂᆞ니
원ᄋᆞᆯ ᄆᆞ렛ᄯᆞᆯ 衆즁生ᄉᆡᆼ이 各각各각 다
ᄅᆞ거ᄃᆞᆫ 分분身신ᄒᆞ야 度똥脫퇋ᄒᆞ리

292

쎤니 아니라 無뭉間간앳 스믈 罪쮕人신
이란 樂락을 受ᅘᅲᆸ야 ᄒᆞᆯ씨니
당곡合ᅘᅡᆸ掌쟝ᄒᆞ야 恭ᄋᆞ야ᄒᆞᆯ씨니
ᄯᅳ리ᅗᅥ메 션라 ᄉᆞ랑ᄒᆞ야 이 물 그
覺각華ᅘᅪ定ᄄᆞᆼ自ᄍᆞᆼ在ᄍᆡᆼ王왕
來ᅘᅢᆼᄉᆞ塔탑像썅ᅟᅵᆶ弘ᅘᅰᆼ誓쎼願ᅯᆫ
을 세오 顄ᅌᅯᆫᄒᆞᅌᅳᆯ내 未밍來ᅙᅢᆼ劫겁

이당ᄃᆞᆫ 羅罪쮕苦콩잇ᄂᆞᆫ衆즁生ᄉᆡᆼ
올 너비方방便뼌ᄒᆞᆯ解갱脫ᅘᅳ려
야 지아당ᄆᆞ니란부텻文무殊쓩師ᄉᆞ
利링ᄃᆞ려니르샤ᄃᆞᆨ國귁鬼귕王왕無뭉
毒독의져財쪙首슙菩뽕薩ᅟᅵᆶ
긔오婆뽕羅랑門몬이 짓ᄃᆞᆫ地띵藏짱이
善쎤薩ᅟᅵᆶ이라ᄒᆞᆯ百ᄇᆡᆨ千쳔萬먼

億즉不붏可캉思ᄉᆞᆼ議ᅌᅴ 不붏
可캉量량不붏可캉說쉃無뭉量량
阿항僧승祇낑世솅界갱 예잇ᄂᆞᆫ地띵
獄옥애分분身신ᄒᆞᆯ地띵藏짱菩
薩ᅟᅵᆶ이다 와 切쳉利링天텬宮궁에
댓더시니如셩來ᅘᅢᆼᄉᆞ神씬力륵으로
各각各각方방面면으로 解갱脫ᅘᅳ得득

ᄒᆞ야 業엄道ᄃᆞᆼ로셔난사ᄅᆞᆷ들콰도
各각各각千쳔萬먼億즉那낭由융他탕
數숭ㅣ러니ᄆᆞ다香향華ᅘᅪ가저와
부텻ᄭᅴ供공養양ᄒᆞ숩더니그ᄅᆞᆷ들히
니르히地띵藏짱菩薩ᅟᅵᆶ人교
化황도阿항耨녹多당羅랑三삼藐막
三삼菩뽕提똉예긔退튕轉둰티아

삼 王왕이 聖셩女녕 드려 무로 聖셩 菩뽕薩
ᄉᆞᆯ 어마ᄂᆞ미 사라 겨ᅌᅡ신 行ᄒᆡᆼ業
년ᄋᆞᆫ趣츙예간ᄃᆞᆯ몰라ᄋᆞ다思
쫑무로ᄃᆡᆫ내어미죽건디아니오라
그지업슨苦콩ᄅᆞᆯ受쑤ᇢᄒᆞᆯ씨
지업ᄲᅥ디니千쳔百ᄇᆡᆨ이숤소
니五ᅌᅩᇰ百ᄇᆡᆨ이순菩뽕毒똑이ᇰ

을ᄃᆡ니ᅌᅵᆺ고聖셩女녕ᅵ對됭答
菩뽕ᄒᆞ되내어미邪썅見견ᄒᆞ야三삼
寶ᅗᅵᇢ를謗ᄫᅡᆼ弄롱ᄒᆞ야ᄒᆞᆯ미비ᇧ간
信신ᄒᆞ얀ᄃᆞᆫ恭고ᇰ敬견아니터
니죽건디비록아니여러나ᄅᆞᆯ도아
목대간디모ᄅᆞᆯ노히다無뭉毒똑이
무로ᄃᆡ菩뽕薩살어마ᄂᆞ미姓셩이

믓고ᄅᆡ닛고聖셩女녕ᅵ對됭答
ᄒᆞ되아바님어마ᄒᆞ미다婆빵羅랑
門몬種죵이시고아바ᄂᆞᆷ일후믄尸싱
羅랑善쎤見견이시고어마ᄂᆞᆷ일후믄
悅ᅇᅯᇙ帝뎅利링러시니다無뭉毒똑聖셩
이合ᄒᆞᆸ掌쟈ᇰᄒᆞ야닐오ᄃᆡ願ᅯᆫᄒᆞ논聖셩
者쟝ᅵᄃᆞ라가쇼셔ᄒᆞᆯ고슬

말매쇼셔悅ᅇᅯᇙ帝뎅利링女녕ᅵ孝효
ᄒᆞᄂᆞᆯ해나건디오라ᇙ리ᄂᆞᆫ님
順쓘ᄒᆞᆯ子ᄌᆞᆼ息식이어미
覺각華ᅘᅪᆼ定뗘ᇰ自쭝在ᄍᆡᆼ王와ᇰ如ᅀᅧᆼ來래
人ᅀᅵᆫ塔탑寺ᄉᆞᆼ애供구ᇰ養야ᇰᄒᆞᅀᆞ방福복
닷가布봉施싱ᄒᆞ다ᄉᆞ라ᄂᆡ니니
菩뽕薩살어마ᄂᆞ미地띠獄옥버슬

잇가 無뭉毒똑이 對됭答답호되 實

로 地띵獄옥이 잇 니 닛가 聖셩女녕

ㅣ 무로되 내 이제 엇뎨 ㅎ야아 地띵獄옥

옥이 눈 ㅼ해 가리 닛고 無뭉毒똑이 對됭

答답호되 威휭神씬 ㄹ 고 아니면 無뭉毒똑이 對됭

매業업力력으로 ㅅ 삼가리 니두 닐옷

아니면 乃내終즁 내 가디 몯리 라

聖셩女녕ㅣ ㅼ 로 되 무로되 이믈러 엇던 緣원

으로 솟고며 罪쬥人인 고 ㅅ 모딘

즁生이 ㅎ 닛고 無뭉毒똑이 對됭答

답호되 閻염浮뿡提똉 옛 모딘 짓

던 즁生이 새 주근 사 록 들히 四 十

씹 九긓日싏 디나 도록 닷 업시

德득 지어 苦콩難난 애 救굴 호 야 功

――――――

行혱사 돌 업 스며 사라 실 제 ㅅ 善쎤 因인

이業업本본業업의感감혼地띵獄옥

을 디나 自然히 바 ㅎ 몬져

나리 니 바 로 東 녁 十 씹 萬먼由융旬

쏜 에 쏜 호 바 리 슈 디 口苦콩ㅣ

에셔 倍뽕 며 바 리 슈 디 口苦콩ㅣ

바 리 슈 디 口苦콩ㅣ ㅼ 倍뽕 니

――――――

三삼業업惡학因인이 블러 感감 혹

실씨 業업海ㅣ라 ㅎ 니 니

다 聖셩女녕ㅣ ㅼ 로 되 無뭉毒똑이 地띵獄옥이

어듸 잇 니 닛고 無뭉毒똑이 對됭答

답호되 세 바 안 히 大띵地띵獄옥이

니 數 百 千 이오 各 各

다 니 노니 ㄱ 호 제 ㅣ 며 그

數숭ᄒᆞᆯ시비·록도라正졍·히안자

覺·각華ᅘᅪᆼ定뗭自·ᄍᆞᆼ在ᄍᆡᆼ王ᅌᅪᆼ如ᅀᅧᆼ來링

룡物·念념ᄒᆞ야一ᅙᅵᇙ日·싏一ᅙᅵᇙ夜·양물

디·내니忽ᅘᅳᇙ然ᅀᅧᆫ히ᄲᅩ니제모미·바

·록새댄·ᄅᆞ니제므미리룻·다소미

오·바ᄅᆞᆯ우·힌ᄃᆞᆯ며·몸東동西셩로

·가짓모딘衆즁生ᅀᆡᆼ이만ᄒᆞᄃᆡᆨᄯᅩ소미

·ᄲᅩ니거든男남子ᄌᆞᆼ女녕人ᅀᅵᆫ百·ᄇᆡᆨ千천

·萬·먼數·숭ᅵ바ᄅᆞᆯ가온ᄃᆡ날ᄅᆞ자

먹·ᄀᆞ며든모딘衆즁生ᅀᆡᆼ들히드러자

락ᄒᆞ거든모딘衆즁生ᅀᆡᆼ들ᄒᆞᆯ어서

·각各·각달아싣혹손하ᄆᆞ며분하며발하

며머리ᄒᆞ며엄니바·긔내와ᄂᆞᆯ카

·ᄫᆞᆫ니·별고ᄒᆞ여犯·ᅘᅥᆷ罪·ᅍᅱᆼ人ᅀᅵᆫ·ᄃᆞᆯᄒᆞᆯ

---

오·라모딘衆즁生ᅀᆡᆼ이·게갓가뵈·거·늘ᄯᅩ·며

·ᄯᅥ쳐자바머리와발와ᄆᆞ도자ᄇᆞᆯ쩌

·니즈ᅀᅵ드디一·ᅙᅵᇙ萬·먼·가지라랫들보

·쩌然ᅀᅧᆫ히ᄒᆞ쳐ᄲᅩ·미업더라鬼·귕王ᅌᅪᆼ

·이·후·미無뭉毒·똑이·랑ᄒᆞ리머리조샤

·와자聖·셩女녕ᄒᆞ·려닐오ᄃᆞᆯᄒᆞᆯᄯᅩ싀

·쎠菩뽕薩·삻이·엇던緣원·으·로·예·오·시

·니잇고·ᄀᆞᆫ·리·무로ᄃᆞᆯ·엇젼차히·잇

·가無뭉毒·똑이·對·됭荅·답ᄒᆞ·디이大·땡

鐵·텷圍윙山산西셩面·면第·똉一·ᅙᅵᇙ重·뜌ᇹ

海·ᄒᆡᆼ·ᅌᅵ라聖·셩女녕ㅣ無뭉毒·똑ᄃᆞ려

드로니鐵·텷圍윙人ᅀᅵᆫ안·해地·띵獄·옥이

·가온ᄃᆡ·잇다·ᄒᆞ·ᄂᆞ·ᅌᅵ·ᄂᆞ·ᅌᅵ·이ᄅᆞᆯ實·씷ᄒᆞ·니

ᄒᆞ야 念념호ᄆᆞᆯ 더으ᇙ호ᄆᆡ 大땡
覺각이샤 一ᅙᅵᇙ切쳉智딩ᄅᆞᆯ 天텬下ᅘᅡᆼ 世솅
間간애 겨ᄉᆞᆯ저ᄀᆞ면 ᄆᆞᄋᆞ주큰 後ᅘᅮᇢ
어 부텨ᅙᅥ 왓도ᇰᄃᆞᆫ 다 ᄒᆞ얀 ᄯᅡ ᄒᆞᆯ
알ᄊᆡ러니라 ᄒᆞ고 래ᄒᆞᆯ며 如ᅀᅧᆼ
來링 ᄯᆞ랑ᄉᆞᆼ 보야보리ᇙ며 忽ᇙ然ᅀᅧᆫ
희 空쿠ᇰ中듀ᇰ에 ᄉᆞ리를 드르니 ᄒᆞ

月印釋譜二十一 二十一

掌쟈ᇰ호ᄒᆞᆼ 空쿠ᇰ中듀ᇰ을 向햐ᇰᄒᆞ야
저녀ᅀᅵ오 ᄀᆞᆺ싸ᇰ 봐요리라 ᄀᆞᄉᆞᆷ
듸우는 聖셰ᇰ女녕 여슬헐라 내
븘소ᄆᆞᆯ 드ᇰᄋᆞᆫ 神씬靈령人ᅀᅵᆫ德득
이ᄉᆞ과ᄃᆞ 내ᄅᆞᆯ 드누기ᄉᆞᆨ 내어
미日호 後ᅘᅮᇢ에 밤나조ᄒᆞ려 ᄋᆞ미간 ᄯᅡ
호ᄆᆞᆯ러 아ᄃᆞᆯ 업서 ᄒᆞ다 ᄌᆢ제 空쿠ᇰ中듀ᇰ

에ᄉᆞ단 신호ᄃᆡ 내너 禮롕數숳ᄒᆞ
논 過광去컹엣 覺각華ᅘᅪᆼ定뗘ᇰ自ᄍᆞᆼ在쬥
야 虛헝空쿠ᇰ애 ᄉᆞᆯ오ᄃᆡ 願ᅌᅯᆫᄒᆞᆫ 부톄
다ᄒᆞᆯ언 ᄋᆞ니 ᄆᆞᄲᅥ 드러오라 ᄀᆞ샤미
씨와니ᄂᆞᆯ 와ᄀᆞᄎᆞ리를 ᄀᆞᆺ사ᄒᆞ며 ᄆᆞᄆᆞ
호미 사ᇰ볫ᄠᆞᆮ 眾즁生ᄉᆡᇰ애여 倍삥ᄒᆞ
ᄍᆞᆼ 王와ᇰ 如ᅀᅧᆼ來링ᄅᆞᆯ 너더 ᄋᆞ머려

月印釋譜二十一 二十二

로쇼셔 내 이져 아니오라 주그리로소
인ᄃᆞᆫ ᄀᆞ제 覺각華ᅘᅪᆼ定뗘ᇰ自ᄍᆞᆼ在쬥王와ᇰ
네 供구ᇰ養ᅌᅣᇰ 못고 어ᅀᅵᆯ 웬ᄒᆞ녀ᇙᄉᆡ거든 가교
如ᅀᅧᆼ來링 聖셰ᇰ女녕ᄃᆞ려 니ᄅᆞᄉᆞᄃᆡ
히 안자 내 일후믈 ᄉᆞ라ᇰᄒᆞ라 어미 ᄀᆞᆫ
ᄯᅡ 홍ᄌᆡᄉᆡᆯ라 ᄀᆞᄃᆞ리 부텨ᄯᆡ 禮롕

이 우희 ㅇ단ㅎ…는 佛佛ㅅ룰 일롤 額

원…을씨 이제 百빅千쳔萬먼億ᅙ 那낭

由율 他탕 不붏可캉說숺 劫겁에 ᄉᆞᆫ

딘善씬薩ㅅ인 외엣ᄂᆞ 니라ᄉᆞ디다

건 不붏可캉思 議ᅌᅴ 阿항僧승祗낑

劫겁에 ᄂᆞ뎌겨샤틍ᄋᆞ룰 미覺곡華ᅘᅪ

定ᄯᅵᆼ自ᄍᆞ在ᅙᆼ王왕 如셩來링러시니

뎌 부텻긔 수미四ᄉᆞ百빅千쳔萬먼億ᅙ

혹 阿항僧승祗낑 劫겁에 이러시니 像썅

法법中듕에 婆빵羅랑門몬이 이쇼리

前쪈生ᄉᆡᆼ人ᅀᅵᆫ福복이 이룰거번 모다 恭

敬ᄀᆞ며 行ᅘᆡᆼ住뜡坐쫭臥왜 애諸졍

天텬이 衛ᅌᅱ護ᅘᅩᆼᄒᆞ거니 져어ㅣ邪썅曲콕ㅇ을信신ᄒᆞ

양ᅀᅡᆼ네 三삼寶ᄇᆞᇢ룰 셤기…우거늘 聖셩

女녕ㅣ 一方방便뻔을 더브러 어미를

勸권ᄒᆞ야 正졍見견을 내에 ᄒᆞ야 ᄃᆞ

어미ᄋᆞ 信신을 내디 몯ᄒᆞ더니

오라ᄆᆞ 命명終즁ᄒᆞ야 녀ᄉᆞᆨ 無뭉間간 地띵

미ᄉᆞ라셔 因힌果광信신 타아니틀

일씨 랑다이 業업을 소차 惡ᅙᆞᆨ趣츙예

나니라 네거지ᅙ를 라 香 華ᅘᅪ 供

養ᅌᅣᆼᄒᆞᆨ 塔탑寺ᄊᆞᆼ애 莊장供 養ᅌᅣᆼᄒᆞ며

覺곡華ᅘᅪ定ᄯᅵᆼ自ᄍᆞ在ᅙᆼ王왕如셩來

塔탑寺ᄊᆞ애 장供養ᅌᅣᆼᄒᆞᆫ

人ᅀᅵᆫ像썅ᄋᆞᆯ 보더가ᄉᆞ거늘 모ᄉᆞᆨ

覺곡華ᅘᅪ定…

禮롕數숭ᄒᆞᆨ의 恭공敬경 ᄆᆞᅀᆞᆷ믈 倍

이·이 菩뽕薩·삻·이·일 ᄒᆞᆯᄡᅵ·고 讚·잔歎·탄
ᄒᆞ야 일·후레 일·훓·거·나 ·이·ᄒᆞᆫ·보·아 禮·롕數·수·커·나
나·像·썅·ᄋᆞᆯ 彩·ᄎᆡᆼ色·ᄉᆡᆨ·ᄋᆞ·로 그·려 刻·큭
鏤·롱 塑·송 ·ᄒᆞ·ᄂᆞᆫ 흙·ᄋᆞ·로 ᄆᆡᇰᄀᆞᆯ·씨·라
·위 三삼十씹三삼天텬·에 나·리·라 慈

道뚱場땨ᇰ·애 ᄠᅥ·러·디·아니·ᄒᆞ·리·라 文
師ᄉᆞ利·링·이 ·이 地·띠藏·ᄍᆞᇰ菩뽕薩·삻
摩망訶항薩·삻·이 ·나·건·란 不·붏可:캉
說·쪓不·붏可:캉說·쪓劫·겁·에 ·일·우·미 ᄒᆞ·야
者:쟝·이 안·린 ·이·엿·더·니 그·제 부·톄
·겨·샤·ᄃᆡ ·일·후·미 師ᄉᆞ子:ᄌᆞ奮·분迅·신具·꿍
足·죡萬·먼行·ᄒᆡᇰ如ᅀᅧ來링·러시·니

제 長댱者:쟝·ㅣ 아·두리·며 父·뿡텻 相·샹好:ᄒᆞᇦ
一·ᄒᆞᆳ大·땡福·복·ᄋᆞ·로 莊장嚴엄·ᄒᆞ·샤
·숑·더·브·터시·러 ᄒᆞᆷ 行·ᄒᆡᇰ額·ᅙᆡᆨ
·을:지·ᅀᅮ·시·곤 득·이 相·샹·ᄋᆞ·로 得·득·ᄒᆞ·시
·니잇·고 師ᄉᆞ子:ᄌᆞ奮·분迅·신具·꿍足·죡
萬·먼行·ᄒᆡᇰ如ᅀᅧ來링·니·샤·ᄃᆡ ·오·래
證·징·코·져·ᄒᆞ·거든 모·매 一·힗切·촁

受·쓯苦:콩衆·즁生ᅀᅵᆼ·ᄋᆞᆯ 度·똫脫·ᇙ·ᄒᆞ·야
·두·리 發·벓願·원·ᄒᆞ·야 야·신·오·디 내·ᄋᆡ 未·밍
·來링際·졩·ᄃᆞᆯ·ᄒᆞᆫ·뎡·ᄒᆞᆯ씨·라
劫·겁·에 어·느 罪:쬥苦:콩六·륙道:똘衆·즁生ᅀᅵᆼ
·을 爲·윙·ᄒᆞ·야 너·비 方방便·뼌·을 펴 解:갱
脫·ᇙ·케 ᄒᆞ·고 삻·내 :모·미 佛·뿛道:똘·ᄅᆞᆯ

흐재信신 受슣ᄒᆞᅀᆞᄫᆞ려니와 小숗
果광 聲셩聞문ㅅ 天텬龍룡八밣部뽕와
未밍來링世솅옛 衆즁生ᄉᆡᆼᄃᆞ론비록
如셔來링ㅅ 誠쎵實씷ᄒᆞ샨 ᄆᆞᄅᆞᆯ 듣ᄌᆞᄫᅡ
ᄃᆞᆼ당다이 疑읭惑혹 ᄒᆞᆫᄆᆞᅀᆞ미頂뎡바우
受슣ᄒᆞᅀᆞ와도 ᄲᆞ리 ᄠᆞ리 願원ᄒᆞᆯ世솅

尊존이 ᄂᆞ미시ᇰ소셔 地띠藏짱菩뽕
薩ᇙ 摩망訶항薩ᇙ이 因ᅙᅵᆫ地띠예엣
던行ᅘᆡᇰ울지ᄉᆞ며엇더던劫겁으로셰완디
不붏思ᄉᆞ議읭여이ᄆᆞᆯ能느이ᄒᆞ야우니
잇고文문殊쓩師ᄉᆞ利링드려니
니샤ᄃᆞ가ᄌᆞᆯ비건댄三삼千쳔大땡千쳔
世솅界갱옛 草촐木목 叢쪼ᇰ林림

稻도ᇢ麻망竹듁 葦윙 山산 石쎡 微밍
塵띤을稻도ᇢ麻망竹듁葦윙과대여러
多당數숭 마다호恒ᅘᆞᇰ河ᅘᅡᇰ 恒ᅘᆞᇰ河ᅘᅡᇰ
沙상마다를애마다호호界갱옴
안마다를마다호劫겁이오劫겁
마다모돈드틄數숭를다地띠옴그라
도地띠藏짱菩뽕薩ᇙ이十씹地띠를
位윙證징ᄒᆞᆫ디ᄉᆞᆼ劫겁으로ᄒᆞ야
ᄠᆞ리倍ᄫᆡᆼᄒᆞ야ᄀᆞ自地띠藏짱
塵띤을稱칭ᄒᆞ야聲셩聞문辟뼉支징佛ᄬᅳᆳ
地띠藏짱菩뽕薩ᇙ이首슈ᄆᆞᆫ文문殊쓩師ᄉᆞ利링
여예이슈ᄆᆞ신文문殊쓩師ᄉᆞ利링
이야ᄇᆡ菩뽕薩ᇙ이威ᅙᅱᆼ神씬普퐁眼願원
이不붏可캉思ᄉᆞ議읭니未밍來링
世솅예善션男남子ᄌᆞ善션女녕人ᅀᅵᆫ

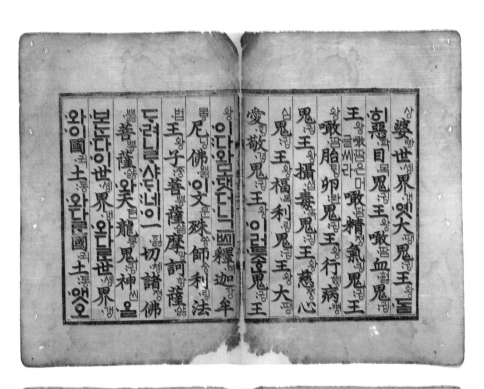

婆ᄬᅡᆼ世솅界갱옛 大땡鬼귕王왕돌

히惡ᅙᅡᆨ目목鬼귕王왕 啖땀血ᅘᅯᇙ鬼귕

王왕 啖땀精져ᇰ氣킝鬼귕王왕 行ᅘᅢᇰ病뼈ᇰ

王왕 啖땀胎탕卵롼鬼귕王왕 攝셥毒똑鬼귕王왕 慈ᄍᆞᆼ心심

鬼귕王왕 福복利링鬼귕王왕 大땡

愛ᅙᆡᆼ敬겨ᇰ鬼귕王왕이런鬼귕王왕이

안왓거ᄃᆞ니 釋셕迦강牟

尼닝佛ᄤᅳᆯ이 文문殊쓩師ᄉᆞᆼ利링法법

王왕子ᄌᆞᆼ菩뽕薩ᄡᅡᆯ摩망訶항薩ᄡᅡᆯ

ᄃᆞ려 니ᄅᆞ샤ᄃᆡ一힔切촁諸졍佛ᄤᅮᇙ

善쎤薩ᄡᅡᆯ이 天텬龍룡鬼귕神씬괘

보ᄂᆞ다 이 世솅界갱外ᅌᅬᆼ다ᄅᆞᆫ世솅界갱

와 國귁土통와 다ᄅᆞᆫ國귁土통앳 오

놀와 一힔切촁利링링天텬 엇뎻신ᄃᆞ롤뎌

數숭 를 文문殊쓩師ᄉᆞᆼ利링

淪룬샨딩世솅尊존아 文문殊쓩師ᄉᆞᆼ利링

劫겁ᄭᅴ 에 ᅙᅥ하 이ᄅᆞᆯ혜리라

손이 다 부텻文문殊쓩師ᄉᆞᆼ利링

닐샨 내 佛ᄤᅮᇙ眼ᅌᅡᆫ ᄋᆞ로 보아도 地띵藏짱善쎤

히ᄅᆞᆯ다혜노니ᄃᆞᆫ

善쎤薩ᄡᅡᆯ이 久귷遠ᅌᅯᆫ劫겁 브터 마

度또ᇰ脫ᄠᅪᇙ호며 제 度또ᇰ

脫ᄠᅪᇙ호며 며일우디모며 오ᄆᆡ져일우

며 오디 몯호ᄂᆞ니를히란 文문殊쓩師ᄉᆞᆼ

利링淪룬샨世솅尊존아 文문殊쓩師ᄉᆞᆼ

去컹에 오랜 善쎤根ᄀᆞᆫ ᄃᆞᆺ가無뭉過광

礙ᅌᅢᆼ智딩ᄅᆞᆯ證지ᇰ호리도 잇거나

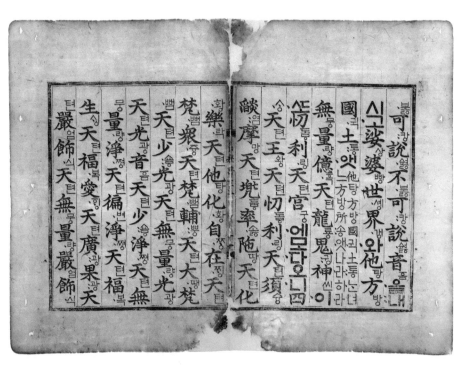

可·가 說·셣 不·붏 可·가 說·셣 音음을
娑상 婆빵 世·솅 界·갱 와 他탕 方방
國·귁 土:통앳 他탕方방國·귁土:통앳소내나라히라
無뭉 量·량 億·흑 千쳔 天텬 龍룡 鬼:귕 神씬 이
忉돌 利·링 天텬 宮궁 에 모다 니 四·
天텬 王왕 이
忉돌 利·링 天텬 須슝
閻염 摩망 天텬 兜둘 率·숧 陁땅 天텬 化·황

樂·락 變·변 化·황 自·쭝 在·찡 天텬
眾·즁 天텬 梵·뼘 輔·뽕 天텬 大·땡 梵·뼘
梵·뼘 天텬
天텬 少:셩 光광 天텬 無뭉 量·량 光광
天텬 光광 音흠 天텬 少:셩 淨·쪙 天텬 無뭉
量·량 淨·쪙 天텬 編·변 淨·쪙 天텬 福·복
生ᄉᆡᆼ 天텬 福·복 愛·ᄋᆡᆼ 天텬 無뭉 量·량 果·광 天텬
嚴엄 飾·식 天텬 無뭉 量·량 嚴엄 飾·식

天텬 嚴엄 飾·식 果·광 實·씷 天텬 無뭉 想:샹
想:샹 天텬 無뭉 煩뻔 天텬 無뭉 熱·ᅀᅥᆶ 天텬
善:쎤 見·견 天텬 善:쎤 現·현 天텬 色·ᄉᆡᆨ 究
究·굴 竟·경 天텬 摩망 醯훵 首:슣 羅랑 天텬
非빙 想:샹 非빙 非빙 想:샹 處·청 天텬 에
니르리 一·힗 切·촁 天텬 眾·즁 龍룡 眾·즁
鬼:귕 神씬 等:등 眾·즁 이다와모ᄃᆞᆫ ᄉᆞᆯ

他탕 方방 國·귁 土:통 와 娑상 婆빵 世·솅
界·갱 예 海:ᄒᆡᆼ 神씬 과 江강 神씬 과
樹쓩 神씬 과 山산 神씬 과 河ᅘᅡᆼ 神씬 과
神씬 苗묳 稼·강 神씬 地·띵 神씬 川쳔 澤·ᄯᆡᆨ
神씬 空콩 神씬 天텬 神씬 夜·양
神씬 草:촐 木·목 神씬 飮·ᅙᅳᆷ 食·씩 神씬
와모ᄃᆞᆫ ᄉᆞᆯ 他탕 方방 國·귁 土:통 와 娑상

月印釋譜 第一 二十

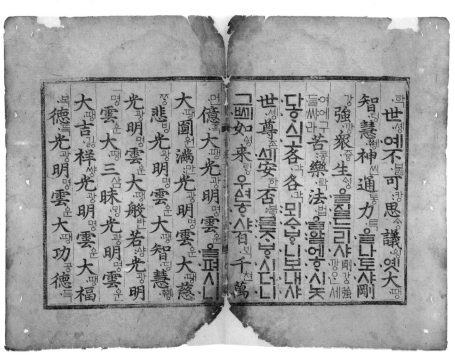

世·솅옛不·붏可·캉思숭議·읭옛大·땡
智·딩慧·혱神씬通통力·륵을 다 토·샤 剛강強·꿍
強·꿍衆·즁生싱을 질드·리·샤 剛강
당식客·캥各·각 모·숨·널 ·보내·샤
世·솅尊존 ·긔安한否·쁗을 ·묻줍·노·닝·샤
[ ]如셩來링 우·섬·샹·립·븍千쳔萬·먼

億·흑大·땡光광明명雲운을 ·펴시·니
大·땡圓원滿·만光광明명雲운大·땡慈쫑
悲빙光광明명雲운大·땡智·딩慧·혱
光광明명雲운大·땡般반若·얗光광明
雲운大·땡三삼昧·밍光광明
大·땡吉·긿祥썅光광明雲운大·땡福·복
大·땡德·득光광明雲운大·땡功공德·득

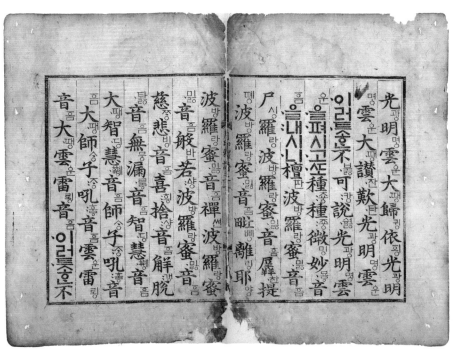

光광明명雲운大·땡歸귕依힁光광明
雲운大·땡讚·잔歎탄光광明雲운
·이럴·훃不·붏可·캉說·쉃光광明雲운
을 ·펴·샤고 種·죵種·죵微밍妙·묠音즘
을 내·시·니 檀딴波방羅랑蜜·밇音즘
尸싱羅랑波방羅랑蜜·밇音즘屬쑉提똉
·波방羅랑蜜·밇音즘離링耶양

波방羅랑蜜·밇音즘禪쎤波방羅랑蜜
音즘般반若·얗波방羅랑蜜音즘
慈쫑悲빙音즘喜·힁捨·샹音즘解갱脫·퉗
音즘無뭉漏·룹音즘智·딩慧·혱音즘
大·땡智·딩慧·혱音즘師숭子·중吼·흫音즘
大·땡師숭子·중吼·흫音즘雲운雷룅
音즘大·땡雲운雷룅音즘·이럴·훃不·붏

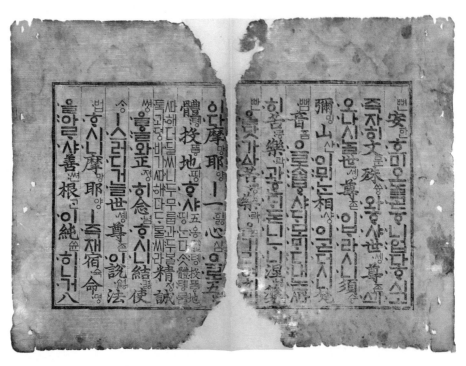

安ᅙᅡᆫ호미어ᄡᅳᆯ몯ᄒᆞ리라ᄒᆞ시고
즉자히大땡衆즁와ᅙᅵᆯᆺ世솅尊존과
오나ᄂᆞᆯ世솅尊존이라ᄒᆞ시니須슝
彌밍山산이ᄆᆞᄂᆞᆫ相샹이라ᄒᆞ시니
喜ᄒᆡᆼ樂락ᄋᆞᆯ念념ᄒᆞ샤ᄆᆞᆯ버디니涅녏
槃빤樂락ᄋᆞ로ᄀᆞᆷᄋᆡᆫ뎌릴ᄡᅵ니涅녏槃빤

안摩망耶양ᅵᅙᅵᆯᆺ心심의ᄆᆞᅀᆞᆷ
體톙投뚤地띵ᄒᆞ샤五ᅌᅩᆼ體톙投뚤地띵ᄂᆞᆫ
따해다히다노니두무룹과두ᄇᆞᆯ콰
ᄃᆞᆯ콰ᄆᆞ리왜ᄯᅡ해다ᄒᆞᆯ씨라精졍誠썽
ᄋᆞᆯ와正졍히念념ᄒᆞ시니結겷使ᄉᆞᆼ
ᅙᅵᆯᆺᄉᆞ러디거늘世솅尊존이說ᅀᅯᇙ法법
호시니摩망耶양ᅵ즉재宿슉命명
ᄋᆞᆯ아샤善쎤根ᄀᆞᆫ이純ᄊᆔᆫᄒᆞ거八밣

十씹億ᅙᅳᆨ盛쎵ᄒᆞᆫ結겷ᄋᆞᆯ야ᄆᆞ리
須슝陁땅洹ᅘᅯᆫ果광ᄅᆞᆯ得득ᄒᆞ시고
無뭉數승阿ᅙᅡᆼ僧ᄉᆢᆼ祇낑衆즁生ᄉᆡᇰ이解ᄀᆡᆼ
脫ᄐᆍᇙ을ᄆᆞ證징코이다ᄒᆞ시ᄆᆞᆯ
ᄂᆞᆫ大땡衆즁一ᅙᅵᆯᆺ衆즁生ᄉᆡᇰ이解ᄀᆡᆼ
脫ᄐᆍᇙᄋᆞᆯ得득ᄒᆞ고ᄒᆞ노이다

切촁利링天텬에겨샤ᄆᆞᆫ爲윙
ᄒᆞ야說ᅀᅯᇙ法법ᄒᆞ더시니十씹方방
無뭉量량世솅界갱不붏可캉說ᅀᅯᇙ
不붏可캉說ᅀᅯᇙ一ᅙᅵᆯᆺ切촁諸정佛뿌ᇙ와
大땡菩뽕薩삻摩망訶항薩삻이와
모다기샤讚잔歎탄ᄒᆞᅀᆞᄫᅡ釋셕迦강
牟믈尼닝佛뿌ᇙ이餘영ᄒᆞ五ᅌᅩᆼ濁똭惡ᅙᅡᆨ

304